KB102679

돈황 이야기

SHINPAN TONKOU MONOGATARI
by MATSUOKA Yuzuru

Originally published in Japan by HEIBONSHA LIMITED PUBLISHERS Tokyo
Korean translation rights arranged with
HEIBONSHA LIMITED PUBLISHERS Japan
through BC Agency Korea

돈황 이야기

마쓰오카 유즈루 지음
박세욱 · 조경숙 옮김

연암서가

옮긴이의 말

돈황 막고굴을 바라보는 사람들

20세기 초부터 중후반에 이르기까지 실크로드의 중국측 첫 관문인 돈황의 석굴에서 발견된 문물들은 서구의 학계에서 커다란 반향을 일으켰다. 이들의 관심은 주로 제국주의적 침략 의도를 가지고 중앙아시아에서 주도권을 다투었던 국가들이 중심이 되어 조장된 것이며 그러한 반향은 자신들의 오점을 가리고, 눈에 보이는 성과만을 놓고 자축한 것에 지나지 않았다. 왜냐하면 실제 당사국인 중국은 그들의 파티에 참석하지 못했기 때문이다. 모래사막에서 헐값에 가져온 발굴품들을 전리품처럼 펼쳐놓고 일방적인 축배를 든 공과는 일차적으로는 그들의 학술적인 열정에서 비롯한 것이라고 해야겠지만 근본적으로는 이를 지켜내지 못한 청나라 정부와 국민들의 무지와 무관심이 야기한 것으로 동아시아인들에게는 가슴 아픈 축배였던 것이다.

여기 마쓰오카 유즈루의 『돈황 이야기』는 제국주의적 야욕이 본격적으로 드러난 중일 전쟁이 시작되었던 1937년에 처음으로 집필

되어 1943년 단행본으로 출판되었는데, 1958년의 도쿄와 교토에서 개최된 '중국 돈황 예술전'을 계기로 관심을 끌게 되었고, 20년 뒤에 돈황의 붐이 일어나 1981년 고단샤講談社의 학술문고로 선정되어 다시 한 번 베스트셀러로서의 위치를 인정받은 작품이다. 중국 돈황의 막고굴에서 발견된 고문서를 둘러싸고 서구 열강 탐험가들이 펼치는 각축전을 묘사하고 있는 이 작품은 말 그대로 '문화사적 소설'로 접근할 수도 있을 것이고, 순수문학적 측면에서 화자인 '노인'이 자신의 '꿈'을 '나'에게 들려주는 모노가타리로서 이해할 수도 있을 것이다. 하지만 스타인과 펠리오의 탐험에 관한 기술은 고증적인 측면이 두드러진 반면에 일본의 오타니 미션에 대해서는 유난히 종교적인 색채를 강하게 부각시키고 가명假名을 써가며 자세한 서술은 회피되어 있다. 이는 불교에 대한 마쓰오카 유즈루의 애정이 짙게 반영되어 있다고 볼 수도 있겠지만, 이 작품이 집필된 1937년의 시대적 상황을 고려해 본다면 그것은 어쩌면 당시 일본 군국주의에 부합하려는 의도가 다분히 내재되어 있었던 것은 아닌가 한다. 또 어쩌면 작가 개인적으로는 나쓰메 소세키夏目漱石의 장녀인 후데코筆子와의 사랑을 둘러싸고 동문인 구메 마사오久米正雄와의 스캔들 때문에 사회적으로 손상된 이미지를 '애국'을 내세워 일본 사회에 호소함으로써 모종의 보상을 받으려는 의도가 숨겨져 있는지도 모르겠다.

니가타현新潟縣에서 태어난 마쓰오카 유즈루는 승려였던 아버지의 뒤를 이어야 했지만, 어릴 적부터 불문佛門의 부패상을 보아 왔던 터라 불교에 강한 반발을 품고 있었다. 승려가 되기를 포기한 그는

당시 명문이었던 제일고등학교를 거쳐 도쿄제국대학 문학부 철학과에 입학하고, 재학중에 일본 근대소설의 문호인 나쓰메 소세키 문하로 들어가게 된다. 거기서 아쿠타가와 류노스케芥川龍之介, 기쿠치 간菊池寬, 구메 마사오, 야마모토 유조山本有三 등과 더불어 도쿄제국대학생들이 중심이 된 문예지『신사조新思潮』의 제3차(1914)에 참가한다. 그의 작품으로는 베스트셀러가 되었던 자전적 소설『불법을 지키는 사람들法城を護る人々』이 있고, 그 외에 소세키 부인인 나쓰메 교코夏目鏡子와의 대화를 모아 정리한『소세키와의 추억漱石の思い出』이 있다.

우리는 이『돈황 이야기』를 통해서 마쓰오카 유즈루라는 저자를 한국에 소개함과 동시에 서구 열강이 어떻게 돈황의 문물을 유린해 갔는지, 그 돈황이라는 '거울'을 통해 또 일제 강점기 때 우리의 문화유산들이 어떻게 일본에 유린되어 갔는지를 유추해볼 수 있기를 기대한다. 실제로 오타니 미션의 성과물은 당시 탄광 채굴권의 대가로 상당수가 우리나라 국립도서관에 소장되어 있다는 것을 아는 사람은 많지 않다. 이는 바로 돈황의 이야기가 남의 나라 이야기가 아니라 우리 또한 그 중심에 있다는 것을 말해주는 것이다. 게다가 우리는 병인양요 때 약탈된 우리나라 외규장각 문서들의 반환을 프랑스에 요구하고 있는 시점에서 돈황 이야기의 모습은 바로 우리의 모습을 비추어주고 있는 것인지도 모른다. 이 책은 21세기 다양하고 복합적인 문화 속에 살고 있는 우리들에게 자국의 문화에 대한 정체성과 타문화에 대한 우리들의 태도에 되돌아보기를 권유하고 있다.

중국의 전통문화는 그들만의 것이 아니고 동아시아가 공유하는 문화이다. 이 책에서 주인공으로 나타난 왕도사는 바로 노신이 빚어 낸 서역판 아큐인 셈이다. 중국인들이 이와 같이 어리석은 실수를 더 이상 범하지 않으려면, 어떠한 역사적 문화적 왜곡이나 중화 중심적 사고에서 벗어나야만 할 것이다. 마찬가지로 우리 역시 민족적 관점에서 우리 문화의 주체성만 고집하지 말아야 할 것임을, 전통문물에 대한 무지와 무관심은 돌이킬 수 없는 손실을 초래하는 것임을 이 책을 통해서 얻어 갈 수 있을 것으로 기대한다.

옮긴이들은 이 책을 번역함에 있어 어려운 용어들은 독자들이 이해하기 쉽도록 상세한 주를 달았고, 또 인용된 당시唐詩에도 음과 옮긴이주를 달았다. 마지막으로 이 책은 대동아 공영론에 경도된 작가가 유럽과 일본의 문화침탈을 사실과 픽션을 뒤섞어 자신들의 비도덕적 행위를 윤색하는 과정에서 실제 주인공인 왕도사를 의도적으로 매도하였다. 이를 객관적인 입장에서 바라보는 역자의 해설을 첨부하여 책의 완성도와 독자들의 주의와 판단을 도왔다.

2008년 5월

옮긴이

차례

일러두기

- 지명 같은 외래어는 일본어 가타가나로 음역되어 있어 그 발음이 독자들에게 어색하여 외래어 옆에 영어식 표기를 달았다.
- 인명에는 가능한 생몰 연대를, 연호에는 그 기간을 표기하여 이해하기 쉽게 하였다.
- 도판은 원서에 있는 것을 중심으로 내용 전개에 따라 보충하여 실어 두었다.

누란의 옛 경전

“이것이 그 자랑할 만한 누란경[1]이란 말이지요. 그 세계적 탐험가 스벤 헤딘이나 오렐 스타인의 발굴로 유명하게 된 중앙아시아 모래에 묻혀서 사라져 버렸던 그 고대의 누란이지요. 이것은 거기에서 출토된 것이고……. 지금은 너덜너덜한 모습으로 10줄 정도 밖에 남아 있지 않지만 연호가 있는 사경寫經으로서는 세계에서 가장 오래된

1 누란(樓蘭) : 모래에 묻힌 고대 중앙아시아의 한 오아시스 국가. 이 나라에 대한 문서적 기록은 중국 쪽의 사료(史料)에 의존할 수밖에 없는데, 이 국가의 명칭은 한나라 효문제(孝文帝) 4년, 즉 기원전 176년에 보인다. 당시 돈황에서 서쪽으로 나아가서 놉노르(Nop Nur) 호수의 북안(北岸)을 따라 가면 누란에 이른다고 하였고, 다시 여기에서 남과 북으로 길이 나뉜다고 하는 것으로 보아 동서 문화의 교류에 있어서 중요한 지리적 위치를 차지하고 있었던 것으로 생각된다. 이러한 이유에서 이 오아시스 국가는 이민족과의 쟁탈전에 매우 심하게 노출되어 있었다. 그로부터 100여 년 뒤에는 국호가 선선(鄯善)으로 바뀌고, 동서로 약 900km에 달하는 영토를 자랑하고 있는 대국으로 발전하고 있음을 확인할 수 있다. 한편 혜초의 『왕오천축국전』에는 누란의 흔적은 보이지 않고 그보다 3세기 앞서 다녀온 중국의 법현(法顯)의 『불국기(佛國記)』에는 선선, 즉 누란국의 모습이 뚜렷하

것이랍니다. 감로[2] 원년元年 삼국 위나라에서부터 시작되었다고 보면 대략 지금부터 1700년 전이겠지요. 글자체는 한나라의 예서체隷書體로 보시는 바와 같이 거위 깃털로 만든 펜처럼 옆으로 눕혀서 여기저기 아무렇게나 쓴 것 같고 정말로 성의가 없어 보이지요. 그렇지만 보면 볼수록 옛날 사람들 특유의 가슴이 시원해지는 기교 없는 아름다움이 있지요. 가솔린 냄새를 맡고 있는 우리들은 아무리 해도 도저히 저렇게는 쓸 수 없을 겁니다."

주인은 드문드문 나 있는 턱수염 끝을 당기면서 마치 고대 향기에 취한 듯 눈을 가늘게 뜨면서 자신이 먼저 그 맛을 음미했다. 그리고는 고개를 가볍게 끄덕이더니 작은 첩帖을 나에게 내밀었다.

1줄에 10자 남짓한 문자가 겨우 남아 있고 양쪽은 부식되어 있으며 톱자국처럼 너덜너덜해진 것을 한 줄 한 줄 겨우 되살려서 얇은 첩에 붙여 넣은 것이었다. 덴표[3] 연간의 사경 등에서 보이는 격식

게 나타나고 있다. 또한 『낙양가람기(洛陽伽藍記)』의 기록에 따르면 역시 6세기에도 이 국가의 건재함을 볼 수 있다. 이러한 사료를 통하여 누란국은 기원전 2세기에서 기원후 7세기까지는 존재한 것으로 확인할 수 있지만, 7세기 초에 수자원의 부족으로 국가는 모래 속으로 사라진 것으로 알려져 있다. 이와 같이 모래 속에 묻힌 누란 지역 탐사에서 발굴한 불교 경전과 유물을 통하여 불교 국가로서 누란의 모습을 실증해주는 근거를 얻었으니 이들은 중앙아시아의 불교문화의 전파와 동서 문화 교류라는 점에서 중요한 의의를 가진다.

2 감로(甘露) : 조조(曹操)의 위(魏)나라 조모(曹髦)의 두번째 연호로 256년 6월~260년 5월까지를 말하는데, 여기서는 원년이라 했으므로 256년이 된다.

3 덴표(天平) : 일본 쇼무왕(聖武王)의 연호로 729~749. 여기서는 이 시기에 건축된 일본 왕실의 유물 창고(쇼쇼인)에 보관된 수나라와 당나라의 사경(寫經)들을 말함.

누란 유적지, 부서진 탑의 동남쪽 전경
스타인, 『Serindia』, vol. 1, 그림 93.

없는 딱딱함이나 거북함은 전혀 느껴지지 않고, 아스카불[4] 등에서 보이는 고풍스러운 미소를 닮은 천진스러운 여유가 글자에 떠다니고 있었다. '즉시색색자단공卽是色色者但空'이라든지 '귀신환희鬼神歡喜'라든지 '불작래이거佛作來而去' 등과 같은, 대부분의 불경에도 있을 것 같은 문구를 여기서 찾아내었다고 해도 사경 같은 갑갑하고 딱딱한 느낌이 전혀 없었다. 오히려 맑음 속에 세계의 방대함이 들어 있는 것 같았다.

나는 그것을 황홀하게 바라보고 있었는데 어디에도 신경을 자극

4 아스카불(飛鳥佛) : 아스카는 나라 분지 남쪽에 있는 지방으로 쇼토쿠 태자(聖德太子)의 섭정시기 불교를 후원하며 백제와 중국의 문화를 수용하여 만들어진 불상들. 대체로 7세기 전반에 해당된다.

하는 곰상스러운 것 없이 정말 고대의 좋은 느낌이 이리저리 떠다니고 있었다. 나는 이것을 쓴 사람이 무척 가까운 시대에 살고 있었던 사람 같다는 생각이 들었다.

그것을 보면서 권두 아래쪽에 있는 두 개의 인주 색에서 아름다운 관인官印을 발견했다. 하나는 퇴색되어서 양각된 문자수가 많아 조금은 들쑥날쑥했지만, 다른 인장에 새겨진 글자는 정확히 '공고정孔固亭'이라고 되어 있었다. 그것을 가리키면서 나는 주인에게 물었는데 주인은 웃으면서 대답했다.

"아, 그건 말이지요. 얻은 건데 아무래도 옛날 임대학두[5]가 사용했고, 그리고 그 뒤에 명가名家의 손을 거쳐 전래된 것으로 '공고'라고 하는 것은 『서경』인지 뭔지에 있는 문구라고 하더군요.[6] 나같이 귀가 어두운 노인들이 사용하기에는 안성맞춤이지요. 하하…… 그

---

5 임대학두(林大學頭): 순조(純祖) 11년(1811) 조선에서 통신사(通信使) 김이교(金履喬)와 이면구(李勉求) 등이 대마도(對馬島)에 갔을 때 도쿠가와 막부에서 영접사(迎接使: 사신을 맞이하는 관리)로 파견된 임대학두 술재(述齋)를 말하는 것으로 보임. 일본의 금석학계에서 상당히 알려진 인물이며, '대학두'란 문교(文敎)를 지도하는 관직.

6 저자는 공고(孔固)라는 말이 『서경(書痙)』인가 뭔가의 문구에서 나온다고 하였는데, 이 문구는 『시경(詩經)』「소아(小雅) · 천보(天保)」에 나온다. 그 원문을 보면 "하늘이 그대를 보정(保定)함이 또한 심히 견고하시도다.(天保定爾, 亦孔之固.)"라고 하였다. '공고'는 바로 이야기를 하고 있는 노인인 나카무라 후세쓰(中村不折, 1866~1967)의 호이다. 그는 1901년부터 1905까지 프랑스에 유학한 서양화가로 서예에도 조예가 깊었다고 하며, 1935년 개인적으로 서도(書道) 박물관을 건립하였다고 한다. 그래서인지 그의 이야기 속에는 프랑스의 포도주나 샹송과 같은 단어들이 많이 등장한다. 무엇보다 이 노인은 『돈황 이야기』의 실증적 자료를 제공하고 있다.

리고 그 옆에 있는 도장은 당경唐經인지 뭔가 하는 것의 소장인所藏印입니다. 중간에 있는 한 글자는 무슨 뜻인지 알 수 없지만, 옛날 중국의 유명한 소장가가 찍은 진장 도장으로 보존 상태가 좋지요. 일본에서도 마찬가지이지만, 당나라 이전의 사경에서도 모두 당경이라고들 하는데 그것도 묘합니다."

나는 조심스럽게 첩을 덮었다. 활짝 핀 난 꽃에 나비가 은빛 날개를 팔락이며 날고 있는 그림이 그려져 있는 직물로 장정된 표지였다. 메이지 시대 그림에서 보이는 세밀한 화초 그림 같은 느낌이었다. 누구의 필체일까 하고 잠시 넋을 잃고 바라보고 있는데 주인이 그것을 알아차렸는지 친절하게 설명해 주었다.

"그건 각사[7]된 직물로, 일본풍으로 말하자면 쓰즈레니시키[8]지요. 송 · 명 시대에 매우 유행했던 것으로 이 사경으로 치자면 무척 생경하시겠지만, 중국으로 치자면 북쪽 지방에 속하는 거지요."

나는 10줄의 조각들을 불과 3페이지에 붙여 넣은 이 얄팍한 첩을 마치 무거운 것이라도 받쳐 들고 있는 것처럼 벌레 먹은 오동나무 상자에 조심스럽게 집어넣었다.

태풍 경보가 있은 오후라 그런지 문 밖 하늘 모양은 흐리다가 개었다가 변덕스러웠다. 쏴하고 한 차례 검은 빗발이 나무를 흔들고

7 각사(刻絲) : 결이 가늘고 짜임새가 고운 중국 명주(明紬) 직조법 중의 하나로 양각(陽刻)처럼 보인다 하여 송(宋)나라 때 이렇게 불렸다고 한다. 마치 수를 놓듯이 자유롭게 무늬를 넣은 것이 특징으로 한다.

8 쓰즈레니시키 : 화조(花鳥) · 인물들을 수놓은 비단으로 일본의 교토와 중국의 서진(西晉) 특산물로 유명함.

덧문을 씻고 지나가자 이번에는 갑자기 햇살이 나뭇잎 그늘을 새어 나와 테이블 한 모퉁이에 불규칙적인 모양을 그리고 있었다.

그러자 정원 나무숲 속 매미가 이때를 기다렸다는 듯이 일제히 울어댄다. 아마 낮잠이라도 자고 있었다면 이 매미들의 합창소리에 잠을 깰 정도인데, 귀가 먼 늙은 주인에게는 문밖 시끄러운 매미 소리 따위는 전혀 들리지 않는다는 듯 마치 조각상처럼 말이 없었다. 어쩌면 매미 소리나 태풍 소리뿐만이 아니라 이 험악한 세상에서 발하는 일체의 소리가 이 노인에게는 들리지 않을지도 모른다.

그는 칠순이 훌쩍 지난 오늘날까지도 서화를 손에서 놓지 않았다. 또 글씨를 써주거나 그림을 그려준 대가로 고대 불상, 비갈碑碣, 옛날 돈, 와전瓦塼, 화상석畫像石, 동기銅器 · 옥기玉器, 고경古鏡과 동인銅印, 고병古甁, 무기, 옛날 벼루, 당묵, 사경 · 탁본拓本 · 법첩法帖 등을 샀다. 그 수는 만 점 이상에 달하지만 이 모든 것에 문자가 새겨져 있다는 것이 특색이고, 시대도 은이나 주나라까지 이르니 그 컬렉션의 규모가 어느 정도인지 짐작할 수 있을 것이다.

화가로서의 주인의 업적이나 묵적은 이대로 사라져 버린다고 해도 그것으로 새끼 친 이 컬렉션은 언제까지고 남을 것이다. 주인은 자택에 독립된 작은 박물관을 만들어 이들을 소장하고 있었는데 거기에 일생을 바치기로 한 듯 고대 문화 수집 속에 파묻혀 세상 소리에는 일체 초연한 듯이 보였다. 거기에다 최근 몇 년 전부터 불편해진 귀가 오늘날에는 오히려 현실 사회에서 들리는 소리를 차단해 줄 수 있는 멋진 방음 장치가 되었다.

나는 지금 이 작은 박물관에 수집품들이 빽빽하게 쌓여 있는 도서실인지 응접실인지 구분이 안 되는 아담한 방의 탁자를 사이에 두고 스스로 만족하고 있는 노인들에게 흔히 보이는 광채 나는 얼굴을 하고 있는 이 주인과 마주하고 있다. 어느 한 여름날 그것도 구름 기운이 수상한 오후에 이야기 상대가 있으면 좋을 것 같은 시간에 딱 맞추어 온 나는 황량한 고대의 향수를 마음껏 맡으며 현대의 뜨거운 열기를 시원하게 식히고 있다.

주변에는 인기척조차 없고 창문 건너편 접수처에는 덩그러니 여직원 혼자 앉아 있다. 그 여직원조차도 방문하는 손님이 없어서인지 책상에 기대어 난가[9] 속에 나오는 인물처럼 졸고 있는 것인지 깨어 있는 것인지 어쨌든 거동조차 없다.

유리문 밖에는 시끄러운 여름나무가 움직이고 있는 유일한 사물이다. 그렇지만 그 아래 진열 선반에 가지런히 나열되어 있는 육조와 백제 불상 등과 재미있는 대조를 이루고 있는데 실상은 파리 한 마리 날고 있지 않다. 어쩌면 파리조차도 이 고대의 냉랭함을 피해 숨어 버렸는지도 모른다. 그런데 오히려 나는 이 주인처럼 한 조각 비석에 새겨진 묘비명에서 묻어나는 고대인들의 슬픔에 동조하고 있다. 또 하나의 도장 끝에서도 고대인의 온기를 느끼며, 옛날 화병

[9] 난가(南畵, Nan-ga) : 일본에서 18~19세기에 많은 화가들이 즐겨 그린 회화 양식. 이러한 회화 양식은 17~18세기에 청나라에서 발달한 개인주의에 바탕을 두고 있으나 그대로를 받아들이지는 않고, 구도는 물론 붓놀림에서도 중국 문인화의 요소들을 과장하여 새로운 양식으로 발전시킨 것으로 이들의 그림에는 유머 감각을 두드러지게 표현한다고 함.

하나에 쓰인 문자에서도 그 2000년 전의 붓놀림이 눈앞에 펼쳐지는 것 같았다.

이러한 내 마음이 곧바로 주인에게 교감된 듯, 납작한 기와를 즐비하게 늘어놓은 『급취장』[10]이 새겨진 1미터 정도의 벽돌을 가리키면서 주인은 이렇게 설명했다.

"이것은 중국에서 가장 오래된 옥편입니다. 일본이라면 필경 옛날의 세츠요슈[11]였겠지요. 전문은 900자 정도 되는데, 이렇게 벽돌 하나하나에 10자 내지 20자로 나눠서 조각하고 글자를 가르치며 또 동시에 습자본의 역할도 겸한 것이었다오. 상당히 좋은 방법으로 선생이 일일이 칠판에 쓰면서 가르치는 것보다 훨씬 묘미가 있었을 게요. 지난해 여기에 온 프랑스 동양 학자이자 탐험가인 펠리오 교수도 이걸 보고 무척 감동했지요."

천 년도 훨씬 이전의 아이들이 새끼 참새와 같은 자그만 입을 쫑알거리며 선생님을 따라 『급취장』을 흉내내며 배우고 있는 모습이 눈에 선하여 마치 그들의 합창이 귓전에 울리는 것만 같았다. 만약 이 조용한 작은 박물관에서 하룻밤 지샌다면 나는 떼 지어 나올 다양한 고대의 영혼들과 이런 저런 이야기를 하다가 밤을 샐 것이라는 생각이 들었다. 그 정도로 여기에 있는 모든 것들이 그저 죽어 있는

10 급취장(急就章) : 원명은 급취편(急就篇)으로 고대 한자(漢字)를 배우는 교과서. 서한(西漢) 원제(元帝)의 황문령(黃門令) 사유(史遊)가 지은 것이라고 전해진다. 이후 다양한 서체로 서법가(書法家)들에 의해 씌어졌다.

11 세츠요슈(節用集) : 무로마치 · 에도 시대에 쓰인 간편하고 실용적인 사전.

것들이라고만은 생각되지 않았다. 그래서인지 주인은 안성맞춤인 상대를 만난 듯했고, 나 또한 정말 귀한 이야기 상대를 만난 것이다.

이야기가 잠시 멈추어졌는데, 좀전에 주인이 붙박이장에서 꺼내 보여준 고대 향로인 박산로[12]에는 2000년 전의 향기가 감돌고 있는 것 같았다.

"펠리오 씨가 그처럼 유명한 분이기도 하고 노학자이기도 한데 멋진 흰 수염의 노석학 실비안 레비[13] 씨와 비슷한 연배라고 하여 놀랐다오. 그 사람이 1908년 아마 메이지 41년 즈음이었지요. 그 한 해 전에는 영국 스타인 경이 소리 소문 없이 보물을 가지고 왔었고, 그 한 해 뒤에는 돈황 천불동에 가서 수많은 사경과 발굴한 뭔가를 가지고 돌아가는 길에 일부러 베이징에 들러 그 보물 상자를 열어주면서 중국학자들을 깜짝 놀라게 했는데, 그때가 아직 서른 남짓한 청년이었다고 하지요. 만나보니 의외로 젊어서 놀랐었지요. 그리고 그 후에는 천불동에 또 다른 스물 남짓한 일본의 다치바나立花 청년이 들어갔었지요. 당시 펠리오 씨는 꽤 유명한 동양학자로 한문에 문외한이었던 스타인이 발굴하지 못한 것을 펠리오는 4, 5천 권이나 되는 사경을 가지고 왔다고 하니 그 의지가 장하지 않소? 중국 이름을 백희화伯希和라고 할 정도니까 대단하지요.

---

12 박산로(博山爐): 바다를 본뜬 받침접시 위로 돌출한 산모양의 뚜껑이 있는 향로, 한(漢)나라에서 시작되어 당(唐)나라까지 널리 사용되었음. 우리나라 부여 능산리 출토 백제금동대향로(국보 제287호)가 대표적이다.

13 실비안 레비(Sylvian Lévi, 1863~1935): 프랑스 출신의 저명한 인도 불교학자. 펠리오의 스승.

펠리오 씨에게도 역시 이 누란경을 보였더니 오래된 것이라며 감탄해 마지않았지요. 특히 펠리오 씨는 돈황학의 대가이니까 그 이상은 안 보여줬습니다. 그렇죠. 내가 구입했을 즈음에는 비싸다고 해도 내 손에 넣을 수 있을 정도의 가격이었는데 지금은 아마 우리네들은 상상도 못할 겁니다.

그렇지요. 내가 가지고 있는 것 중 비싼 것은 하나에 1만 엔 정도이고, 싼 것은 5, 6백 엔 정도로 여러 가지 있지만 처음에는 스타인경이 천불동에서 그곳 주지에게 구매했지요. 짐으로 따져보자면 24, 5상자 정도의 사경이었고, 한문 외에 범어 티베트문, 그 외 서역지방의 다양한 문자로 씌어진 것도 포함되어 있었습니다. 그 외에 그림 5상자, 직물, 불상 등을 모두 합치면 29상자, 즉 한 카라반의 짐이 될 것입니다. 불과 10개도 안 되는 마제은[14]으로 당시 일본 돈으로 치자면 1,000엔 남짓한 돈으로 건져 올린 셈이니까 정말 대단치 않소?

혹시 이 이야기를 알고 계신지요. 아, 자세히는 모르신다고. 그러면 마침 날씨가 좋은데 책을 햇볕에 쪼여두기만 하면 미안하니까, 지금부터 보고 싶은 돈황 사경을 서고에서 끄집어내어 보면서 문화 침략의 옛 전쟁터였던 돈황 이야기라도 좀 해볼까요? 금세기의 특종이지요. 그럼 그전에 잠시 나 좀 도와주시겠소. 문 열기가 쉽지 않다오."

---

14 마제은(馬蹄銀) : 청나라 때 통용된 말발굽 모양의 은(銀) 지금(地金 : 제품화되지 않은 것), 즉 칭량(稱量) 화폐이다. 원래 명칭은 원보은(元寶銀)이다.

나는 주인 뒤를 따라 박물관 옆에 있는 서고에 무겁게 달린 문을 같이 밀었다. 서고 안에 들어서니 주인은 대여섯 개의 상자를 안아들고 빙긋이 웃으며 나왔다. 나는 습기가 안으로 들어갈까 신경이 쓰여 덧문을 닫았다. 그리고는 좀전의 방으로 다시 돌아왔다.

청말에 사용된 마제은

상자 속에 있는 경전은 이미 표구해 둔 것도 있고, 아직 배접도 하지 않은 것이 그대로 그 속에서 아무렇게나 일본 종이로 만든 끈에 묶여 있었는데, 상자 하나에 7, 8권씩 넉넉하게 들어 있었다.

"돈황 사경만 들어 있는 이런 상자가 20개 정도 더 있지요."

주인은 조금 자랑스러운 듯 내 얼굴을 살피고 나서 일본 종이로 포장한 사경 한 권을 풀어 나에게 건넸다. 천천히 한 권 전체를 대충 훑어보니 책 끝에 천화[15] 5년이라는 육조 시대 연호가 씌어져 있고, 사경을 한 무명의 승려 이름이 조그맣게 적혀 있었다. 나는 노란 마 종이의 감촉을 느끼면서 경문의 의미는 뒤로 하고 아름답고 생기 있는 검은 글씨들의 필법을 하나하나 음미하며 다시 시작한 주인의 돈황 이야기에 귀를 기울였다.

---

15 천화(天和) : 위진남북조 시대 북조(北朝)의 북주(北周 : 557~581) 세번째 왕 무제(武帝) 우문옹(宇文邕)의 두번째 연호로 566~572년간이다. 여기서 5년은 570년에 해당한다.

문밖에서는 또 한 차례의 소나기에 나무들이 펄럭이고 있었다. 그렇지만 이미 바깥세상에서 무언가를 들을 의지도 필요 없게 된 늙은 주인은 이야기에 열중하면서 아무것에도 방해받지 않았다. 이런 긴 이야기를 주고받는 데는 더할 나위 없이 좋은 이야기 상대들이었다.

나는 주인이 일부러 끄집어내 준 사경을 천천히 차례대로 풀었다가 또다시 감으며 그의 이야기에 귀를 기울였다. 그의 이야기에 맞장구는 치지 않았는데 그 대신에 잘 들으며 감탄하고 있다는 증거로 때때로 얼굴을 들고 고개를 끄덕여 보여주었다. 그것을 보고서는 안심이 되었다는 듯 주인은 긴 이야기를 풀어놓기 시작하는 것이었다.

실크로드

일반적으로 서역西域이라고 하면 단어 자체가 무척 고풍스러울 뿐 아니라 이국적인 울림이 있다. 그러면서도 일종의 신비감을 주는데 그 주변 지역이나 인명에 한자가 사용되고 있는 것을 보면 잠시 고개를 갸우뚱하게 된다.

지금의 서안은 옛날 당나라 수도 장안이었다. 그곳을 기점으로 즉 감숙성甘肅省에 들어가서 총독아문[1]이 있는 곳이 난주蘭州이다. 그리고 감주甘州, 숙주肅州이고, 주천酒泉, 가욕관嘉峪關, 안서安西, 그리고 마지막으로 돈황敦煌이다. 그런데 여기까지는 어떻게든 갈 수 있겠지만 고비사막(戈壁灘, Gobi desert)을 통과해서 하미(哈密, Hami), 구첸(古城 또는 古城子, Turfan), 우루무치(烏魯木齊, Ürümqi), 이리(泥

---

1 총독아문(總督衙門) : 청나라 때 총독은 전국을 11개 구역으로 나누어 군사를 배치하고 그 수장을 총독이라 하였다. 오늘날로 치면 지방경찰청장 정도 된다. 아문은 관리들이 일을 처리하는 곳, 즉 관청을 말함.

犁, Ili)로 가면 초보자들은 두 손을 들어 버리고 만다.

이 길을 조금 더 가다 보면 천산天山산맥의 북쪽에 해당하는 길이 소위 천산북로인데 1200여 년 전 현장 삼장법사가 지났던 곳도 이곳이다. 손오공이 활약한 『서유기』에 나오는 화염산火焰山이라고 하는 마魔의 산도 도중에 있으며, 잘 알려진 알타이산맥을 넘으면 곧 시베리아가 나오게 된다.

한편 천산산맥 북쪽 기슭으로 가면 쿠차(庫車, Kucha)를 넘어서 카슈가르(喀什噶爾, Kashgar)로 나오는 길이 있는데 천산남로이다. 즉 그 동쪽 관문이 돈황이며 서쪽 관문이 카슈가르가 되는데, 그 중간 지점에는 위치가 자주 바뀐다고 하는 유령 같은 커다란 놉노르(Nop Nur) 호수가 있으며, 바다로 흘러가지 않고 끝부분에서 사막 속에 묻혀 버린 타림(Talim) 강이 있다. 그 중에서도 가장 명물은 뭐니뭐니해도 타클라마칸(Taklamakan) 대사막이다. 일명 동투르키스탄(East Turkestan) 또는 중국 투르키스탄(Chinese Turkestan)이라고 하는 중앙아시아의 대표적 건조 지대이다.

행정 구획으로는 중국의 신강성新疆省에 해당하지만 여기는 옛날부터 이민족이 들어와 교대로 살고 있기 때문에 중국 본토와는 색깔이 전혀 다르고, 바다로 둘러싸여 있는 싱가포르와 마찬가지로 이곳 수도승들을 보면 참으로 인종 전시장이라고 할 수 있을 정도로 다양하다.

원래 천산남로와 천산북로는 우리들에게는 친숙한 이름이지만 유럽인에게는 실크로드, 즉 비단길로 알려져 있다.

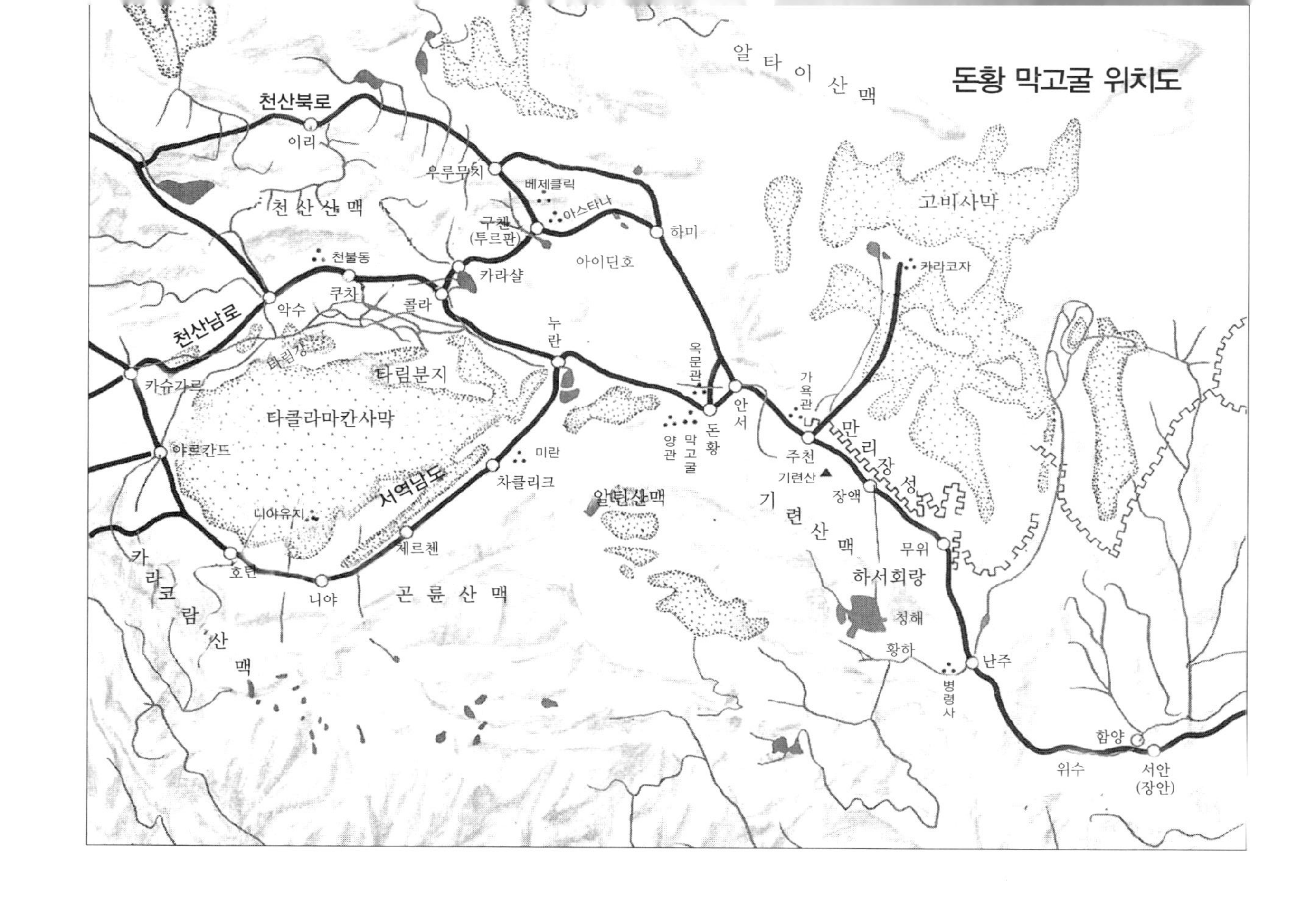
돈황 막고굴 위치도
알타이 산맥
고비사막
천산북로
이리
우루무치
베제클릭
아스타나
구첸
(투르판)
하미
천산산맥
아이딘호
천불동
카라샤
카라코자
악수
쿠차
콜라
천산남로
누란
옥문관
안서
돈황
막고굴
양관
가욕관
주천
기련산
만리장성
장액
무위
타림강
타림분지
카슈가르
타클라마칸사막
야르칸드
미란
차클리크
알틴산맥
기련산맥
서역남도
니야유지
체르첸
호탄
니야
곤륜산맥
카라코람산맥
하서회랑
청해
황하
난주
병령사
함양
위수
서안
(장안)

그것은 고대 그리스인과 로마인들이 중국 비단을 상당히 애용해서 중국을 '비단 나라'라고 불렀는데, 막대한 견사나 견포를 카라반의 낙타 등에 싣고 운반한 것도 바로 이 길이다.

즉 카슈가르에서 세계의 지붕 파미르고원을 넘어서 이란 쪽으로 들어가 유럽으로 건너갔던 것이다. 또 한편으로는 인도나 아프가니스탄을 거쳐서 들어갔다.

한편 중국 쪽에서는 비단을 파는 대신에 근동 유럽 방면에서 다양한 물건을 사들였다. 특히 2000년 전에 한나라 무제(B.C. 156~B.C. 87)는 마종馬種 개량을 위해 대완국大宛國(Ferghana)에 피 같은 땀을 흘린다고 하는 전설적인 명마를 수입하기 위해, 금괴 천 개와 순금 말을 보내기도 하였고 또 원정군까지 만들었다고 하는데 어쨌든 결국에는 명마를 얻었다고 한다.

명마라고 하면 왕들의 개인적 기호처럼 들릴지도 모르겠지만, 실은 당시의 숙적인 흉노를 정벌하기 위한 최고의 무기인 말을 개량하기 위해서였다. 말은 당시의 자동차이며 전차였기 때문에 몽골종인 작은 말이 아무리 많다고 해도 태어나면서 이미 사람과 말이 하나가 되어 자라온 흉노족을 상대하기에는 무리였다.

어쨌든 이런 것은 아주 비근한 예에 지나지 않지만, 이렇게 동쪽의 문명이 서쪽으로 건너갔으며 서쪽의 문명이 동쪽으로 건너온 것은 선박이 발달하지 않은 당시로서는 카라반을 만들어 이 길을 목숨 걸고 왕래할 수밖에 없었던 것이다. 문물과 마찬가지로 사상의 교류가 이루어진 것 또한 말할 필요도 없을 것이다. 대완국은 지금의 페르가나 부근이었던 것 같다.

그러나 이것은 1200년 전의 이야기이고 지금으로서는 얼마 전 바로 전쟁 직전에 남경 정부가 스벤 헤딘[2] 박사에게 위탁하여 중앙아시아를 관통하는 종단 철도를 뚫을 거대한 계획을 세운 적이 있다.

상해—서안—돈황—카슈가르—사마르칸드—헤칸피로스[3]—세류키아—이스탄불—부다페스트—빈—베를린—함부르크로 이어지는 적도 사분의 일에 해당하는 방대한 코스를 아시아와 유럽의 심장부를 관통해서 연결하려는 계획으로 장쾌한 것이었다.

중국의 오지를 차창으로 보고 히말라야 천고의 흰 눈을 우러러 보며 다르나넬스[4]의 해저 터널을 통과해서 고도古都인 빈에서 고전

---

2 스벤 헤딘(Sven Anders Hedin, 1865~ 1952) : 스웨덴 출신의 지리학자 겸 탐험가로 독일 베를린 대학과 웁살라 대학에서 지리학을 공부하고 1893~1897, 1899~1902, 1906~1908, 1927~1935년, 네 차례나 중앙아시아 타림분지와 티베트 고원을 탐사하여 고대 왕국 누란의 유적과 놉노르, 트랜스 히말라야산맥 등을 발견하여 세계의 지리학자들과 역사학자들을 놀라게 했다. 한편 스승이었던 리히트호펜(F. v. Richthofen)이 제시한 '실크로드'라는 용어를 사용함으로써 학술적 용어로 정착시킨 실크로드 연구 초기의 학자 중 한 사람으로 꼽힌다.

3 헤칸피로스(Hecatompylos) : 우리 식으로 읽으면 헤카톰필로스, 이란의 고대 도시 이름. 현재 이란 북부 셈난(Semnan)과 담간(Damqan) 사이로 추정되지만 정확한 지점은 밝혀지지 않았다. B.C. 200년 파르티아(Parthia) 아르사케스(Arsacid) 왕조의 수도였으며 동서 무역의 중심지로 알려져 있음.

4 다르나넬스(Darnanelles) : 터키 다르나넬스 해협으로 유럽 대륙과 아시아 대륙이 만나는, 즉 흑해와 지중해, 에게 해가 물려 있는 해협이다. 해협의 위는 보스포러스 해협으로 불림. 동에서 이 해협을 통과하면 바로 이스탄불에 이르게 됨. 이 해저터널은 처음으로 1860년에 설계되었다고 하는데, 2004년 착공되어 2011년 완성 예정이었으나 4세기 콘스탄티노플 시대의 엘루테리오스 항구가 발견되어 공사가 중단된 상태라고 함. 저자는 이곳을 지날 것이라고 꿈꾸고 있었음.

음악에 도취하고, 그리고 잠시 루브르 박물관에 들르는 것, 이것이 완전히 꿈만은 아닌 것 같았다. 그렇게 되면 실크로드는 사라져 버리고 말 것이다. 그렇지만 그렇게 애써 세운 계획도 비행기에 선수를 빼앗겨 버렸으니 참으로 아쉬운 일이다.

그러면 이제 본론인 주인공 돈황으로 옮겨가자. 『당시선』에는 그 유명한 옥문관玉門關시가 있다.

청해의 긴 구름은 설산을 어둡게 하고,	青海長雲暗雪山, 청 해 장 운 암 설 산
외로운 성 저 멀리 옥문관이 보이네.	孤城遙望玉門關. 고 성 요 망 옥 문 관
누런 모래 속에 쇠 갑옷 입고 수백 번 싸웠으나,	黃沙百戰穿金甲, 황 사 백 전 천 금 갑
누란을 부수지 못하여 돌아가지 못하네.	不破樓蘭終不還.[5] 불 파 누 란 종 불 환

라고 노래한 옥문관의 흔적이나, 송별 자리에서 자주 부르는 "서쪽으로 양관을 나서면 옛 친구는 없으리니"[6]라고 읊조리는 곳에 나오는 양관의 흔적, 이 모든 곳이 돈황에서 조금 떨어진 교외에 위치해

---

5 변새(邊塞)를 잘 묘사한 이 시는 칠언절구(七言絶句)에 뛰어났던 당나라의 왕창령(王昌齡, 700? ~755)이 지은 「종군행(從軍行)」 연작시 중의 하나.

6 이 시구는 이별의 정감을 묘사할 때 자주 쓰이는 것으로 왕유(王維)의 「안서도호부로 출사하는 원 둘째를 송별하며(送元二使安西)」라는 시에 나오는데 그 시는 이러하다.

위성의 아침 비 가벼이 날리는 먼지를 적시고,	渭城朝雨裛輕塵,
객사에는 파릇파릇 버들 색 새롭네.	客舍青青柳色新.
그대에게 권하네. 술이나 한잔 더하시오!	勸君更盡一杯酒,
서쪽으로 양관을 나서면 옛 친구는 없으리니.	西出陽關無故人.

있다. 돈황에서 보면 다소 멀기는 하지만 어쨌든 옛날에는 전진기지였다. 그리고 그 요새 바깥으로 한 발 나서면 바로 외국 땅이 되니 이 마을이야말로 쌍방의 접경지가 되는 것이다.

말하자면 메이지[7] 이전의 나가사키長崎 같은 곳으로 서역은 말할 것도 없고 아직 해로의 발달이 없었기 때문에, 인도, 페르시아, 아라비아, 로마 등과 같은 당시 문명국과 교통하려면 어쨌든 이 양관을 통과해야만 했다.

지금도 오아시스 같은 마을이지만 2000년 전 한나라 시대부터 상당히 번영했다는 것을 『사기』나 『한서』 등의 기록으로부터 짐작할 수 있다. 그러고 보면 대체로 돈황이라는 이름은 燉煌이라고도 하며 또 敦煌이라고 쓰기도 하는데 둘 다 '크게 번성한다'는 의미다.

돈황은 사막의 수도였으므로 사주[8]라고 부르기도 했는데, 무엇보다도 중요한 것은 여기가 동서양 문명의 접점지였다고 하는 것이다. 그리고 서역 탐험의 시조라고 하면, 우선 첫번째 한나라 무제 때에 서역에 사신으로 간 장건張騫(?~B.C. 114)을 꼽아야 할 것이다. 그 옛날 돈황의 흔적을 엿볼 수 있는 것이 지금 일본에 남아 있다.

예를 들면 쇼쇼인[8]의 창고에는 아직도 50장 정도의 생생한 페르

---

7 메이지(明治) : 일본의 시대 구분의 하나로 1868년 10월 23일부터 1912년 7월 30일까지를 가리킨다.

8 사주(沙州) : 당나라 무덕(武德) 연간(618~626)에 과주(瓜州)를 서사주(西沙州)로 불렀고 정원(貞元) 연간에 사주로 고침. 안사(安史)의 난 이후로 토번(吐蕃)과 회골(回鶻), 서하(西夏) 등에 복속되었다가 원나라 1277년 다시 설치됨.

9 쇼쇼인(正倉院) : 일본 나라(奈良)현 도다이지(東大寺)에 있는 왕실의 유물 창고

시아 융단이 남아 있고, 그 안쪽에는 1부터 50까지 번호가 새겨져 있는 천하의 진귀품이다. 이것은 틀림없이 낙타 등에 실려 머나먼 사막을 건너 돈황에서 당시 수도인 장안에까지 들어간 것이리라. 또 쇼토쿠 태자가 애용했다고 전해지는 페가수스[10]가 새겨져 있는 멋진 물병 등은 일본에서 만든 것이 아니고 중국 본토에서 만들었다고 한다. 그런데, 아무리 보아도 고안 그 자체는 페르시아 종자인 것 같다. 그렇다면 적어도 디자인은 돈황을 경유했다는 말이 된다.

이와 같이 다양한 것들이 나라[11] 시대 유품으로 남아 있는데, 예를 들면 낙타 등에 얹힌 칠호준漆胡樽이라 불리는 커다란 물통 한 쌍 등이 그것이다. 이것을 보면 사막 냄새가 물씬 풍긴다는 것을 알 수 있을 것이다.

그러고 보니, 콘스탄티노플 박물관과 쇼쇼인에 있는 1미터가 훨씬 넘는 유명한 대당경大唐鏡의 형태와 모양이 꼭 닮았다고 하는 것이 있다. 이것은 중국 본토에서 일본과 터키에 나누어 준 것으로 당연히 터키의 당경은 이 관문을 통과한 것이리라. 또한 터키 왕실에

로서, 쇼무왕(聖武王) 덴표(天平) 연간(729~749)에 창건된 것으로 추정됨. 8세기 나라시대부터 일본 문화를 구체적으로 전하는 수많은 유품들과 한국 · 중국 · 인도의 고대 유물에 이르기까지 9,000여 점이 소장되어 있어 세계 제일의 보고로 알려져 있음.

10 페가수스(Pegasus) : 그리스 신화에 나오는 날개가 달린 천마.

11 나라(奈良) : 710년부터 794년까지의 일본사를 구분하는 말이다. 710년 겐메이(元明) 천황이 헤이죠쿄(平城京)로 천도한 것으로부터, 794년 간무(桓武) 천황이 헤이안쿄(平安京)로 천도할 때까지의 84년의 기간에 해당한다. 헤이안 시대 이전은 야마토(大和) 시대, 다음은 헤이안(平安) 시대라고 부른다.

서는 이것을 세계의 유명한 거울이라는 것을 모르고, 우습게도 저장 식품통 누름쇠로 생각한 것인지 그 뚜껑 대용으로 사용하면서 부주의한 궁녀가 떨어뜨려 아깝게도 금이 가 버렸다고 하는 소문이 나돌기도 했다.

여기까지 설명한 노인은 이런 장황한 이야기는 노인네들끼리나 하는 것이라고 하며 바로 본 이야기로 들어갔다.

육조 시대 즈음 불교가 동방을 향해 진출하자마자 상당한 기세로 발전하게 되었다. 그 모습은 나가사키의 기독교와 흡사하다. 물론 그 후에는 회교나 마니교[12]혹은 기독교의 일종인 네스토리우스교[13] 즉 경교景教 등도 전래되었다. 어찌됐든 불교 동점 조류를 타고 전도사들이 끊임없이 인도 서역에서 중국 본토로 오는 자도 있었고 또 그 서역 땅에서 발길을 멈추고 가르침을 펼친 자도 있었다. 그리고 돈황 마을에서도 결국 축법호[14]라는 나중에 돈황 보살로 칭송된 천

---

12 마니(Mani, Manes, Manikhaios, 또는 Manichaeus, 261~276) : 조로아스터교, 고대 바빌론의 종교, 그리스도교를 가미하여 만들어진 소위 실크로드가 낳은 종교. 베일에 싸였던 이 종교는 돈황의 석굴에서 한역 경전이 발견되면서 알려지게 되었고, 중국에서도 그 유화적 교리 덕분에 명존교(明尊教)라는 별칭으로 17세기까지 전해졌음.

13 네스토리우스교(Nestorius) : 428년 콘스탄티노플의 주교였던 네스토리우스를 중심으로 성모 마리아를 숭배하는 것에 반대하여 이단으로 축출된 일단의 무리들의 믿음. 페르시아로 쫓겨나 그곳의 보호를 받다가 다시 동점하였기 때문에 파사교(派斯教)라고도 한다. 중국에서 이 종교의 위상과 역사는 「대진경교유행중국비(大秦景教流行中國碑)」에 잘 나타나있으며, 공덕과 효용 면에서 뛰어나게 밝다고 하여 경교(景教)로 알려졌음.

14 축법호(竺法護, 231~308?) : 지법호(支法護)라고도 하며 그의 범명(梵名)

재가 나타났다. 당시 서역 36개국이라 일컬어진 언어를 전부 그것도 자유자재로 구사하였고, 서역에서 경전을 가지고 와서 바로 번역해 교법을 펼쳤다고 할 정도로 세계적으로 위대한 인재를 배출하기에 이른다. 결국 그 정도로 문화가 발달했다는 말이 되는데 당연히 훌륭한 불당들도 계속 만들어졌을 것이며, 이곳이 한때는 정신문화의 중심이 되었다고 하는 것도 당연할 것이다.

인도로 불경을 구하러 갔던 법현[15] 삼장도 여기 돈황을 지나갔었다. 돈황을 한 발 나서면 바로 놉노르 대사막이다. 사막 안에는 악귀열풍이 있고, "하늘에는 날아다니는 새도 없고 땅에는 달리는 짐승도 없다. 눈앞을 가로 막는 것은 아무것도 없고 그저 죽은 사람의 뼈를 찾아서 앞으로 계속 나아가는 17일째에 선선鄯善을 통과해 겨우 누란에 도착했다"고 법현은 여행기에 적고 있다. 장안을 출발했을

Darmaraksa를 음역하여 담마라찰(曇摩羅刹 : 또는 曇摩羅察)이라고도 함. 선조는 월지족(月支族)으로서 대대로 돈황에서 살았기 때문에 성을 지(支)라 했다고 한다. 8세에 출가하여 축고좌(竺高座)라는 승려에게 사사했으며, 이에 성을 축(竺)이라 했다. 성품이 소박하고 선량하며, 배우기를 좋아하여 매일 경전 수만 자(字)를 독송했으며, 불경뿐만 아니라 육경과 제자백가 등의 중국 고전에도 통달했다고 한다. 그는 대승경전이 서역에는 전해져 있지만 중국에는 전해지지 않은 것을 안타깝게 여겨, 이에 뜻을 세우고 서쪽으로 여행하여 서역 36국의 글과 말에 두루 통달한 뒤, 서역어로 된 많은 경전을 가지고 돈황으로 돌아와 역경 사업에 종사하였기 때문에 "돈황(敦煌) 보살" 또는 "월지(月支) 보살" 과 같은 추숭을 받았다고 함.

15 법현(法顯, 337~422) : 동진(東晋) 시대의 승려로, 399년 60이 넘은 나이로 승려 11명과 장안을 떠나 갖은 고난을 겪으며 410년 스리랑카까지 구법(求法) 여행을 하고 412년 해로를 통하여 중국으로 돌아와, 그의 여행기인 『불국기(佛國記)』를 남겼음.

때는 동행이 17명이었는데, 순조로이 구법과 불경을 얻어 목적을 달성하고 13년째 귀국했을 때에는 혼자뿐이었다고 한다. 현장 삼장은 갈 때에는 서안에서, 즉 관문을 빠져나가는 지름길을 택해서 이곳 돈황을 거치지 않았다. 그러나 17년간의 긴 여행을 마치고 돌아올 때에는 여기 돈황에 처음으로 들러 당시의 황제에게 상소문을 올리고 개선장군과 같은 환영을 받았다고 한다.

마르코폴로(Marco Polo) 또한 이곳을 지났다. 그의 유명한 여행기 속에 꽤 상세하게 사막과 마을 풍속 등에 대해 기록되어 있다. 놉노르 사막에 대한 기록은 법현 삼장의 기록에 덧붙여져 있다. 사막의 유령들이 모든 악기의 울림을 허공에 가득 채운 것같이 때로는 전쟁 북소리를 울리는 것처럼 들렸다. 때로는 창검 소리를 크게 내어 대상隊商들을 미혹하기도 했다. 또 때로는 밤중에 수많은 대상 무리가 이동하고 있는 소리 같아서 마치 동료들의 발소리라고 착각하고 그 뒤를 따라갔었는데, 아침이 되어 보니 전혀 엉뚱한 곳에 와 있어서 하마터면 목숨을 잃을 뻔했었던 경험을 공포에 가득 찬 필치로 묘사하고 있다.

어찌됐든 돈황 마을로 들어오는 것도 이 마을에서 서역으로 나가는 것도 목숨을 걸고 놉노르 사막을 건너지 않으면 안 되는 것이었다. 이러한 이야기는 모두 법현이나 현장과 같은 오래 전에 있었던 이야기라든가 마르코폴로와 같은 먼 시대 이야기가 아니라, 19세기 말에서 금세기에 걸친, 그리고 지금부터 이야기할 유럽 탐험대가 겪었던 것과도 다를 바 없다는 것이다. 비행기라면 물론 여행 방법이 다르겠지만 여기 돈황만은 옛날이나 지금이나 결국 낙타에게 신세를 져야 하며, 모래 위를 터벅터벅 끈기 있게 걸어가지 않으면 안 되는 것이다.

특히 영국의 외교관인 타이크만(E. Teichmann)처럼 특별한 방법으로 자동차를 이용해 카슈가르로 가는 방법도 있었지만, 그것은 외몽골에서 하미, 우루무치로 가서 거기서 남로를 택하는 길이다. 길은 조금 다르지만 앞에서 언급한 헤딘 박사 일행도 자동차를 이용했던 것을 보면 조금 무리를 하면 어쨌든 자동차를 이용할 수도 있을 것 같다.

돈황 마을은 이러하다. 이 마을의 동남 20킬로미터 조금 밑도는 곳에 명사산鳴沙山이라고 하는, 즉 사람이 걸으면 발밑에서 모래가 이상한 소리를 내며 운다고 하는 산이 있다. 그 오른쪽 기슭에 부처님을 모신 크고 작은 벌집 같은 동굴이 이층 삼층으로 수없이 즐비하게 늘어서 있다. 말하자면 석굴 아파트인 셈이다. 그 지방 말로는 '밍웨이'[16]라고 하는데 즉 천불동이라고 하는 녀석이다. 뇌음사雷音寺라고도 하는데 천불동을 총칭하는 것인지 아니면 그 중에 특정한 장소를 가리키고 있는 것인지는 자세히 모르겠다.

어찌됐든 서역 지방에는 인도의 아잔타[17]와 비슷한 동굴 사원처

---

16 밍웨이 : Ming-öi를 표기한 것으로, 천 개의 집이란 뜻임.

17 아잔타(Ajanta) : 인도의 마하라슈트라(Maharashtra)에 있는 암벽 석굴로 1819년에 호랑이 사냥을 하던 영국군 장교 존 스미스(John Smith) 일행에 의해 발견되었다. 석굴의 구성은 차이트야(Chaitya), 즉 스투파 또는 불상을 모신 사원과

덤 승려를 위한 도량도 아니고 또 대동석굴[18]같이 감실에 바위를 도려내어 불상을 조각한 것도 아닌 소상불塑像佛을 장식하고, 벽에는 벽화가 장엄한 천불동이 여기저기에 있다. 그 중에서도 여기 천불동은 특히 금빛과 푸른빛이 도는 찬란함으로 유명하여 외지인들 사이에서 탐험까지 올 정도로 알려져 있었으니 일찍부터 다들 감탄하고 선전했던 모양이다. 또 청대清代 지리서 『서역수도기西域水道記』 등에도 일찍이 소개되었기 때문이기도 할 것이다. 그 『수도기』에는 이런 식으로 기록되어 있다. (주인은 옆에 있는 책장에서 수진본[19] 10권 정도 큰 당본唐本을 끄집어내어 그 중 1권을 얼른 빼내어 먼지를 털 듯 무릎 위에 가볍게 두드리며, 마치 영문학자가 사전을 찾듯이 책장을 넘기지도 않고 단번에 그 곳을 펼쳐 보였다.)

"명사산 동남쪽에 물이 붉은 당하[20]가 있고 산은 돈황현 성곽 동

비하라(Vihara), 즉 승려들의 거주 공간으로 나뉘며, B.C. 2~A.D. 7세기에 걸쳐 조성되었다. 불교 미술뿐만 아니라 건축물과 더불어 회화 · 조각 등 수많은 미술품들이 소장된 종합 고고 미술관이다. 조성 시기와 관계없이 서쪽에서부터 순서대로 1~29번까지 일련번호가 부여되어 있다.

18 대동석굴(大同石窟) : 산서성(山西省) 대동(大同) 운강석굴(雲崗石窟). 낙양(洛陽)의 용문석굴(龍門石窟), 돈황의 막고굴(莫高窟)과 더불어 중국 3대 석굴의 하나로 북위(北魏)가 대동(大同)에 도읍을 정한 62년 후인 460년 서역에서 초빙된 사문통(沙門統 : 승려의 우두머리) 담요(曇曜)의 지휘 아래 조성되었고 낙양으로 천도한 뒤인 494년까지 계속되었다고 하며 대부분 암벽을 파내어 불상을 조각하는 방법으로 이루어져 있다.

19 수진본(袖珍本) : 좁쌀책이라고 하는데, 소맷자락 속에 넣고 다니면서 쉽게 볼 수 있도록 만들어졌기 때문에 붙여진 이름.

20 당하(党河) : 돈황시와 숙북(肅北)현 경계를 흐르는 강.

남쪽으로 40리이다. 그 산은 또 일명 사각산沙角山 또는 신사산神沙山이라고도 하는데 모래가 쌓여서 만들어졌다. 바위산과 같이 위험한 초소를 거쳐 이곳을 지나가는데 사방은 전부 모래언덕으로 그 뒤편은 칼에 베인 흔적같이 날카로운 모습을 하고 있다. 사람들이 그 위를 걸으면 바로 소리가 나고 발걸음을 따라 모래는 아래로 밀려간다. 그런데 바람이 불어오면 그 모래는 원상태로 돌아간다고 한다. 그래서 그 이름을 명사산이라 했다"고 한다.

그리고 산 동쪽 기슭에 뇌음사가 있고 산을 따라가다 보면 그것이 바로 지붕이 된다. 산은 모래암석으로 응고되어 있는 것이 쇳덩어리처럼 보인다. 위아래층으로 되어 있는 동굴을 파는 데는 천 년이나 되는 시간이 걸렸던 것이다. 그 세월이 묘연하고 수많은 병란을 겪으며 그리고 모래 압력으로 비스듬히 기울어져 있고 마치 여러 개의 사다리가 흐트러진 모양으로 연이어져 그 층이 형성되어 있다.

이렇게 불상들은 장엄하고 다채로우며 황금색 푸른빛의 찬란함이 눈에 가득 들어오는데, 그래서 천불암이라고 한다. 막고굴 앞쪽에 주[21]나라의 이군李君이 중수重修한 불감佛龕의 비석이 세워져 있는데, 전진[22]의 조길趙吉에게서 시작된 것이라고 한다. 건륭[23] 계묘癸卯

21 주(周) : 556~581년간에 북조(北朝) 북주(北周)라는 나라로 선비(鮮卑)족 우문씨(宇文氏)에 의해 건국된 왕조를 기원전 11세기 무왕(武王)이 건국한 주(周)와 구분하기 위하여 북주라고 함.

22 전진(前秦) : 오호십육국(五胡十六國) 시대 315~394년 동안 티베트계 저(氐)족에 의해 건국된 나라인데 이 나라를 멸망시키고 일어난 서진(西秦)과 후진(後秦)이 있기 때문에 전진이라 부르며 구별한다.

넌에 암벽가 모래 속에서 부서신 비석이 발굴되었다. 그 비석 문에 이르기를 '진秦나라 건원建元 2년 사문沙門 낙준樂僔, 모래 때문에 죽었는데, 바로 그 장소에 비석을 세웠음, 낙준樂僔의 공덕.'

아마 이런 식으로 읽을 수 있을 거라는 생각이 든다. 이것으로 돈황 교외에 있는 명사산과 그 둔덕에 만들어진 천불동과 막고굴 비석에 대해서 대충 설명했다. 지금부터 이야기하려는 돈황 이야기에 적어도 이 정도의 예비지식이 없으면 곤란하니까 각국의 탐험가가 쓴 원전에 대해 조금 언급한 것이다.

사실 이 『서역수도기』라고 하는 책은 청대에 편집되었지만, 꽤 잘 기록되어 있어서 감탄할 만한 책이다. 나는 이것을 꺼내어 읽을 때마다 중국 오지를 여행한 듯한 기분이 되곤 한다. 그런데 돈황에 대한 설명에서도 거의 알 수 있듯이 여기에서 서북 일대인 소위 중국 투르키스탄(Chinese Turkestan)은, 통상 중앙아시아라고 불린 서역의 일부이고 현재의 신강성으로 비가 적은 사막 지대이다. 그리고 1200년 전의 고대 문화 흔적이 사막 밑에 묻혀 있지만, 거의 폼페이(Pompeii)나 헤라클레네움(Herculaneum)처럼 그대로 남겨져 있는 곳이 적지 않다는 것이다. 게다가 유럽의 열강들이 눈독 들여 발굴하기 시작한 것은 19세기 말이었다. 그것이 20세기 초반에서 제1차 세계대전까지는 완전하게 열강 전쟁터가 되어 버렸고, 매년 이 지역

23 건륭(乾隆) : 청나라의 6대 황제인 건륭제(乾隆帝, 1735~1795 재위). 여기서 계묘(癸卯)년은 1783년에 해당함.

어딘가에는 유럽의 한두 나라에서 온 탐험가들의 삽이 바쁘게 움직였던 것이다.

그 계기를 만들었던 것이 '바워 매뉴스크립트(Bower Manuscript)'라는 영국 바워(H. Bower) 대위이다. 바워가 인도 관청의 명령으로 신강성 쿠차로 조사하러 가는 도중에[24] 우연히 고대 유적에서 나온 자작나무 껍질, 즉 패다라[25] 잎에 범어로 씌어진 옛 경전을 손에 넣었던 것이다. 그는 그것을 인도로 가지고 가서 유명한 인도학자 헤른레 박사에게 보였는데, 그것이 공작왕경[26] 이외에, 그때까지 세계에서 가장 오래된 것이라고 보증되었던 일본 호류지의 패다라 잎보다 훨씬 이전의 것으로 진기한 보물이라고 했다.[27] 결국 나폴

---

24 바워 대위는 1890년 3월 타림분지에서 영국인 켈리(A.D. Kelly)가 고용한 딜그라이슈의 살해사건을 조사하기 위해 쿠차지방에 출장 간 것으로 알려지고 있다. 그는 토착민으로부터 브라흐미 문자로 된 고사본을 매입하게 된다.

25 패다라(貝多羅) : 범어(梵語) Pattra의 음역이며 패다(貝多) 또는 패엽(貝葉)이라고도 한다. 모두 나무 잎을 뜻한다. 인도 문명 지역에서는 주로 자작나무 껍질과 구리판, 천, 짐승 가죽 등을 기록하는 데 사용하였다. 그 후 불교가 형성되면서 불교 경전을 주로 기록하기 위해 등장한 기록 재료가 패다라(Palmyra Palm)이다. 패다라는 인도 및 스리랑카 등지에 많은 종려나뭇과의 활엽수로 이것을 말리고 찌는 과정을 반복한 후, 겉면을 소라껍질이나 돌로 문질러 매끄럽게 하여 쓰기 좋게 만든 것이다. 북인도 지역에서는 주로 펜을 이용해 기록하였고, 남인도 지역에서는 철필로 새긴 후, 잉크를 덧발라 기록하였다. 이와 같이 패다라에 범어나 팔리어로 기록된 불교 경전을 패엽경(貝葉經)이라 한다.

26 공작왕경(孔雀王經) : 공작왕주경(孔雀王呪經)을 말함. 양(梁)나라 때 승가바라(僧伽婆羅)가 번역한 경으로 공작명왕(孔雀明王: 중생을 교화시켜 이롭게 하는 덕을 공작으로 표상한 것으로 팔이 넷인 보살)의 신주(神呪)를 설명하고 있음. 이외에도 구마라습(鳩摩羅什)이 번역한 것과 세네 개의 번역본이 전해짐.

27 헤른레 박사(Dr Augustus Frederic Rudolf Hoernle, 1841~1918)는 이 패엽

레옹이 우연히 로제타석을 발견한 것과 같은 역할을 하게 되었고, 이 행보는 순식간에 유럽의 동양 학계에 활기를 불어넣어 주었다. 이것이 1890년 바로 메이지 24년의 일이었다. 이 헤른레 박사의 장서는 교토의 오타니 대학에 소장되어 있다.

이번에는 프랑스인이 쿠차와는 반대쪽인 타림유역의 남쪽 방향 호탄(和闐, Khotan)에서 또 옛날 범문 경전을 발견했는데 이것도 오래된 법구경의 일부라고 한다.[28] 이처럼 발굴하고자 하는 열기가 더욱 가열되어 러시아는 카슈가르 총영사 페트롭스키[29]에게 옛날 패다라 잎과 사경 등의 발굴품을 구매하도록 명령했다. 그리고 영국에서도 총영사인 매카트니(George Macartney)에게 러시아와 마찬가지로 사 모으도록 했다.

그 외에도 선교사들도 뭔가를 수집하여 영국, 러시아, 프랑스가 경쟁하게 되면서 다양한 중앙아시아 발굴품 컬렉션이 순식간에 생기게 되었다. 그러는 동안에 현지인들도 약아져서 가짜를 만들어 팔기도 했다. 이렇게 제각각 마음대로 발굴해서는 안 된다고 하여 먼저

경을 조사하여 4~5세기의 경전일 것이라고 추정함으로써 종래 불교 패엽경전으로는 가장 오래된 것으로 알려져 상당한 센세이션을 불러일으켰다.

28 1892년 호탄 지방을 탐험하던 중에 살해된 프랑스인 뒤트레이 드 랭(Dutreil de Rhins)의 수집품을 세나르(Senart)가 정리하면서 2세기경으로 추정되는 카로슈티(Kharoşţhī) 문자로 된 법구경의 조각을 발견하였는데, 소승의 법구경이 대승불교가 번성한 지역에서 나왔기 때문에 상당한 주목을 받았다.

29 페트롭스키(Nicolai Petrovsky) : 1882~1902년간 카슈가르의 러시아 총영사를 역임. 자세한 사적은 알려지지 않았고, 영국과 러시아의 중앙아시아 지배권 경쟁에 있어서 초기 주역을 맡음.

돈황 천불동 북쪽 제12석굴에 이어져 있는 작은 석실 사당들
스타인, 『Serindia』, vol. 2.

러시아의 클레멘츠(Dimitri Klementz)가 학술탐험대를 조직하여 1898년에 고창국[30]의 옛터, 즉 투르판에서 발굴하기 시작했는데, 탐험대라고 이름을 붙인 첫번째라는 명예를 얻게 되었다.

---

30 고창국(高昌國): 실크로드의 요충지로 고창이란 이 지역명은 이미 서한(西漢) 때부터 보이고 한나라의 군(郡)에 편입되기도 하였으나 그 후 5~7세기에 이르는 동안 4개의 독립 왕조가 명멸하였는데, 바로 감씨(闞氏)·장씨(張氏)·마씨(馬氏)·국씨(麴氏) 고창이다. 이곳은 당나라 정관(貞觀) 2년(628)에 현장(玄奘)이 지나간 곳이기도 하다. 640년에 고창현이 설치되어 중국령이 되었고, 명나라 때에는 위구르어 카라-호자(Qara-hoja)를 음역하여 합랍화탁(哈拉和卓) 또는 화주(火州)라고 불림.

돈황 천불동 제1 석굴사원의 내부. 부분적으로 수리되어 있음. 오른쪽에는 암실로 들어가는 잠겨진 문이 보이는데 바로 그 속에 사권들이 숨겨져 있었음.
스타인, 『Serindia』, vol. 2.

그러는 와중에 이것도 러시아가 주창한 것이지만[31] 그 기세로 중앙아시아 학술탐험 국제연맹도 만들었고, 각국이 경쟁하게 되어 이 지방에 속속히 탐험대를 파견하게 되었다. 영국 스타인(Aurel Stein)의 첫번째 탐험은 호탄을 중심으로 이루어졌다. 독일의 첫번째 탐험은 그륀베델(Grünwedel) 교수가 주로 쿠차와 투르판을, 두번째는 르

31 1899년 로마에서 개최된 제12회 국제동양학회에서 러시아의 라드롭(W. Radloff)의 제안으로 가결되었음.

코크(Le Coq) 교수, 세번째는 다시 그륀베델, 그 외에 러시아의 올덴부르크(Oldenburg) 교수가 왔다. 이런 식으로 각국에서 활발하게 그리고 모두 꽤 좋은 성적을 올리고 훌륭한 보고서를 제출했다. 그 중에서 그륀베델은 조금 과장되었다는 평판도 있다. 하지만, 뭐 그런 것은 내 이야기 속에서는 상관이 없다. 그러는 동안에 드디어 스타인 경이 거의 러 · 일 전쟁 후인 1906년에서 1908년까지 3년에 걸쳐 두 차례에 걸친 대탐험의 막을 내렸다.

이야기가 상당히 복잡하게 되어 버렸는데 아무래도 이것을 미리 말해 두지 않으면 앞으로의 이야기 순서가 복잡해질 것 같아서 조금은 듣기 지루할 것이라고 생각하지만, 언급해 두었다. 어찌됐든 이런 식으로 서역 출발지인 돈황, 즉 외진 곳이며 불편하기 짝이 없을 뿐만 아니라 중국이 아닌 것 같은 이 지역이 갑자기 유럽인들의 흥미와 주의를 끌었다. 그 지방 사람들조차도 모르는 그곳에 파묻혀 있는 보물들이 유럽인들이 마음대로 들어와 마음대로 발굴해 가지고 가 버렸다. 허울 좋은 중국 문화에 대한 분할이 행해지게 되었는데 그런 분위기는 이 돈황 발굴 건만으로도 어느 정도 상상할 수 있을 것이다.

이렇게 해서 그 당시의 유럽은 동아시아에 대한 탐험 열기가 대단했었는데, 신혼여행으로 이곳을 찾아오는 젊은 부부들이 있을 정도로 호기심 가득한 대소동의 진원지였다. 서로 나눠 먹기식까지는 아니었지만 일본도 어떻게 하다 보니 열강들 속에 합류하게 되었는데, 그 당시 대단한 선각자가 있었다.

앞으로 할 이야기를 대충 언급하고 난 노인은,

"어떻습니까? 이쯤에서 차라도 한잔 하는 것이. 우선 지도를 보면서 스타인이 찍은 천불동 원경遠景 사진이라도 좀 보시지요. 지금부터는 진짜 돈황 이야기에 들어갈 테니까 말이오."

영국 탐험대

1907년 5월경 스타인은 탐험대를 꾸려 다시 돈황에 나타났는데 저녁 무렵 마을 변두리에 있는 과수원 안에 텐트를 쳤다.

2개월 전 놉노르 부근의 미란[1] 흔적을 발굴해서 많은 성과를 거두어 몹시도 기분이 들떠 있던 스타인은 맛없는 음료수로 고생을 하면서도 욕심과 호기심으로 가득해진 삽질은 멈추지 않았다. 그는 놉사막 여기저기를 발굴했는데 다행히도 목숨을 앗아가는 흑풍을 만나지 않고도 돈황 마을로 순조롭게 들어올 수 있었다. 그는 사람들과 말과 낙타들에게 휴식을 취하게 하고는 같은 헝가리 출신인 로치[2] 박사가 이전에 천불동 벽화에 감탄했던 적이 있다는 것을 떠올

1 미란(Miran) : 서북쪽인 신강(新疆)에서 타클라마칸사막 모래 속에 묻혀 오아시스 미란의 흔적이 발견되었다. 그곳에서 주민의 주거지, 불교 사원의 흔적과 함께 고대인의 생활에 관련된 많은 자료들이 발굴되었는데 그 중에서 그리스 · 로마풍 인물이 묘사된 벽화가 세인들의 주목을 끌어 알려지게 되었음.

리고, 우선 사진을 될 수 있는 대로 많이 찍기로 했다. 여름 사막 탐험 여행은 흑풍의 계절로 위험하기 짝이 없었는데, 이 부근의 탐험을 시작으로 중국 본토의 옛터 발굴에 가능한 한 집중하기로 했다.

원래 스타인은 헝가리에서 태어났다. 중년에 영국으로 귀화했는데, 어쩌면 이 남자한테도 조금은 동양 피가 흐르고 있는지도 모른다. 헝가리인은 원래 서양에 있는 동양인이라고 자칭할 정도니까 동양에 대한 향수가 있을 것이다.

3월 중순인데도 동쪽에서 불어오는 역풍은 눈이 따가울 정도로 차가웠다. 일행들은 방한복으로 몸을 감싸고 묵묵히 고개를 숙이며 앞으로 나아갔다. 낙타와 말과 같은 동물들은 바람에 실려 오는 풀 냄새를 미리 맡은 것인지 본능적으로 걸음을 바삐 재촉하는 것 같았다. 스타인은 모래 등선 위에 서서 쌍안경을 눈에 대고 진행하는 방향 쪽을 바라보고 있는데 돈황 마을이 아직 눈에 들어오지 않았다.

탐색 중이던 스타인의 쌍안경은 문득 신기한 것을 발견했다. 틀림없이 돈황현 방향 쪽 모래평선 위에 펼쳐진 작은 언덕이었다. 마치 떠 있는 섬처럼 신비하면서도 희미하게 남쪽을 향해 움직이고 있는 것이다.

흔히 사막 평지라고 하면 대부분 바다에 커다란 파도가 놀치듯 모래 파도가 여기저기 파도 모양을 만든다. 그리고 하나의 사구에서 다른 사구로 모래 산을 넘어 모래 계곡으로 내려가기도 하고, 또 기

---

2 로치(Lajos Lóczy, 1849~1920) : 헝가리 출신의 티베트 중국 전문 지리학자.

복이 심한 곳과 부드러운 곳 등 다양하다. 사막 중앙부에 있는 사구는 높은 곳은 6, 70미터나 되기도 하는데, 이 놀랄 만한 모래산은 오아시스 부근 지대에서는 그 모습이 점점 사라져 버려서 지금은 고작해야 6, 7미터 언덕만이 남아 있다.

높은 꼭대기에 올라서서 혹시 폐허가 된 망루라도, 아니면 고대에 매몰된 마을 잔해라도 눈에 띄지 않는지, 사냥감을 찾듯 사방팔방을 두리번거리며 쌍안경을 끼고 탐색하는 것이 스타인의 버릇이었다. 그래서 대원들은 스타인이 오랫동안 탐색하느라 뒤쳐져도 전혀 신경 쓰지 않고 느긋한 속도로 앞으로 나아갔다. 오늘도 스타인이 탄 말이 한 곳에 멈추는가 싶더니 한 차례 울어대고는 먼저 간 일행들 뒤를 따랐다.

스타인은 한 모래 언덕을 따라 내려갔다가 다시 다른 모래 언덕으로 올라갔다. 수증기라고는 전혀 없는 청명하기만 한 찬 날씨와 모래 평선이 교차하는 부근에는 바람 탓인지 모래 먼지 연기가 간간이 눈에 띄었다. 그런데 어찌된 일인지 오늘은 멀리 보이는 모래색이 둔탁하게 흐려져 있는데 그런 현상은 흔히 볼 수 있는 것이 아니었다. 그리고 그 탁하고 흐린 모래 바다에 떠 있는 듯한 섬이 조금씩 움직이고 있는 것이 분명히 보였다.

사막에서는 목표물이 될 만한 것이 없어서 거리를 가늠할 수도 없고, 또 투명한 공기 속에서는 윤곽이 희미하니까 모든 것이 가깝고 선명하게 보이게 마련이었다. 그렇기는 해도 움직이는 사구라고 하는 것은 요상하다. 스타인은 갑자기 기상 이변이 생기는 게 아닌가 하는 걱정과 또 한편으로는 기적과 같은 기이 현상이 일어나는 것은 아닌가 했다. 가까이 가서 보니 그 모래언덕은 비구름과 비슷한 모습을 하고 있기는 했지만 비구름은 아니었다. 그리고 그 옆에는 목초를 찾아 여행 온 천 마리 이상이나 되는 거대한 양떼가 있다는 것을 알았다. 방목이었던 것이다. 아침부터 카라반 동물들이 이 달콤한 목초 향기에 들떠 있다는 것을 비로소 알았다.

이 거대한 양떼를 누더기를 걸친 단지 두 명의 젊은 양치기가 지키고 있다는 것이 재미있었다. 야만인처럼 보이는 이 두 청년은 카라반 일행이 총을 메고 있는 것을 멀리서 발견하자마자 버드나무 숲 속으로 얼른 숨어 버렸다.

놉노르에서 어부들과 헤어지고 나서 20일 만에 보는 사람이다. 일행들은 너무 기뻐서 그들에게 담배를 나누어 주기도 하고, 돈황으로 가는 길을 묻기도 하며 신나 했던 것은 말할 필요조차 없을 것이다. 새조차도 날지 않은 황량한 대사막에 도사리고 있는 위험과 단조로움 속에 지냈던 이들의 고생은 푸른 초목에 눈부시고 묵묵히 움직이는 양떼를 보고 참을 수 없는 희열을 느꼈던 것이다.

돈황 부근에서 일행의 발걸음은 마치 거대한 바다를 건너서 집으로 회항해 돌아오는 선박처럼 속도를 내고 있었다.

그래도 스타인은 방심하지 않고 양치기가 근처 폐허에서 주운 옛날 동전 속 구멍에 끈을 매달아 신발 앞에 묶어 두었는데, 걸을 때마다 종처럼 짤랑짤랑 소리를 내고 있었다. 그것을 발견하고 담배와 교환하기도 했다. 또 스타인은 멍하니 걷지 않고 뭔가 사냥감은 없나 하며 이리저리 열심히 두리번거렸다. 스타인은 중국이 관리하고 있지 않는 이 모래 속도 한없는 고대문명의 저장고라는 것을 확신하고 있었다. 그래서 아무리 작은 조각이라도 그 속에서 존귀한 인간의 역사를 발견해 내고 온화한 생활의 체온을 느꼈던 것이다.

이곳에도 사람들이 생활했었던 곳이라고 생각하면, 금방이라도 사라질 공허한 발자국을 모래 위에 남기는 매일의 여행이 다른 일행에게는 무겁고 참기 어려운 권태였을지 모르지만, 스타인에게는 이상하게도 힘이 되고 피곤함을 전혀 느끼지 못했다. 그러한 불사신 같은 스타인도 또 둔감한 동물들도 근래 들어 눈에 띄게 피곤해했다. 그들 일행을 이끄는 카라반 대장 핫셈을 비롯해 모두의 신경이 극히 거칠고 날카로워졌다. 이틀 전 밤에도 카슈미르에서 데리고 온 불량배 같은 주방장과 인도인 측량기사 나이크가 식사 후 사소한 일로 밤새 말다툼을 했었다고 한다. 일행 모두에게는 하루라도 빨리 휴식이 필요했던 것이다.

야영을 할 때 스타인은 그가 좋아하는 작은 텐트를 가장 좋은 장소에 그리고 다른 대원들과는 조금 떨어진 곳에 쳤기 때문에 그날 밤에 있었던 그 싸움도 그다지 방해는 되지 않았다. 서로 다른 인종들이 모여 있는, 힌두교도 있고 회교도도 있는 서로 다른 종교로 형성된 혼성부대이다 보니까 까딱 잘못하면 돌이킬 수 없는 일이 벌어졌을지도 몰랐다. 이것은 사막에서 생기는 일종의 병으로 그 묘약은 가능한 한 빨리 사람이 사는 곳에 도착하는 것이었다.

그러나 우습게도 사막의 고독에 익숙해진 스타인에게는 갑자기

도회지로 나왔을 때 갖추어야 하는 겉치레가 이미 귀찮아져 버린 것이었다. 사람이 보고 싶은 것 같기도 하고 그런가 하면 또 그렇지 않은 것 같기도 했다. 사람 사는 곳이라면 항상 있게 마련인 성가심, 그렇지만 그 성가심을 피할 수 없는 지금 같은 경우에는 스타인 속에 잠재해 있던 외교관으로서의 감각이 저절로 눈을 뜨는 것이었다.

얼마 전 동간인[3]의 반란으로 안타깝게도 반쯤 파괴되어진 성과, 기울어져 가는 돈황현 성의 큰 기와로 된 성문을 본 스타인은 비서인 장효완[4]을 한 발 앞세워서 중국제 홍색 명함과 여행 허가증을 들려 관아로 보냈다. 관아에 경의를 표함과 동시에 머무를 곳을 부탁하기 위해서였다.

영국 본국의 위엄을 배경으로 한 여행허가증의 위력으로 고위관리가 마중하러 나와 사람과 말을 마중하고 쉬게 해주는 것이 상례일 것이다. 그런데 때마침 그 전날 새롭게 부임한 장관을 맞이하느라 성안이 어수선해서 어쩔 수 없이 고위 관리 대신 얼굴을 비친 자는 아편 중독으로 하루 종일 비틀거리고 요령이라고는 전혀 없는 일개 하급 관리였다. 이 하급 관리는 스타인 일행을 귀신이 나올 것만

3 동간(東干) : 둥간족(東干族, 키릴 문자: Дунгане), 중국인 무슬림으로 자신들은 회족(回族)이라 한다. 주로 카자흐스탄, 우즈베키스탄, 키르기스스탄, 러시아(주로 타타르 공화국)에 거주고 있다.

4 장효완(蔣孝琬, ?~1922) : 스타인의 통역관 겸 비서로 귀족 지식인 출신으로 아문(衙門)의 선생을 맡은 것으로 보아 꽤 학식이 있었던 사람으로 보임. 실제로 그는 서양인의 주구 노릇을 하며 돈황의 유물을 해외로 유출시킨 장본인이다. 저자는 이 사람에 대하여 아주 부정적인 평가를 하고 있음.

같은 절로 안내하고 그곳을 숙소로 사용하도록 했는데 이런 대접에는 스타인도 놀랐다.

지금 당장이라도 마루 기둥과 대들보가 내려앉을 것 같은데 거기에다가 거미집도 쳐져 있는 것이다. 아무리 대충 청소한다고 해도 하루 정도는 족히 걸릴 것 같았다. 일행은 서로 얼굴을 마주보며 한숨을 내쉬었다. 그 중에서 카슈미르 출생인 호걸인 주방장은 사람을 우롱하는 것에도 정도가 있다며 주먹을 불끈 쥐고는 그 하급 관리에게 덤벼드는 소동이 벌어졌다.

스타인은 이 상황을 가만히 지켜보다가 그 하급 관리에게 정중히 사과를 하고, 우선 지금까지 해오던 대로 익숙한 텐트 생활을 하고 싶으니까 성 밖에서 자유롭게 행동할 수 있도록 허가해 달라고 부탁했다. 그리고 방금 전에 왔던 길을 되돌아가서 강기슭 남쪽 언덕에 있는 넓은 과수원을 발견하고 거기에 있는 큰 집을 빌리기로 했다.

이 집은 과수원 주인이 죽고 난 뒤 남은 미망인과 딸 둘이서 집 한쪽 구석만을 사용하고 있었는데 그저 넓기만 하고 빈집과 다름없이 몹시 추웠다. 중앙 커다란 방은 스타인의 거실로 하고 그 옆의 방을 측량기사가 사용하기로 했다. 난로도 없고, 창은 깨어져 있고, 벽은 거의 다 무너져 가는 이 초라한 방보다는 익숙해진 텐트 속에서 머무르기로 결정한 스타인은 혼자서 과수원 한가운데에 텐트를 쳤다. 적어도 한낮에는 햇볕을 쬘 수 있으니까.

겨우 저녁 무렵이 되어서 대충 거처할 곳이 정리가 되었다. 그런데 또 한 가지 번거로운 일이 생겼다. 이 지역에서는 새로 만든 금화만 통용되고 있었고, 또 통용되는 금화도 그 금화와 동일한 양만큼만 환율로 적용시켰기 때문이다. 어쨌든 우여곡절을 겪고 나서야 겨우 저녁을 먹을 수 있었다.

그래도 오랜만에 지붕 아래서 푹 잘 수 있어서인지 일행들은 모두 기분 좋았다. 스타인도 가지고 있던 코냑에 취해서 기분이 들떠 있었다. 나뭇가지를 가로지르는 바람소리를 들으며 그 바람을 타고 오는 촉촉한 풀 향기에 코를 맡긴다는 것, 그것은 사막 탐험가에 있어서는 정말 사치스러운 일이다.

스타인은 희미한 랜턴 불빛 아래서 돈황 지도를 펼쳐놓고 점심 무렵에 보았던 그 마을이 바로 리히트호펜[5]이 말했던 '자이덴 스트라센'의 기점으로, 지금도 몽골이나 시베리아 남부, 티베트 라사(拉薩, Lhasa)에서 인도까지, 사막의 선박을 통과시키는 동서 통상의 요충지에 해당한다는 것을 확인했다. 그리고 자신이 서역에서 온 많지 않은 역사적 여행가 중 한 사람으로 기록될 것을 생각하며 감개무량함에 젖어들어 있었다. 그리고 카라반 바시(Bash) 출신 핫센들이 올리는 저녁 기도 소리를 멀리서 들으며 스스로 고안한 침낭 속으로 파고들었다.

다음날 스타인은 관아를 정식으로 방문했다. 이날도 동쪽에서

---

5 리히트호펜(Baron Ferdinand von Richthofen) : 1877년 *China I*, 454쪽에서 처음으로 'Zeidenstrassen(비단길)'이라는 용어를 썼다.

불어오는 바람이 당장에라도 눈을 뿌릴 것 같은 맹추위였다. 헬멧을 쓰고 긴 장화를 신은 차림으로 말을 타고 낮은 집들이 무질서하게 늘어진 마을에서 호기심 어린 눈으로 바라보는 아이들을 뒤로 하고 관문 안으로 들어섰다. 길거리 여기저기에 낙타들의 배설물들을 보면서 소중한 연료가 길바닥에 버려져 있다는 생각을 하고서는 쓴웃음이 저절로 나왔다. 스타인은 접견 계획을 세웠다.

막 부임한 장관 응접실은 아직 짐정리가 되어 있지 않아 빈 집 같이 휑했다. 난방 장치도 없는데다가 장관은 청나라식의 구식 관리였기 때문에 지나칠 정도로 정중했고 신중했다. 내뱉는 한마디 한마디에 느껴지는 빈틈없는 공손한 말들이 한층 더 추위를 느끼게 했다. 사막의 거친 바람에 단련된 스타인도 이곳 관청에서 풍겨나는 쌀쌀한 분위기에는 어지간히 질려 버렸다.

그런데 외견상으로는 초라해 보이기는 했지만 그래도 장관은 장관이었다. 사소한 일로 기분이라도 상하게 해서 차후 좋지 않은 일이 생기면 곤란하다. 스타인은 여러 가지 준비한 진귀한 선물을 건넨 후에 자신의 여행 목적이 현장법사가 중국에서 인도로 불경을 구하러 갔던 것과 반대 방향으로, 이번에는 중국에서 수많은 경전이나 버려진 고고학 참고물품을 가지고 인도로 돌아갈 것이며, 이러한 자신의 활동은 모두 학문적 차원이라는 것을 자세히 설명하였다. 탐험과 발굴에는 중국측 양해를 구해야만 했던 것이다. 그런데 상대를 해보니 보기와는 다르게 장관은 상당한 학자풍으로 그 방면에 의외로 흥미를 가지고 있는 것 같아서 안심이 되었다.

오후에는 아침의 답례로 장관이 찾아왔다. 텐트 안으로 맞이할 수는 없어서 텅 빈 가운데 방으로 초대하고, 낙타 몰이꾼들이 조리하는 데 사용하는 커다란 냄비에 석탄을 피워 벌겋게 타오르는 일회용 스토브를 만들었다. 트렁크 속에서 미란, 니야, 놉노르 지방에서 발굴한 것들을 끄집어내어 보였다.

그것에 대해 스타인이 겸손하게 의견을 묻자 장관은 고대에 관해 알고 있는 지식을 들려주었다. 그 이야기들은 모두 중국 서적에 있는 지식들이며, 그 중에서는 현대와는 동떨어진 황당한 지식들도 있었다. 이번에는 스타인이 그 지역에서 보고 온 사막 지방의 최근 실정과 탐험에 대해 고생담도 섞어가면서 이야기해 주었다. 장관은 이야기 하나하나에 귀를 기울이며 경청했는데, 스타인의 작전은 예상대로 들어맞았다. 스타인은 그것을 좋은 징조라고 여기며 비서인 장효완과 같이 흡족해했다.

장관과의 의례적 공식 접견을 끝까지 잘 마치고 한숨 돌리고 있는데, 이번에는 느닷없이 수비군 사령인 임 장군의 막료가 찾아와서는 장군의 명령으로 호위를 하겠다고 했다. 호의와 경의에는 감사를 표하고 싶었지만, 그 호의와 경의라는 것이 실은 허울 좋은 감시와 다름이 없었다. 달갑지 않은 친절이었지만 받아들일 수밖에 없었다. 실권은 장군 자신들에게 있다고 하는 장군의 시위이기도 한 것이었기 때문이었다. 이 남자의 비위도 거슬려서는 안 된다. 스타인은 서둘러 벼락부자가 된 장군을 찾아갔다.

자단紫檀으로 덮인 커다란 의자에 앉아 으스대고 있는 광대뼈가

누드러진 장군은 스타인이 건네준 만년필과 카슈가르제인 자수와 영국의 스카치 위스키, 이집트 담배 등으로 기분이 좋아져 아이처럼 흥분했다. 스타인은 그의 장기인 현장 삼장의 취경取經 이야기와 고대 유적 발굴 이야기 등을 대충 들려주고 내심 걱정하고 있던 이 지방 일대의 토지 측량 허가증에 커다란 확인 도장을 받아냈다.

이번에는 장군이 화제를 자신의 분야인 전쟁으로 돌리고 하미나 우루무치에서 활개치던 러시아 군을 당당히 물리쳤던 일본군의 용맹을 칭찬했다. 스타인은 곧바로 맞장구를 치며 일본 군대의 승리 덕분에 영 · 일 동맹의 힘이 크게 작용하고 있는데, 이 영국이야말로 세계의 안정 세력이라고 하며 자국의 선전을 늘어놓았다. 그것은 자신 뒤에는 대영제국이 있다는 것을 은근히 암시했다. 장군은 그것을 알아차렸는지 어쨌는지 모르지만 얼마 전 쿠차 쪽에 탐험하러 온 두 일본인이 안서까지 와서는 여기 돈황 마을에는 들리지도 않고 가버렸다. 아마 여비가 다 떨어졌기 때문일 것이며 전쟁에 너무 많이 돈을 써버렸는데 배상금도 받지 못해서 그럴 것이라며, 큰 자단 의자에 몸을 뒤로 젖히고는 호걸스럽게 웃었다. 장군은 부하에게 명령하여 스타인의 낙타를 장군의 비밀 장소인 사령부 전속 목장으로 데리고 갔다. 부드러운 목초지로 동물들이 휴양하는 데는 더할 나위 없이 좋은 곳이었다.

이러한 사소한 일들이 한 번 틀어지게 되면 쉽게 수습되지 않는 것이 외교적 충돌인데 일이 의외로 술술 잘 풀려서 스타인은 안도의 숨을 내쉬며 면도를 했다. 실제로 세상 물정 모르는 변경의 관리들이나 장군을 상대로 하는 것이어서, 스벤 헤딘과 같은 탐험가들은 탐험하는 도중에 몇 번이나 연금되었던 적이 있었다. 우루무치에서는 반 년 정도 억류되는 바람에 탐험계획이 망가져 버렸던 일도 있었다. 그렇게까지는 안 되겠지만, 관원들의 비위를 거슬려 버리면 어쨌든 계획했던 일을 수행해나가기가 어려워진다는 것을 스타인은 너무나 잘 알고 있었다. 그래서 탐험가에게는 일종의 외교 수완이 필요하다.

스타인이 비누 거품을 한쪽 뺨에 바르고 면도칼로 조심스럽게 밀고 있었을 때, 혹부리 영감과 같은 혹-카라잘이라고 부르는 특수한 풍토병에 걸려 목이 부어 있는 야르칸드(Yarkand)의 상인과, 머리에 터번을 둘둘 만 터키 상인이 호기심어린 얼굴을 하며 텐트로 다가왔다. 양고기와 과일을 팔러 왔다가 우연히 스타인이 거울 앞에서 수염을 밀고 있는 것을 보고는 신기한 것이라도 발견한 듯 쳐다보고 있었다.

돈황 상인들이 서양인을 두려워하며 가까이오지 않는 것을 다행으로 여기며 스타인은 수염을 천천히 깎았다. 그들은 "잠시만 그것 좀 보여 주세요"라고 하고 거울을 받아들자 번갈아 가며 서로의 얼굴을 신기한 듯 비쳐보고는 바보스럽게 웃기 시작하는 것이었다.

스타인은 면도를 하고 난 곳에 타르크를 바르고 볼에서 턱까지 가볍게 두드렸다. 오랜만에 비누 풀린 물을 사용한 것인데, 정말 다시 살아난 것 같은 기분이 들었다. 그는 담배에 불을 붙이고 악의 없는 두 돈황 상인들의 얼굴을 쳐다보았다. 문명인의 신경쇠약 같은 모습은 어디에도 보이지 않는 완전한 자연의 힘이 강하게 조각되어 있는 주름진 표정이 재미있어서 사진을 찍어두려고 했다. 하지만 아직 일정이 많이 남아 있는 탐험 여행에 쓸 건판[6]을 쓸데없는 데 써버리면 안 된다는 생각이 언뜻 들었다. 2만 장의 건판을 준비해 왔지만 아직 앞길이 먼데 이걸 다 써버리면 보충할 방법이 없는 것이다.

"거울에 뭐 재미있는 것이라도 보이는가?"

"이 거울, 작기는 한데 잘 보여요. 마을에 있는 건 모두 사막 모래의 파도 모양처럼 울퉁불퉁하거든요."

터번을 두른 투르크인이 이렇게 말하자 야르칸드인이 덧붙였다.

"다른 사람들 얼굴은 늘 보아서 잘 아는데 내 얼굴은 잘 모르잖아요. 그런데 주인님의 평평한 거울에 비치는 내 얼굴을 보니까 기가 막혀 웃음밖에 안 나오는데요."

그렇게 말하고는 중간에 이빨 빠진 입을 들어 올리고는, 얼빠진 듯 웃다가는 또 뭔가 생각난 듯 다시 말했다.

"현자 호자[7] 님은 재미있는 말을 했다는데요. 티무르(Tīmūr, 1336~1405) 대제가 한때 거울을 헌상한 적이 있었는데 호자님이 가만히 자신의 얼굴을 비춰 보셨답니다. 대제는 전쟁에 나가서 여러 번 부상을 입고 발도 다쳤는데, 천하의 영웅도 상처투성이로 추해진

---

6 건판(乾板) : 사진유제(寫眞乳劑)의 지지체로서 유리판을 사용한 감광판. 젤라틴에 할로겐 화은을 혼합하여 감광성 유제를 만들어 이것을 유리판에 도포하여 건조시킨 것.

7 호자(Khoja) : 페르시아어로 주인을 의미.

자신의 얼굴을 보곤 정나미가 떨어져 한심스러워하며 눈물을 흘렸다고 합니다. 또 곧바로 눈물을 그치셨는데 옆에 있던 호자는 큰소리를 내며 계속 울어댔지요. 그래서 티무르 대제가 호자에게 왜 그러냐고 물어보니, 호자가 말하기를, 대제께서는 거울에 비치는 자신의 얼굴을 한 번만 보시면 되지만 이 호자는 이렇게 매일 아침부터 밤까지 그 비참한 옥안을 바라보아야 하지 않습니까? 그걸 생각하니 자꾸 눈물이 나고 또 나서 멈출 수가 없다고 했다고 합지요."

호자라고 하는 자는 거의 일본의 승려 이신자에몬[8] 같은 사람으로 티무르 대제에 눈에 띄어 말하자면, 차 시중드는 스님으로 익살역을 담당하기도 했다.

"오, 거 재미있군!"

스타인은 웃었다. 사막에도 이런 유머가 있다는 것은 그에게 있어 놀랄 만한 발견이기도 하고 또 구세주 역할을 하기도 했다. 스타인은 두 사람에게 엽궐련을 권하면서 이 부근 어딘가에 고적이나 폐허 같은 곳이 없는지 넌지시 알아보려고 했다. 스타인에게는 지금부터 가보려는 옥문관과 양관의 유적이 신경 쓰였지만 두 사람한테서 아무런 단서도 얻을 수 없었다. 그래서 또 다른 목적지인 천불동에 대해서도 물어보았다. 그러자 터번을 한 터키인이 "얼마 전 티베트에서 온 상인들이 하는 이야기를 옆에서 들었는데, 작년 그 밍웨이

8 이신자에몬(利新左衛門) : 도요토미 히데요시(豊臣秀吉, 1536~1598)의 측근에서 정치나 군사에 대한 상담역을 했는데, 만담가의 시조라고도 일컬어짐.

(천불동)의 어딘가에서 옛날 경전 같은 두루마리가 엄청 나왔다고 하던데요. 그게 아직 거기 그대로 있다고 하면서 탁발하러 왔던 티베트 스님과 가게 앞에서 이야기하고 있었습죠"라고 말하는 것이다.

이런 식의 탐문은 탐험가인 그에게 이상하게 긴장감을 주면서 그의 신경을 자극하는 것이었다. 스타인은 일부러 집요하게 묻지 않았는데, 또 물어본다고 해도 더 이상은 나올 것 같지도 않아서 벽화 사진을 촬영하러 갈 준비를 했다. 이렇게 대충 탐색한 탐문에 크게 기대를 하며 2, 3일 동안 가슴 졸이면서 조수 겸 통역관인 장효완과 사진 측량 담당 기사 인도인 나이크와 호위병 세 명만을 데리고 천불동으로 말을 달렸다.

길거리에는 승마를 잘 못하는 호위병이 작은 나귀를 타려고 하는데, 말에서 떨어질 것 같으면 뭔가 농담 같은 비명을 지르는데 그것이 즐거워 보인다. 다국적을 가진 일행이 발굴할 준비도 하지 않고 피크닉 겸해 멀리 떠나는 것은 무척 드문 일이었다. 이럴 때면 스타인은 참을 수 없을 정도로 유쾌해졌다.

작년 4월 인도를 출발한 후 일 년 남짓 되었는데 그 동안에 타림 유역을 주로 해서 호탄과 니야와 놉노르와 미란 등에서 고적을 탐험하고 발굴했다. 그리고 곤륜 빙하를 거치면서 이미 한 해 전 호탄 고지에서 얻은 그 이상의 수확을 올렸는데 지리학적으로나 고고학적으로도 의미가 있는 것들이었다. 출발하기 바로 직전까지도 작업을 했던 첫번째 탐험에 관한 방대한 보고서 『고대 호탄』[9] 두 권을 완성하고 정리해서 런던 출판사에 원고를 넘기고 왔던 것이었다. 그 때문에 그의 향학열은 한층 더 깊어졌고 높아져 있었다. 그 업적만으로도 만족할 수 없는 것인지 이번에는 인도 정부와 대영박물관에서 충분한 비용을 얻어서 탐험을 하고 있는데, 그 체면상으로서라도 또 이미 세계적 탐험가로서 명성을 얻은 체면상으로서도 러시아, 런던, 프랑스 등 각국의 탐험대에게는 어떻게 해서든지 질 수는 없었다.

행선지는 희망에 찬 천불동이다. 고치 박사가 극구 칭찬해 마지않았던 그 벽화 사진을 찍어서 세상에 발표할 것은 물론이지만, 어쩌면 소문으로만 들었던 고문서의 행적을 찾아내어서 세계를 깜짝 놀라게 할 수 있을지도 모른다. 그는 말 위에서 의기양양해하며 오른쪽으로 흐르고 있는 당하를 바라보았다. 말발굽 아래서 부서지는 얼음 소리를 들으며 기묘하게 경작되어 있는 밭과 과수원, 그리고 가로수가 늘어서 있는 돈황 교외를 바라보며 천불동으로 향하고 있다.

그런데 단 하나 그를 불안하게 하는 것이 있었는데 범어나 터키어나 티베트어 등은 어쨌든 대충 혼자 힘으로도 살펴볼 수 있는데, 한문을 전혀 알지 못하니 만약 천불동에 있다고 하는 소문대로 옛날 두루마리들이 한문으로 되어 있다면 적잖이 곤란해지기 때문이다.

그렇다면 조수 장효완이 유일한 의지처인 셈인데 스타인은 말 위에서 어깨를 나란히 하며 기분 좋아 하고 있는 그를 믿음직스러운 듯 돌아보았다. 장효완은 카슈가르에서 총영사 매카트니가 스타인

---

9 『고대 호탄(*Ancient Khotan*)』: 이 책은 옥스퍼드 클라렌던(Clarendon) 출판사에서 1907년 2권으로 출간되었음.

에게 안성맞춤인 선물이 있다고 하며 소개시켜 주었다. 영어, 중국어는 자유자재로 구사할 수 있고, 터키어도 편안하게 말할 수 있는, 이 오지를 여행하는 스타인에게 있어서는 없어서는 안 될 오른팔인 것이다.

당하 지류를 따라 왼쪽으로 접어들자 이름에 걸맞은 명사산의 능선이 구불구불 완만하게 이어져 있다. 그 기슭의 협곡이 깊어지는가 싶더니 갑자기 길 옆 조금 높은 언덕 끝에 초라하게 늘어서 있는 작은 사당들이 나타났다.

지붕은 떨어져 있고 기와는 무너져 가고 중국식의 짙은 색으로 칠해진 기둥과 벽은 벗겨져 있고 불상의 팔과 다리도 떨어져 나가고 없었다. 그래도 참배하는 사람은 있고 칙칙하게 적혀진 붉은색 주문 종이가 사당 입구에 붙어 있었다. 타다 남은 초도 있는데 향을 꽂은 그 속에는 종이돈을 태운 재가 수북이 쌓여 있었다.

그다지 볼 만한 것은 없는 것 같은데 사당 입구 쪽에 어울리지 않는 푸른 녹이 잔뜩 낀 커다란 종이 매달려 있고 그 반대편에는 돌 비석이 세워져 있었다. 장효완이 그 앞에서 읽고 있는 것을 들어보니 아무래도 경문인 것 같았다. 마지막 부분에 100년도 채 지나지 않은 연호가 씌어져 있었다. 인도의 것은 연호가 전혀 적혀 있지 않아서 읽는 데 적잖이 고생했는데 이것은 천불동 탐험에 좋은 전조인 것 같아 스타인은 기뻤다. 할 일이 없어 따분해 하던 호위병이 옆에 있는 나무로 종을 치자 나귀가 깜짝 놀라 뒷발질을 하며 일어섰다.

사당을 돌아보며 한숨 돌린 스타인은 뭔가 발굴할 것 같은 예감에 가슴 두근거리며, 3킬로미터 정도로 이어진 회색 불모지를 강을 따라 단숨에 달려갔다.

그런데 신기한 것이 천불동으로 향하는 길목에 숲을 이룬 나무들이 무성하게 자라 있고 명사산 가운데 부근에 바위 덩어리가 있는 것이었다. 거기에는 벌집 모양 같은 천불동의 신비한 암벽들이 다양한 크기와 형태로 무리 지어 있었고, 다소간의 간격이 있는 똑같은 벌집 모양의 동굴 무더기가 강을 향해 불규칙적으로 늘어서 있는 것이었다.

"와!"

너나 할 것 없이 모두 함성을 질렀다. 말을 재촉해서 가보니 근처 암벽 속의 신묘한 본존이 이른 봄 오후 태양 빛을 쬐듯이 눈앞에 보이고는 사라져 버리는 것이 아닌가! 마치 신성한 동굴 속에서 누군가 생활하고 있는 것 같다! 신기한 원시 빌딩 같지 않은가! 스타인은 말에서 내려 암벽으로 달려갔다.

불동은 4층인 것도 있고, 5층, 3층으로 불규칙하게 겹쳐져 있으며 즐비하게 무리지어 있는 것이 몇 백 개나 되었다. 크고 작은 것들이 다양하게 있는데 특히 최하층 석실은 통로보다 낮은 것도 있고 토사에 묻혀 있는 것도 있다. 모두 삼면 벽과 천장을 회 반죽해서 칠했는데 앞면에 보살군群과 공양도供養圖와 극락변상極樂變相과 천체불天體佛 등이 빠짐없이 그려져 있었다.

그 장엄한 모습들 한 가운데에서 조금 구석진 곳에 있는 중앙 존상尊像 여래불이 한층 더 높이 마제형馬蹄型 수미단須彌壇 위에 위치해 있고, 그리스 인도식 의관 주름도 선명하게 드러나 있다. 그리고 보살사천왕菩薩四天王 성상聖像이 균형미를 자랑하듯 그 주변을 둘러싸고 있었다.

이 불상들은 크고 작은 것도 있고, 수법의 차도 있고, 우열의 차도 있는 것 같았지만, 거의 합의라도 한 듯이 모두 동일한 방식의 석실들로 되어 있었다. 이 방식은 스타인이 호탄 부근에서 발굴한 불상들과 동일했다.

물론 그 중에는 다시 손질하고 수복한 것도 있는데 금칠로 울퉁불퉁하게 색칠되어 있었다. 때로는 칙칙한 티베트의 진한 청색과 녹색이 섞여 있었는데 어쨌든 대부분이 당대唐代 아니면 그 이전인 육조 때에 만들어진 것임에 틀림이 없었다.

간다라 불상을 많이 보아 왔던 스타인에게는 이 불상들이 간다라 계통으로 중국식에서 서역식으로 바뀌어졌다는 것을 곧바로 알 수 있었다.

이 모두 얼마나 성스러운가! 현관 쪽으로 불쑥 튀어나온 방은 부서지고, 지붕과 마루를 지탱해주는 장귀틀이 있던 자리에는 커다란 구멍이 나 있었다. 심지어는 그 구멍조차도 풍상을 맞아 부서져 있었는데, 그래서인지 불동 밖에서도 벽화와 본존을 잘 볼 수 있는 것이었다. 수직으로 생긴 암석을 뚫어 수많은 동굴을 파서 이처럼 장엄하고 경건함으로 만들어 놓은 불동을 본다면, 종교문제를 초월해서 서양신을 믿는 이들조차도 한순간 자기 자신을 잊고 이 불동을 향해 자연스럽게 예배를 드리게 될 것이다. 정말 이 불동을 만드는

데 얼마나 많은 정성을 쏟아 부었는지는 신앙의 힘이 아니라면 불가능할 것이다.

그렇지만 언제까지나 이러한 감상에 젖어 있을 스타인이 아니었다. 다음 일을 언제 착수할 것인지를 생각하면서 율[10]의 『마르코폴로』에서 익히 보아 온 돈황 불교에 대한 이야기나 로치 박사의 기록들을 떠올렸다. 그리고는 대충 한번 살펴보면서 우선 눈에 띄는 것만이라도 조사해 둘 심산으로 발걸음을 계속 옮기면서 영감들을 살펴보았다. 때때로 낡은 사다리를 타고 위에까지도 올라가 획득물이 될 만한 것이 있는지 없는지 샅샅이 살펴보기도 했다.

그러고 있는데 언뜻 보기에는 혼혈의 젊은 스님이 니레(Nirre) 숲 속 암실에서 나왔다. 낯선 방문객을 안내할 생각이었던 것이다. 인사를 하는둥 마는둥 상대방의 얼굴을 보자마자 젊은 스님은 손짓을 하며 일행을 상하부가 몇 개의 동굴 지붕으로 만들어진 절 안에 있는 대리석 비석 쪽을 가리켰다. 그의 이런 동작을 보니 아마도 이전에도 외부인을 안내한 적이 있는 것 같았다.

스타인은 유감스럽게도 한자를 읽을 수 없었다. 장효완은 혼자서 신이 난 듯한데 학자인 척 거드름을 피우며 띄엄띄엄 한자를 읽어내고는 대부분 스타인에게 그 뜻을 말해 주었다. 젊은 스님은 또

---

10 율(Henry Yule, 1820~1889) : 스코틀랜드 출신 동양학자로, 엔지니어, 장군의 비서 등으로 근무하다가, 1862년 은퇴한 뒤로 1866에는 *Cathay and the Way Thither*와 *Book of Marco Polo*를 출판하여 황실지리학회의 금메달을 수상. 중앙아시아의 지리와 중세 역사 연구에 크게 기여함.

한쪽에 있는 단층 비석을 가리켰다. 막고굴의 중수重修한 비석 그 외의 것으로 모두 『서역수도기』에 나오는 것들이다. 스타인은 한문을 읽을 수는 없지만 이 탁본을 연구한 샤반[11] 박사의 논문을 읽은 적은 있어서, 천불동이 진晉나라 때 만들어진 후에 다시 수복된 공덕을 칭송한 비석이라는 것을 생각해 냈다. 그러나 스타인이 정말로 젊은 스님에게 묻고 싶었던 것은 소문으로 들었던 얼마 전 새롭게 발견되었다는 고문서였다.

스타인은 이런 조급한 마음을 인도에서도 몇 번인가 경험한 적이 있었다. 다른 탐험가나 학자들도 이런 경험은 많이 하는데, 어쨌든 어지간한 외교 수단을 동원하지 않으면 때때로 실패하는 경우도 있다고 한다. 서두르다 일을 그르치면 안 되니까 스타인은 장효완에게 귓속말로 뭔가를 이야기하고는 불동을 빠져 나와 다른 불동으로 갔다. 이내 장효완이 자랑스러운 듯 싱글거리며 뒤따라 왔다.

"선생님, 주지 스님은 부재중인데 아까 말씀하신 고문서가 있기는 하다고 합니다. 그 장소로 안내해 주겠다고 하니까 함께 가시죠."

그 장소는 북쪽이었는데 큰 절 옆에 석굴사원 하나가 있었다. 거기에는 보살 행렬이 그려져 있는 빛바랜 벽화가 오른쪽 입구 부근에서 끊겨졌는데, 그 끊겨진 그 안쪽으로 통하는 곳에 초라한 나무문이 잠겨져 있었다. 거기에 있는 불상들은 상태가 그렇게 좋은 편은

11 샤반(Édouard Chavannes, 1865~1918) : 프랑스의 중국학자로 폴 펠리오의 스승. 특히 사마천(司馬遷)의 『사기(史記)』를 번역하여 저명하다.

아닌데, 다시 수리를 한 것인지 퇴색한 벽화 색과 뚜렷한 대조를 이루고 있었다.

원래 이 석굴사원은 바위가 퇴화되면서 모래 속에 매몰되어 있었는데 지금의 주지가 7, 8년 전에 천불동을 수리하고 있는 중에 토사를 옮기던 인부가 벽의 틈새를 우연히 발견했다고 한다. 아무래도 그 안에 또 다른 방이 있는 것 같아서 그 벽을 치워 보니 거기에는 과연 5, 6미터 정도의 공간이 있었다. 높은 천장의 구석구석까지 너저분하고 오래된 두루마리로 빽빽이 쌓여 있었다는 것이다. 그래서 난주 총독에게 견본을 보내 물어보았더니 먼지 덮인 6, 7대의 마차 분량 정도의 폐지 같은 것을 마을로 옮겨 오지 말고 그대로 석굴사원에 두라고 명령해서, 원래 발견된 어둠 속에 그대로 놓아두었다고 했다.

장효완이 이런 저런 방법으로 교섭을 해서 잠깐만이라도 그 문을 열어 줄 것을 부탁했지만 열쇠를 가진 주지가 사막 마을로 탁발하러 갔기 때문에 문을 열 수 없다고 했다. 그래도 장효완은 먼 곳에서부터 왔는데 어떻게 해 볼 수 없겠느냐고 여러 번 부탁하자 세상물정을 아는 이 젊은 스님은 자신의 암실로 달려가더니만 긴 두루마리 한 권을 손에 들고 나타났다. 이것도 그 석굴사원에 들어 있는 것 중에 하나라며 이러한 두루마리가 있다고 했는데, 결국 견본을 보여 준 것이다.

스타인은 안타깝게도 그것을 읽을 수 없었지만 종이 질이라든가 먹 색이라든가를 보니 실로 상당한 것이었다. 게다가 연대도 매우

자신의 도관(道觀) 앞에서 포즈를 취한 왕도사

스타인, 『Serindia』, vol. 2.

오래된 것 같은데 벌레가 슬지도, 짓무르지도, 색도 변하지 않았다. 정말 완전한 보존 상태라고 해도 좋았다. 그런데 쉽게 읽어 낼 것 같은 장효완도 20미터 정도인 이 두루마리를 해독하기가 상당히 어려운 듯 난색을 표하며 고개를 갸우뚱거리고 있었다. 그리고는 무슨 보살이라는 글자가 뚜렷이 보이자 이 두루마리도 역시 불전 중의 한 종류일 것이라는 결론을 내리고 겨우 그 장을 넘겼는데 마치 대학자적인 모습 같았다.

스타인은 어떻게 해서 주지가 그 문을 열게 할 것인지 끊임없이 작전을 짜면서 이 경전의 견본과 수수께끼 비밀 문을 본 것만으로도 만족해하고, 젊은 스님을 더 이상 깊이 추궁하지 않았다. 젊은 스님에게는 주지가 시샘할 정도로 뒷돈을 두둑이 건네고 날이 어두워지기 전에 돈황 마을로 돌아 왔다.

소문은 참으로 사실이었다. 한 번 온 기회는 다시 오지 않기 때문에 기다릴 수밖에 없었다. 신경이 쓰이는 것은 주지라는 인물인데 스타인은 가슴 부푼 희망과 더불어 이제까지 생각지도 않았던 큰 불안이 새롭게 싹트고 있다는 것을 느꼈다.

이날 저녁 텐트 안 랜턴 밑에서 일기를 쓰고 있던 스타인은 큰 수확이 있을 거라는 예상과 좋은 운이 있을 거라고 확신하며 잠자리에 들었다. 소년 시절에 스타인은 자신이 세계사 속에 나올 만한 인물이 될 거라며 꿈꾸곤 했었다. 그런데 그 꿈이 바로 손에 잡힐 것 같은 곳에서 자신을 기다리고 있는 것 같아 기분에 들떠 있는 것이다. 이것은 천불동을 처음으로 방문한 3월에 있었던 일이었다.

천불동으로

옥문, 양관 흔적을 조사하고 탐험한 스타인은 그 부근에서 망루 흔적을 몇 개 더 발굴했다. 높은 곳에 기와로 만들어진 누대가 사막 깊숙한 곳에 설치되었던 것은 봉화를 피워 긴급함을 알리고자 했던 것으로, 즉 당시의 통신 기관이었다. 그때를 상상하니 그 처참함과 장엄함이 동시에 전해지는 것 같았다. 그런데 재미있게도 봉대烽臺(봉홧둑) 아래에 주둔병을 위해서 만들어 놓은 방 한쪽 벽에, 그림에 조예가 있는 것 같은 무명전사들이 사막의 무료함을 달래기 위해서인지, 치졸하기는 하지만 웅혼함까지 느껴지는 낙서가 남아 있었다. 고대인들의 혼이 그대로 담겨져 있는 듯했다.

그 봉대와 봉대 사이를 걷고 있는데 이 사막에는 벌써 여름이 찾아온 것인지 저 멀리 모기 기둥이 만들어져 있었다. 그리고 때때로 신기루가 나타나기도 했다. 스타인은 일행들과 말을 이끌고 다시 돈황 마을 외곽 과수원에 텐트를 쳤다.

동쪽으로 흐르는 강 건너편에서 바라본 돈황 천불동 전경
스타인, 『Serindia』, vol. 2, 그림 191.

정말로 아름답다. 3월이 되니 겨울 옷차림을 늘어뜨린 느릅나무와 버드나무가 여기저기 새싹들을 무성하게 피우고 과수원에 있는 배나 살구는 제철을 맞은 듯했다. 심어 놓은 야채와 오이가 밭에서 싹을 틔우고 양귀비 밭은 멋지게 손질되어 있었다. 옛날 장안의 풍류 시인들이 천금을 던져도 아깝지 않다는 뛰어난 아름다움을 자랑하는 목단이나, 그 목단보다 더 이국적인 작약이 정원 여기저기서 커다란 꽃잎 원을 그리고 있고 꽃 봉우리를 펼치며 사람들을 부르고 있다.

가장 즐거운 것은 길옆에 핀 자색 붓꽃이 서로 경쟁이라도 하듯

즐비하게 늘어서 있고, 푸른 잔디 위에는 아름다운 털 모양의 양떼들이 무리지어 놀고 있는 것이다. 여기에 장미 선반 몇 개만을 더 준비한다면 완전히 영국 벽촌에서 볼 수 있는 진풍경이 된다.

사막의 살풍경에 익숙해진 그들에게 이러한 풍경들은 눈이 시리도록 아름다운 것이었다. 겨울과 여름 밖에 없는 이 대륙 기후에서 단지 며칠 동안만 누릴 수 있는 이 봄은 대자연이 주는 향연으로 1년에 딱 한 번 있는 것이다.

스타인은 오랜만에 달콤한 향수에 젖어들었다. 때마침 천불동은 1년에 한번 있는 축제기간이어서 인근 마을에서 심지어는 청해青海 차이담(Qaidam) 부근에서까지도 이 축제를 보러 왔다. 만 명 이상의 인파가 한꺼번에 몰려오는데 그렇게 되면 천불동은 큰 대목이 되

월아천
펠리오, 『Les Grottes de Touen-houang』, vol. 6, CCCLV.

는 것이다.

매년 오월 중순에 행해지는 이 축제가 끝이 난 2, 3일이 되면 반드시 '신령한' 큰 태풍이 한 차례 불어 닥친다. 이 '신령한' 태풍은 축제에 모인 참배객들이 버리고 간 쓰레기를 다 쓸어가 준다고 하는 전설이 있는데, 이 지방 사람들은 그것을 굳게 믿고 있는 것이었다.

대망을 품고 있던 스타인은 '신성한' 큰 태풍이 축제 뒤 설거지를 해주고 난 뒤에 천불동으로 가는 것이 좋겠다고 하는 장효완의 권유를 따라 축제 기간 동안에는 편안히 휴식을 취하기로 했다.

화려하게 차려 입은 전족한 여자들이 손수레를 타고 천불동으로 줄지어 들어왔다. 스타인은 가능한 한 사람들과 접촉하지 않고, 축제도 보러 가지 않고, 마을로도 나가지 않았다.

그러던 중 어느 한 날을 택해서 장효완과 인도인 기사技師 둘만을 데리고 4킬로미터 정도 떨어진 교외에 있는 월아천[1]으로 놀러갔다. 월아천 주변에 있는 도교 사원에도 들렀는데 깨끗한 물이 풍부한 곳으로 월아천 여기저기에는 맑은 물이 콸콸 솟아나고 있었다. 사막에서 생활하는 자들에게는 아까울 정도로 샘물이 넘쳐나고 있었는데, 호반 주변에 자라고 있는 싱싱한 풀을 실컷 뜯어먹도록 말을 하루 종일 풀어 놓았다.

도관 뒤편으로는 명사산이 연결되어 있다. 장효완은 곧바로 그의 자랑거린 멋진 구두를 신은 채로 모래 산으로 올라갔다. 그러자 과연 모래는 그의 발 아래서 부서지고 마치 먼 곳에서 차가 지나가는 듯한 소리를 내었다.

이날 스타인은 반나절 동안 도관의 조용한 방을 빌려 한가하게 청정한 맑은 샘물을 마음껏 바라보면서 모래 먼지로 찌들었던 마음을 말끔히 씻어 내었다. 그러면서 그는 용의주도하게 심복 장효완의 일거수일투족을 넌지시 감찰하면서 중국인의 성격 연구를 하는 것도 게을리 하지 않았다.

---

1 월아천(月牙泉) : 일명 약천(藥泉)이라고도 부르는데, 감숙성 돈황시 남쪽 6킬로미터 지점에 위치한 명사산(鳴沙山)의 북쪽 기슭에 위치함. 동서로 118미터에 달하고 폭은 54미터나 되며 수심은 약 5미터라고 한다. 그 모양이 초승달처럼 생겨 붙여진 이름으로 사막에 있으면서도 모래가 스며들지 않는다고 한다.

2, 3일이 지난 그날 밤에는 이전의 소문대로 '신성한' 큰 바람이 불어 닥쳤다. 드디어 올 것이 온 것이다. 아침 일찍 음울한 런던 안개와 같은 모래먼지가 미처 다 사라지지도 않았는데, 스타인은 부대를 편성해서 텐트를 접고 두 달 동안 자석처럼 늘 끌렸던 천불동으로 이동했다. 별로 달가워하지 않았던 호위병들도 오늘은 씩씩하게 따라왔다.

천불동에는 오후쯤 도착했는데 머무를 곳을 찾아서 체류 준비를 다 마치고 나니 벌써 날이 저물어 있었다. 때마침 느릅나무 암실 입구에는 몽골 사막에서 온 티베트 라마승이 혼자 있을 뿐이다. 그 비어 있던 어두운 암실은 사진 현상실로 사용할 수 있어서 인도인 기사가 만족스러워 했다. 암실 옆에는 낙타 부대 회교도들이 차지했다. 그 방이라면 천천히 아편을 피우면서 기분 좋게 지내기에 좋을 것이다. 그리고 그 옆의 텅 빈 창고 같은 토방은 중요한 물건을 쌓아 둘 수 있었는데, 앞으로 어떻게 해서든 고문서 무더기를 손에 넣으려고 계획하는 스타인에게 둘도 없는 비밀 장소로서 안성맞춤이었다. 그리고 장효완은 여러 가지 면에서 분명히 편리할 것이라고 하며, 주지가 거주하고 있는 곳에서 그리 멀지 않는 가까운 방을 빌려 말끔히 청소하고 정리해 두었다. 그리고 그 옆의 통풍 좋은 방은 스타인을 위한 예비실로 마련해 두고, 마지막으로는 있으나마나한 호위병들에게도 중앙 대가람에 베란다 달린 방 두 개를 주었는데 그들은 너무 좋아했다. 이렇게 해서 각자 거처할 곳을 마련하고 자리를 잡았다.

그런데 다른 속셈이 있었던 스타인은 대원들과 함께 있으면 금방 눈에 띌 것이고, 그렇게 되면 계획한 일을 진행하는 데 지장이 생길 수 있을 것 같았다. 그래서 혼자서 여유를 가지고 유유자적하게 지내는 것이 좋겠다는 표면상의 구실로 대원들 숙소에서 조금 멀리 떨어진 곳을 찾아냈다. 부드러운 풀이 많이 나 있는 곳으로 자신만의 둥지를 정성들여 만들고, 거기에 정이 든 작은 텐트를 쳤다. 모든 준비는 끝났다.

다음날 아침 스타인은 사진기를 들고 중앙 가람 쪽으로 갔다. 때마침 주지가 장효완과 함께 그의 텐트로 인사하러 오는 길이라고 했다. 장효완이 소개시켜 준 왕이라는 성씨의 도사는 언뜻 보니 조금 수줍어 하는 모습이 소심한 자인 것 같았다. 그런가 하면 또 어딘가 조금 교활해 보이는 것 같기도 했지만 어쨌든 방심할 수도 없고 다루기도 힘든 인물처럼 보였다. 물론 진중함과 솔직한 면도 보였지만 가끔 얼굴을 들어 사람의 얼굴을 흘낏 보는 것은 아무래도 상대의 마음속까지 꿰뚫어보고 있는 것 같았다.[2]

스타인은 이 왕도사가 보통 수완으로서는 통하지 않을 것이라는 것만은 직감했다. 두세 마디 간단하게 의례적인 인사를 나누었는데, 이럴 때는 긴 인사가 오히려 무용지물이다. 스타인은 우선 사진 촬영을 계속하고 싶다며 뭔가를 말하려고 하는데, 왕도사 한 발 뒤에

---

2 왕도사와 스타인의 첫 만남을 묘사하고 있는데, 스타인의 기술 그대로이다. 사적이 잘 알려지지 않은 왕도사에 대한 스타인의 이러한 첫 인상은 이후 왕도사의 인간됨을 그려내는 중요한 근거가 되었음.

서 우뚝 서 있던 장효완이 '저한테 맡겨 두세요'라고 말하듯 서양인처럼 어깨를 으쓱하고는 윙크를 했다.

주지와의 첫 대면에서 받은 인상이 좋지 않아서인지 스타인은 사진을 촬영할 마음도 내키지 않았다. 기다리고 기다리던 이러한 때야말로 인내가 중요하다는 것을 잘 알고 있는 스타인은 조급한 마음을 다스리며 계속해서 북쪽으로 가다 보니, 어느 샌가 얼마 전 본 고문서가 소장되어 있다던 그 석실 쪽으로 향하고 있는 자신을 발견했다. 좀 이상한 생각이 들어서 마음을 추스르며 어두운 동굴 안을 살펴보았는데, 이것이 어찌된 일인가! 지난번에 왔을 때 고문서가 엉성하게나마 보였던 그 오른쪽 문에 두꺼운 기와가 쌓여져 있어 아무것도 보이지 않는 것이 아닌가!

갑자기 곤봉으로 머리를 맞은 것 같은 충격에 꼼짝달싹도 하지 못하고 우두커니 서 있었다. 이것은 분명 나의 본심을 꿰뚫어보고 야만인의 침공을 막기 위해서 미리 방어를 한 것인가, 아니면 뭔가 다른 사정이 있어서 이렇게 해둔 것인가. 어쨌든 불안했다. 어쩌면 인도에서 뷰러[3] 박사가 당했다던 그 수법과 같은 것인지도 모른다. 설마 장효완이 이런 저런 쓸데없는 이야기를 해서 왕도사가 경계심을 가진 것은 아닌가. 스타인은 청천벽력을 맞은 것 같아 촬영을 그만두고 곧바로 숙소로 돌아왔다.

---

3 뷰러(George Buhler, 1837~1898) : 봄베이 대학교의 동양어 교수 출신으로 산스크리트어 판독 작업에 참여한 것으로 알려짐.

장효완은 싱글벙글하면서 주지에게 받은 차를 맛있게 다려 커다란 찻잔에 마시고 있었다.

"장 비서, 큰일 났다네."

"선생님, 도대체 무슨 일이십니까? 그렇게 정색을 하시고."

"주지가 뭘 알아챘는지 아니면 오해를 한 것인지 그 문을 기와로 봉쇄해 버렸단 말일세."

"문을 봉쇄해버렸다니요? 그건 금시초문인데요. 그렇다면 제가 지금 바로 주지에게 가서 물어보고 오겠습니다."

"아무래도 낌새가 이상해. 뭔가 사정이 있을 것 같으니 처신을 잘해 주게나. 모처럼 보물 산을 발견했는데 일을 그르치면 다시 되돌릴 수 없게 될지도 모르니까 말일세."

"가만히 계시면 제가 알아서 하지요. 선생님, 부디 저의 솜씨를 믿어주시기를."

장효완은 걱정스러운 듯이 작은 목소리로 속삭이고 주인을 안정시키려는 듯 손을 흔들고는 자신의 가슴을 가볍게 두드리며 의기투합하는 모습을 보여주었다.

"정말 별일 없는 거겠지?"

"어쨌든 저 문만 열게 하면 되는 거지요?"

"그렇지. 우선 당장 안을 한 번 보고, 거기 있는 고문서 연대를 대충 살펴보면 되지. 그리고 그 다음의 일은 그 다음에……."

장효완은 선물로 통조림 두 개를 짐에서 끄집어내어 주지가 있는 곳으로 갔다. 스타인도 우선 자신의 텐트로 돌아갔다.

한 시간쯤 지나서 스타인이 점심 준비를 하려고 하는데 장효완이 총총걸음으로 달려 왔다.

"그것 참. 애먹었습니다, 선생님. 그 기와는 얼마 전 축제 때 만일 뭔가 큰일이 있으면 안 되니까 그런 식으로 해서 사람의 주의를 끌지 않도록 해두었다고 하니까 우선은 안심하셔도 되겠습니다. 선생님이 참고할 사항이 있어서 그 안을 보고 싶다고 문을 좀 열어 달라고 부탁했더니, 1년에 한 번씩 참배하러 오는 차이담 왕 이외는 아무에게도 보여줄 수 없다고 그 주지승이 말했습니다. 그리고 외국인에게 보여주면 벌을 받든지 재앙이 있든지 할 거라며 호락호락 응하지 않더군요. 생각보다는 답답한 중이었습니다."

"흠. 그리고 다른 말은 하지 않던가?"

"발견될 당시의 이야기를 해주었는데 고문서 견본을 숙주나 난주 총독에게 보냈더니, 케케묵은 경전이어서 흥미가 없다며 그냥 여기서 보관하라고 명령을 내렸다고 하는 이야기를 자세하게 들려주었습니다."

"그러면 그 안에 있는 것을 운반해 가지도 않았고, 특별 관청의 봉인 등 그런 흔적이 있는 것은 아니겠군."

"그런 것은 없는 것 같습니다."

"자네와 어지간히 터놓을 수 있게 된 것 같으니 좋은 징조로군. 그런 신경질적인 소심한 남자에게는 이야기하는 것이 제일로 좋은 약이라니까."

"그럼요. 그럼요. 아무리 답답한 녀석들이라도 저에게는 털어놓

시요. 산서성 벽촌에서 탁발을 하며, 여기 거신 모래에 묻혀 있던 이 절로 들어왔다고 합니다. 탁발을 하기도 하고 주문을 외우고 기도를 해주고 기부를 받아서 절과 동굴 등 불상 복구에 쓴다고 하더군요."

"그것 참 감탄할 만한 일이군."

"불상을 금박으로 칠한 일이 아주 큰 자랑거리인 것 같았어요. 그 후론 신자들의 기부도 꽤 늘었는데 이상한 평판이 나면 안 된다는 것입니다."

"그렇군. 대충은 알았네. 수고해 줘서 고맙군."

스타인은 장효완의 보고로 대충 작전을 머릿속에 그렸다. 이렇게 되면 돈으로 낚아서는 오히려 안 된다. 어쨌든 다변 유창한 장효완의 연회석 담판에 맡겨두기보다는 자신이 직접 만나서 교섭을 해야 한다는 결론에 도달했다.

"점심 먹고 나서 내가 갈 테니까 주지를 만나게 해주게. 이번에는 자네가 걱정해야 할 순번인가? 하하하…… 통역을 확실히 해주게나."

"그런데 가실 때 뭔가 선물을 들고 가시는 게 좋을 것 같은데요."

"알았어. 나의 기술을 한 번 지켜보게."

"선생님도 상당한 배우십니다."

장효완은 기분 좋게 손을 흔들며 느릅나무 그늘 뒤쪽으로 사라졌다.

가볍게 점심을 먹고 나서 스타인은 약속대로 장효완의 안내로 주지 왕도사를 정식으로 방문했다. 일행이 귀찮게 해드린 것에 대한 예를 표하고 곧바로 수복된 석굴사원을 보여 달라고 부탁했다. 그리고 등명대燈明臺(촛불을 밝히는 단)에 얼마간의 돈을 올렸다. 주지는 기쁜 듯 인사를 하며 앞장서서 득의양양하게 안내를 시작했다. 그의 가장 좋아하는 급소를 유쾌하게 쓰다듬어 주었기 때문이다. 걸으면서 스타인이 말했다.

"주지 스님, 저는 유럽에서도 여러 번 이 천불동에 있는 훌륭한 것들에 대해서 들었는데 며칠 전 스님께서 출타중이셨을 때 한 번 살펴보았습니다. 그런데 들었던 것보다 미술적으로나 고고학적으로 훨씬 뛰어난 가치가 있는 것으로 과연 세계적 평판이 될 만하다고 생각했습니다."

왕도사는 스타인이 말하는 유럽이라든가 고고학적이라든가 하는 것 등은 전혀 몰랐다. 단지 얼마 전 출타했을 때 찾아와서 젊은 스님에게 선물을 듬뿍 준 그 사람이 누구인지가 무엇보다도 궁금했던 것이다. 그것을 들은 후에 주지는 '코가 큰, 다갈색 눈을 한 키 큰 백인'의 방문을 한 달 정도 마음속으로 은근히 기대하고 있었던 것이다.

"아! 그때 그 스님에게 선물을 주셔서 감사했습니다……."

"아닙니다. 그때 안내해 주신 본당 앞 비석이 말이죠. 그것도 벌써 세계적으로 알려져 있고, 제 학자 친구는 그것을 연구한 논문을 발표했지요."

주지에게는 또 동양학자라던가 연구 논문이라든가 뭐라 하는 것이 무엇인지 알 수 없었다. 그래서 엉뚱한 대답을 했다.

"그때 있었던 스님은 어제 사막으로 탁발하러 갔습니다."

그래도 주지는 이 백인이 자신이 몸을 아끼지 않고 애써 완성한 이 수복에 입 발린 소리라 할지라도 호감을 가져 주는 것이 무엇보다도 기쁜 것이었다.

조악한 금빛으로 요란스럽게 덧칠한 수복된 곳을 따라 북쪽으로 향해 걸어가고 있자니, 어느 샌가 주지는 고문서 비밀창고로 통하는 넓은 문이 있는 굴원 앞까지 왔다.

여기도 다른 곳과 마찬가지로 앞쪽은 부서지고 떨어져 있는데 불상도 무참하게 울퉁불퉁했다. 그런데 주지는 자신이 이렇게 수복했다고 하는 듯 코를 움직였다.

스타인은 이상할 정도로 무서운 얼굴을 한 본존을 둘러싼 한 무리의 불상보다 자연스럽게 문 쪽으로 시선이 갔는데, 그것을 억누르며 짐짓 고문서에 대해서는 말하지 않았다. 그 대신 주지 스님이 갸륵하다며 그를 잘 이해하고 있는 것처럼 계속 감탄했다.

그러자 주지는 이 굴원이 원래 완전히 모래에 묻혀 있었던 것인데 이렇게 복원했다며 자신의 공훈을 늘어놓기 시작했다. 사실 이런 복원들은 주지의 단순한 타산적인 생각으로 한 것이 아니라 오로지 주지의 숭불에 대한 경건한 열정이 아니라면 만들어 낼 수 없었을 것이다.

스타인은 헌신적인 이 작은 남자의 신기한 노력에 경의를 보내고, 이 남자의 어느 곳에 그러한 갸륵한 혼이 숨쉬고 있는가 하고 새삼 다시 보았다. 어쨌든 황폐한 천불동을 혼자 힘으로 잘도 여기까지 수복해 놓은 것은 영광스러운 공적이다. 게다가 왕도사 자신은 여전히 가난한 생활을 잘 감수해 내고 있는 것 같았다. 일종의 가축이나 동물과도 비슷한 신비적인 근성을 이 영국 신사는 도저히 이해할 수 없었다.

그런 식으로 조금씩 이야기를 하고 있는 동안에 주지인 왕도사가 완전히 무학으로 교양도 없고 지식의 범위도 극히 좁은 것을 두 사람은 곧바로 알아차렸다.

그래서 스타인은 중국의 문인 관료들을 만날 때마다 늘 자신이 고고학의 충실한 학도로 중국의 역사적 및 고고학적 자료가 얼마나 세계 학문에 도움이 되고 있는지, 그 하나의 발견이 얼마나 세계의 문화사에 기여하는 것인지, 그것을 찾아내기 위해 이렇게 험난한 탐험을 계속하고 있는 것이라는 상투적인, 즉 상대를 꼼짝 못하게 하는 말을 꺼낼 용기조차 나지 않았다.

그러나 뚝심 좋은 이 남자의 몰아적인 강한 신념에 경탄하고 있는 동안에 그는 문득 현장 삼장을 떠올렸다. 이 현장 삼장이라는 것은 기회 있을 때마다 학문이 있든 없든 간에 반드시 상대를 감탄시킬 수 있는 전략적인 도구 중의 하나였던 것이다. 그렇다. 배움이 없는 도사라 해도 이 이야기는 알고 있을 것이다. 스타인은 현장 삼장을 빌어서 자신의 여행을 대변시키려고 했다.

“제가 이래뵈도 말이지요, 주지 스님. 인종은 틀리지만 저는 당나라의 세계적인 대 여행가인 동시에 대 고승이었던 현장 삼장의 열렬한 숭배자이랍니다. 그 분이 17년간 사막을 건너 높은 산을 넘어 불경을 구하기 위해 만릿길도 멀다 않고 모든 역경을 겪었던 그 길을, 1200년이나 지난 지금 이번에는 거꾸로 인도에서 중국으로 찾아온 것입니다."

그렇게 이야기를 꺼내자 지금까지 스타인의 이야기에 어떤 감흥도 가지지 않고 있던 주지의 무신경하고 겁 많은 듯 빛이 없었던 눈에 신기하게도 갑자기 생생한 광채가 번뜩이는 것이었다. 스타인도 물론 그것을 놓치지 않았다. 그리고 현장의 여정을 현재 자신의 상태와 견주어 설명하기 시작했다.

사실 스타인은 빌 박사의 역본[3]을 통해서, 현장의 『대당서역기』를 독파했다. 뿐만 아니라 그것을 근거 삼아 중아시아 탐험을 해왔기 때문에 그 이후에는 스타인 스스로 붓을 들고 고적과 유적지에서 보았던 『서역기』 주해도 썼을 정도로 정통하고 현장 삼장의 이야기를 상세히 알고 있었던 것이다. 주지가 현장 삼장에 대한 이야기를 알고 있는지 어떤지는 의문이지만 현장 삼장이라고 하는 말이 나올 때마다 감탄하는 모습이었다. 어쨌든 보통 아닌 집념이다.

"잠시, 이쪽으로 오시죠."

스타인이 자랑스럽게 몸짓 발짓으로 하는 이야기가 끝나기를 기다리며 눈동자를 반짝이던 주지 스님은 앞장서서 스타인을 본당 옆에 있는 새롭게 만든 베란다로 데리고 갔다. 기와 벽과 창살로 만들

---

3 새뮤얼 빌(Samuel Beale)은 런던 대학교 중국어 교수로 1884년 *Hsüan-Tsang, Si-yü-ki*(Buddhist Records of The Western World)를 두 권으로 번역 출판.

어진 창 사이로 보이는 화려한 기둥에 둘러싸인 벽화를 가리켰다. 주변에는 스타인이 잘 모르는 족자와 큰 글자가 새겨진 액자가 걸려 있었다.

벽화는 현란한 색채로 야릇하며 치졸한 동화 풍의 네 장 그림으로 이루어져 있었다. 모든 화면에는 원숭이인지 인간인지 알 수 없는, 한 손에 지팡이용인 막대를 가지고 활약하고 있는 괴물이 있었다. 한 사람은 멧돼지 같은 얼굴의 괴물인데 각각 구름을 타고 있었다. 언뜻 보아도 황당무계한 이야기 그림이 연속되어진 것 같았지만 화면 속에는 지장보살 같은 현장 삼장 고승도 등장하고 있었다.

이것은 말할 것도 없이 손오공과 저팔계가 활약하는 『서유기』를 그려 놓은 벽화였다. 그렇지만 주지는 『대당서역기』를 잘 모르는 것 같았다. 스타인은 그것을 알아차리고 이 엉뚱하게 만들어진 『서유기』를 대충 훑어보았다. 스타인은 호기심 어린 눈으로 주지와 벽면을 번갈아 살펴보았다. 주지는 설명을 해달라는 것으로 지레짐작하고 어릴 적부터 귀동냥해 왔던 것을 자랑스럽게 늘어놓기 시작했다.

"이 그림은 현장 삼장의 말을 먹어 버린 나쁜 용을 관음보살이 타일러서 그 말을 토해내게 하려고 하는 장면을 묘사한 그림입니다. 이 산이 사반산蛇盤山이고, 이 연못이 용이 살고 있는 곳입니다. 그리고 그 아래 그림은 독적산毒敵山 비파동琵琶洞 장면으로, 손오공을 괴롭힌 전갈이 여왕으로 둔갑해서 지금 막 앙일성관昴日星官에게 대패하고 그 실체를 드러내고 있는 곳입니다. 그리고 이쪽 그림은 거북왕이 폭이 800리나 되는 담담하게 흐르는 큰 강을 천축(인도)에서 가

구법승도(求法僧圖), 돈황

9세기 추정, 국립중앙박물관, 『서역미술』

지고 온 20수레의 존귀한 가르침과 함께 삼장법사를 따르는 손오공과 팔계, 오정과 함께 건너면서 역류를 헤엄쳐 언덕으로 가려고 하지요.

어쨌든 이 절에는 옛날 아주 오랜 옛날에 삼장법사가 잠시 발을 멈추었던 곳으로 천축에서 가지고 왔던 경전을 강연하기도 하고 번역하기도 했으니까 이 절과 깊은 인연이 있다는 것이지요……."

오공과 팔계의 활동은 스타인은 잘 이해하지 못했다. 이야기가 다소 뒤죽박죽이긴 했지만 현장 삼장이라는 공통의 화젯거리를 찾아낸 것은 편리하기도 했고 또 유쾌하기도 했다. 가장 반가웠던 것은 이 위대한 삼장법사가 이 절에서 불경을 번역했다고 하는 것이다.

"그래서 이 현장 삼장이 있었다고 하는 곳은 이 크고 작은 석굴을 모두 합하면 대충 현재 450개 정도 있는 것 같은데 그 중 대체 어디쯤 될까요? 혹시 알고 계신지요?"

"오! 450개나 있습니까? 제가 여기 와서 10년이 되었지만 아직 헤아려 본 적이 없습니다. 어쨌든 소문에 따르면 아주 오랜 옛날 여기에는 삼계사三界寺라든가 개원사開元寺 라든가 보은사報恩寺라든가 연대사蓮臺寺라든가 대승사大乘寺라든가 안국사安國寺라고 하는 커다란 절이 많이 있었고, 거기에는 스님과 비구니들이 많이 있었다고 합니다. 그런데 그러고 난 후 몇백 년 동안 아무도 거주하지 않아서 황폐해졌지요. 제가 이곳에 처음으로 왔을 때에는 모래 속에 파묻혀 있었던 석굴들이 많아서 그 형태를 찾아볼 수 없었지요. 삼장 법사가 어디에 계셨는지 사람 하나 쥐 한 마리조차 없었으니 정말 비참한 모습이었습니다."

주지는 그 자신의 손으로 버려진 이 석굴사원들을 지금까지 계속 해 복원하고 있는 것을 자랑스럽게 여기고 있었다. 그리고는 주위를 돌아보았는데 그 모습이 스타인에게 칭찬을 재촉하고 있는 것처럼 보였다. 그래서 스타인은 곧바로 부자연스러울 정도로 과장스럽게 몸짓을 하며 주지의 뜻을 알아차렸다는 듯이 깜짝 놀란 척 말했다.

"누구한테 부탁도 받지 않았는데 이런 대사업을 혼자 힘으로 하셨군요. 존경스럽습니다. 과연, 삼장법사의 후견자로서 부끄럽지 않으십니다. 저도 현장 삼장에게 깊이 귀의하고 있는 자인데, 이런 좋은 곳에 온 기념으로 얼마간의 기부를 하고 싶군요. 정말 주지 스님님의 헌신적인 신심에 깊이 감동했습니다."

주지는 이전의 식객이었던 라마승이 받았던 사례금을 생각해내고 끓어오르는 기쁨을 억누르느라 애를 먹었지만, 아무렇지도 않은 듯 일부러 얼굴을 딱딱하게 하고선 무표정을 지으며 그 기쁨을 감추었다. 그리고는 갑자기 스타인에게 돌아서서 합장을 하고는,

"기부하신다니 정말 감사드립니다."

라며 한마디 훌쩍 내뱉고 입 속으로 뭔가 주문 같은 것을 읊었다.

스타인은 자신이 기대했던 바와 다른 것을 보고 문득 그 그림을 보며 생각에 빠져들었다. 자신이야말로 현대의 현장 삼장으로 현장 삼장이 인도에서 경전을 그렇게 가지고 왔던 것처럼, 이번에는 스타인 자신이 거꾸로 중국에서 그 이상의 경전을 가지고 인도로, 그리고 서유럽으로 가져오라는 명령을 받고 온 사람이라며 자기 선전을 하

고 싶은 충동을 느꼈다. '이런, 이 주지승, 겉보기와는 달리 거래를 할 줄 아는군. 섣불리 앞서선 안 되겠군. 선수는 이즈음에서 물러서는 것이지'라며 그 자신의 충동을 억누르며 기부는 나중에 비서 장효완 편으로 보내겠다며 낯선 사람처럼 말하고 그 마음을 다잡았다.

스타인은 여기까지 탐험해 오면서 겪었던 많은 어려운 체험담을, 예를 들면 스벤 헤딘 박사가 타클라마칸의 대사막에서 식료품 결핍으로 거의 죽을 뻔했던 것과 같은 이야기를 마치 자기가 겪었던 것처럼 윤색하고 꾸며내어 이야기했다. 또 1200년 전의 취경取經하던 대순례자들처럼 이 막막한 사막 땅을 여행하는 것은 그때나 지금이나 변함이 없다는 것을 설명했다. 주지가 희미하게나마 감동하는 것을 보고 어쨌든 삼장법사라고 하는 공통 화제가 생겨서 한 줄기 희망을 품으면서 계속되는 유혹을, 우선 그 정도에서 멈추고 고문서에 대해서는 끈질지게 캐묻지는 않았다.

스타인은 장효완에게 뒤를 부탁한다며 눈짓을 하고 자신은 거기서 물러나 혼자 텐트로 돌아왔다. 앞으로 대처해 나가야 할 방법을 하나하나 생각하고 있는 스타인에게 통로 한편에 층층을 이루고 있는 매력적인 석굴들도 지금은 전혀 눈에 들어오지 않았다.

한편, 주지도 모처럼 나온 기부 이야기가 결말도 내지 않은 채 사라져 가는 스타인의 뒷모습을 미련 있듯이 전송했다. 푸른 눈과 큰 코를 한 새로운 서양인 삼장 부하들이, 머리색도 다르고, 피부색도 달라서, 저 벽화에 보이는 사람들과는 다른 모습이다. 누가 오공이고 누가 팔계고 누가 오정인지 알 수 없지만, 어쨌든 이 다국적 일행에게서 왠지 불가사의한 신통력이 있는 것 같은 생각이 들어서 주지는 은근히 기분이 나빴다.

그런데 스타인과 그런 이야기를 주고받는 동안에 너무 무서웠던 것은 청룡도靑龍刀를 늘어뜨리고 있는 호위병들이었다. 여기에서 무슨 일이 생겨 총구를 들이댄다면 만사는 수포로 돌아갈 테니까 말이다. 아무리 보아도 주지에게는 이 일행들이 신경 쓰이는 것이다. 특히 이 병사들은 스타인에게도 두통거리였다. 어제는 선량한 회교도인 낙타부대원들이 저녁 무렵에 기도를 하고 있는 중이었다. 그 회교도들은 언급조차도 하지 않으며 심지어 금기시조차 하는 돼지 새끼를 그것도 피투성이가 된 돼지의 한쪽 다리를 통째로 메고 와서는 소동을 일으키고 난 후에 총으로 위협하려고 했다는 것이다. 도가 지나친 장난이다. 그런데 그런 장난을 앞으로도 계속 할지도 모른다는 걱정도 있지만, 그것보다도 신경 쓰이는 것은 향후 대사업을 계획하고 있는 스타인이 까딱 잘못하면 스파이로 내몰릴 수도 있다는 것이다. 그렇게 되면 모처럼 절호의 계획도 중도에서 하차해야 되는데 방해물로 치자면 이 보다 더 심한 방해물은 없는 것이다.

"아편과 술을 마음껏 주는 방법 밖에 다른 방법은 없나?"

스타인은 이것저것 생각한 끝에 확실한 어떤 결론에 도달하고는 흐뭇한 웃음을 지었다.

그때 장효완이 마침내 견본을 구했다며 두루마리 한 권을 통째로 가지고 왔다. 그리고는 그 자리에서 읽기 시작했는데 너무 어렵다며 밤에 천천히 조사하겠다고 또 통째로 가지고 갔다. 어쨌든 어디서나 흔히 볼 수 있는 사경이 아니라는 것만은 한문을 읽을 수 없는 스타인도 직감할 수 있었다.

석실의 비밀

아침에 막 일어나려고 하는 데 장효완이 의기양양해 하며 들어왔다.

"선생님, 알아냈습니다. 이것이 선생님이 말씀하신 현장 삼장 그 스님의 교전教典입니다. 여기에 그렇게 씌어 있습니다."

교전에는 역자 이름이 「대당삼장봉조역大唐三藏奉詔譯(대 당나라 삼장이 황명을 받들어 번역함)」이라는 식으로 권두에 씌어 있었는데, 장효완이 아마 그것을 보고 말한 것이리라.

"오, 신기한 것이로군."

"옛날 이 절에 현장 삼장 스님이 머물러서 경을 번역했다는 것은 어제 들으셨지요? 이것은 틀림없이 선생님이 인도에서 경문을 가지러 오실 것을 알고 삼장법사님의 영혼이 석실 문이 열리기만을 기다리고 있었던 겁니다. 주지도 그것을 안다면 틀림없이 깜짝 놀라겠지요. 참으로 이것은 삼장법사님이 안내를 해주신 것입니다."

장효완은 입고 있던 중국 옷 소매가 찢어질 듯 힘차게 휘저으며 주지가 있는 암실로 돌진해 갔다. 그때 주지는 승복 위에 가사를 걸치고, 두건이 달린 승모를 쓰고 있었다. 그리고 염주를 들고는 종을 울리고 목어도 쳤다. 수많은 선인과 보살들이 어지럽게 진열되어 있는 불상을 향해 의례적인 아침 예불을 끝냈다. 그리고 촛불 앞에 앉아서 차를 마시며 오늘 만날 백인과의 작전을 천천히 세우고 있던 중이었다. 촛불 심지에는 희뿌연 연기가 희미하게 피어오르고, 볼록한 붓꽃에 맺힌 아침 이슬이 반짝이고, 방에는 향 냄새로 가득했다.

"안녕히 주무셨습니까, 주지 스님. 대단한 것을 발견해서 아침부터 부리나케 달려왔습니다. 정말 세상에는 신기한 일들이 있기는 있는가 봅니다. 이거, 이걸 한번 보시죠."

장효완은 어제 빌려간 긴 두루마리 사경을 펼치면서 왕도사에게 「현장봉조역玄奘奉詔譯(현장이 황명을 받들어 번역함)」이라는 곳을 긴 손가락으로 가리켰다. 글자를 읽을 수 없는 주지는 어쩔 수 없이 눈가에 주름을 지으며 그저 빙긋이 웃었다.

"이건 말이죠. 아시는 바와 같이 삼장법사가 이 경을 번역했다고 여기에 멋지게 기록된 것이지요. 정말 신기한 인연이 아닙니까? 어제도 주지 스님과 선생님이 삼장법사에 대해 이런저런 말씀을 나누셨는데 선생님은 저 벽화를 보고 감동받으셨습니다. 그리고 빌려주신 이 두루마리가 또 삼장법사님의 것이었다는 것은 정말로 삼장스님의 인도하심이 아니고 무엇이겠습니까! 신기한 일이지요?

어찌 보면 백인 스타인 선생님은 머리 색깔이 다른 현대판 삼장스님이십니다. 혹시 주지 스님께서 실수를 하신다면 스타인 선생님께서 이곳 수호신인 삼장법사님께 봉헌은 하겠지만, 여기를 맡고 계시는 주지 스님으로서 면목이 없어지겠죠? 그러니까 이 인연을 우습게 보아서는 안 될 것입니다. 그렇게 생각지 않으신가요, 스님?"

"과연 그런 것 같군요. 정말로."

왕도사는 자신이 문맹이라는 것을 간파하지 못하도록 가장하듯 사경을 슬며시 한 번 보고는 짐짓 알았다는 듯이 몇 번이나 고개를 끄덕여 보였다.

"그런데 백인 선생님은 어떻게 하고 싶으시다는 것이지요?"

"삼장법사가 쓰셨던 경전이 여기에 많다고 하니 그 창고를 보고 싶으신 게지요. 보여만 주신다면 기부도 원만하게 성사시켜 드리죠. 주지 스님께서 지금까지 이 절을 지켜 오시며 멋지게 수복한 것을, 즉 선생님이 이전부터 숭배하고 있었던 현장 삼장의 이름을 지켜 주신 데 대해 감사의 마음을 표하고 싶다는 것이죠. 대충 말하자면 그런 것입니다."

장효완은 침을 삼키며 주지의 반응이 어떤지 그 모습을 살폈다.

장효완이 만든 구실은 문맹인 주지에게는 즉효약이었다. 그도 그럴 것이 어제는 백인이 오늘은 그의 비서가 기부에 대해서 반복하고 있으니 말이다. 그리고 그 기부금은 왕도사 자신이 사막 마을 여기저기를 터벅터벅 순례하면서 받은 보시와는 비교도 안 될 거라는 것을 알고 있었다. 이런 기회를 놓칠 수 없다는 듯 주지는 가사를 벗어 던지고는 팔을 걷어 올리며 불상 속에 감춰 둔 비밀 창고 열쇠를 짐짓 안주머니 속으로 얼른 넣었다.

"그런 것이라면 아주 쉬운 일이지요. 다른 사람들이 보면 곤란해지니깐 장 선생, 미안하지만 우선 좀 도와주시겠소? 둘이서 저쪽에 있는 기와를 치웁시다."

"과연 주지 스님이십니다. 실례의 말인지 모르지만 시골 출신이라는 생각이 전혀 들지 않을 정도로 세상 물정에 대해서 잘 알고 계시는 것 같습니다. 이것도 또한 삼장법사님의 인도하심이겠지요. 선은 곧바로 실행하라 하셨죠. 정말로 선생님께서 기뻐하실 겁니다. 그 기부라는 것이 마음먹기에 달려 있으니까요."

장효완은 이미 걷어 올린 흰 팔로 자신의 가슴을 툭툭 쳐 보였다.

스타인은 아침에 더 더워지기 전에, 이전부터 눈여겨봤던 중앙부에 있던 사원의 벽화를 촬영하러 나섰다. 우선은 그 예술품에 마음을 빼앗겼던 것인데 또 그렇게 하면 다른 사람의 의심을 받지 않고 장효완이 가지고 올 좋은 소식을 기다릴 수 있었다. 호위병 둘이서 건판 상자 세 개를 들고 이상하다는 듯이 뒤따라왔다.

거기에 있는 암벽들은 서로 합의라도 한 것처럼 입구와 바닥만이 남아 있고, 세 방향과 천장에는 많은 벽화로 빈틈없이 장식되어 있었다.

수많은 작은 불상이나 커다란 정토 그림 같은 화면과 보살이 행렬하고 있는 그림, 공양하며 방문을 환영하고 있는 것과, 석가의 탄생 전설, 석가의 전생에 관한 이야기, 지옥 장면 같은 것까지 각양각색의 그림이었다. 아주 오래된 것은 이 석굴사원이 만들어졌다고 하는 육조시대부터 당대唐代에 이르기까지의 것들도 있었다. 그 중에는 훨씬 후대의 것도 있는 것 같고, 중국 본토, 서역 각지, 인도, 티베트 등 각양각색의 양식과 형식으로 그려져 있었다. 퇴색한 것, 마모된 것, 칠이 벗겨져 심하게 파손된 것들이 많기는 했지만, 거의 대부분이 원형 그대로일 것이라고 스타인은 생각했다.

인도의 아잔타 석굴사원의 벽화 같은 대 화면은 보이지 않았다. 그러나 그것보다도 시대가 더 오래된 그것도 수법이나 안료 등을 동일하게 사용하고 있는 것 같은 계통의 것이 때때로 보였다. 로치 교수의 보고에 실수는 없었다. 아니, 가지고 온 건판 대부분을 여기에서만 촬영한다고 해도 아깝지 않았다. 어두워지면 곤란하니까 스타인은 시간을 재고 셔터를 누르기 시작했다.

스타인은 10장 정도를 한꺼번에 정신없이 찍고는 한 숨 돌릴 겸 담배를 피우기 시작했는데 호위병 둘이서 서로 얼굴을 마주보더니 부리나케 숙소 승방 쪽으로 뛰어가 버렸다. 아편 필 시간이 된 것이다. 그러는 편이 스타인에게도 훨씬 편했다.

잠시 후 기다리고 기다리던 장효완이 거의 나는 듯이 뛰어와서는, 비밀 석실 문이 열린 경위를 보고했다. 스타인은 흥분된 마음을 진정시키고 사진기를 텐트 속에 두었다. 그리고 한 번 더 승방의 기척을 살폈는데 헤벌어진 입으로 놀고 있는 병사들이 마치 천국을 만난 듯했다. 만사가 순조롭다. 스타인은 아무것도 챙기지 않고 열려진 비밀 석실로 뛰어갔다.

암석을 사각으로 도려낸 석굴 창고였다. 앞방 석굴사원보다 50센티미터 정도 높은데, 주지가 건네준 작은 등불을 의지하며 눈동자를 고정해서 어두운 곳을 한 번 둘러보았다. 고문서의 독특한 냄새가 코를 찔렀다. 자세히 들여다보니 두루마리 다발이 3미터 정도의 높이로 쌓여 있었다. 그 속으로 들어가니 거동조차 할 수 없을 정도로 문서들이 빽빽이 쌓여 있었다. 산보다 높은 두루마리 다발들 그리고 또 다발들! 스타인은 잠시 정신 나간 듯 아연히 쳐다보고 있을 뿐이었는데 전율에 가까운 흥분을 느끼지 않을 수 없었다.

"주지 스님, 이걸 가지고 가서 조사해보고 싶은데."

주지는 보여주는 것은 괜찮을 거라고 생각했다. 단지 무단으로 백인에게 이것을 보여줬다는 것이 누군가의 입에서 입으로 퍼진다면 모처럼 쌓아 올린 자신의 지금 위치가 위험에 놓일지도 모르는 일이었다. 그것이 지금 가장 두려웠다.

그렇지만 스타인이 처음 여기에 왔을 때부터 이럴 때를 대비해서 미리 예비실을 만들어 두었다. 본당 옆에 있는 방에다가 이것을 옮겨 두고 장지문을 세워 둔다면 아무도 알 수 없는 멋진 독서실이 될 것이다. 그것을 안 주지는 그제서야 안심하고 그날부터 손에 잡히는 대로 몇 권씩 나를 것을 약속했다.

먼저 가지고 온 2, 3권 다발은 모두 누런 마종이에 쓴 한문 사경으로 사본 연월일 연호를 장효완이 읽어 주었는데, 그 연표를 조합해 보니 모두 당대唐代 아니면 당 이전의 것 같았다. 물론 오랜 세월을 겪는 동안 처음과 끝 부분 그리고 위아래 부분이 훼손되어 연대가 불명확한 것도 있지만 오히려 그런 것일수록 더 오래된 것이라고 말할 수 있다.

어쨌든 이러한 컬렉션이 육조六朝 사경이나 당대唐代의 불경이라고 한다면 이것은 정말 문자 그대로 세계적인 보물 창고이다. 스타인은 자신이 지금 동화 속에서 꿈꾸고 있는 것이 아닌가 하고 의심이 들 정도였는데, 지금 이 보물을 보고 있는 자신의 눈조차도 의심했다.

그런데 어찌된 셈인지 주지는 스타인에게도 장효완에게도 더 이상은 한 발자국도 석실 안으로 들여보내 주지 않는다. 혼자서 어두컴컴하고 먼지 냄새 나는 옛날 사경 산더미 속을 여기저기 다니면서, 아무런 기준도 없이 한 다발씩 건네주었다. 때로는 끝 쪽에서 때로는 중간 부분에서 때로는 박쥐처럼 작은 산더미 위에 딱 달라붙어 천장 쪽에서 가지고 오기도 했다.

그것을 장효완이 받으면서 이런 저런 아부나 격려를 늘어놓고 다시 스타인에게 넘기면 스타인은 그것을 별실로 옮기고, 곧바로 포장을 풀어서 안을 조사해 보았는데 조수 장효완이 필요했다. 장효완은 주지가 혼자서 투덜거리며 무얼 살피고 있는지, 이리저리 석실 안을 둘러보고 있는 틈을 이용해서 틈틈이 사경의 연호를 찾아보기도 하고 그리고 의기양양한 얼굴로 그 목록을 만들기도 했다.

황마지黃麻紙, 백마지白麻紙, 곡지[1] 등의 빳빳한 종이 질로 다양하게 만들어진 두루마리 다발은 10권 정도씩 아무렇게나 묶어놓은 것도 있었고, 20권을 정성스럽게 보자기에 싸놓은 것도 있었다. 그 보

1 곡지(穀紙) : 나무껍질로 만든 종이, 닥종이 같은 것을 말함.

자기에는 절 이름 같은 글자가 적혀 있기도 했다. 두루마리 그 자체도 크고 작은 것이 있고, 길이도 제 각각이었다. 축軸이 들어 있는 것도 그렇지 않는 것도 있었는데, 목록을 만들기 시작한 장효완은 한 장 정도를 만들더니 두 손을 들어 버렸다.

한역된 불경들의 목록을 만드는 것만도 장효완 혼자 힘으로는 도저히 버거웠는데, 거기에다 범문 경전이 있고, 티베트 문인 간줄[2]이 있었던 것이다. 이러한 것들은 스타인에게도 역시 버거웠다. 그 외에도 본 적도 없는 이상한 문자로 쓰인 두루마리가 계속 운반되었는데, 다양한 패다라 잎에 쓴 것, 비단에 쓴 것, 그 속에 그려진 그림들이 있었다. 그리고 언뜻 사경처럼 보이는 것을 자세히 보면 멋지게 만들어진 인쇄본 등이, 거의 끝이 보일 것 같지 않은 다양하면서도 귀중한 컬렉션들이었다.

스타인의 영역인 범문도 소위 중앙아시아 범자이며 패다라 잎에 속하는 것이다. 이 정도의 컬렉션은 아직 본 적도 없고 들은 적도 없다. 자연스럽게 스타인은 잘 알지 못하는 한자 쪽보다 다른 쪽에 손이 갔고, 속셈이 있어 재조사를 해야 할 것들은 모두 한 곳에 따로 모아 두었다.

이렇게 해서 스타인은 장효완을 상대로 날이 저물 때까지 오로지 한결같은 마음으로 조사하고 그리고는 아무 일도 없었던 것처럼 태연히 본당을 나왔다. 서로 헤어질 때는 다시 한 번 삼장이 천축으로

2 간줄(甘珠爾, Kangyur) : 붓다의 말을 직접 기록한 티베트 불경.

건너가 불경을 구하는 그림을 화제로 꺼내며 하루 종일 석실을 출입한 피곤함을 휴식하며 쉬고 있는 주지를 붙잡고 말을 거는 것이었다.

"저, 주지 스님. 현장 삼장도 가르침을 전파하기 위해, 사람을 위해, 학문을 위해, 인도의 소중한 경전을 저처럼 고생하며 가지고 왔을 것입니다. 여기 석실이 삼장 법사와 깊은 인연이 있다는 것을 안 이상 지금처럼 그저 어두운 석실에서 읽는 사람도 없이 묻혀두는 것은 세계 문화를 위해 안타깝습니다. 그리고 삼장 그 분도 그렇게 생각하고 있을 겁니다. 여기 있는 고문서들을 조금 더 깊이 생각해주셨으면 좋겠군요. 만약 주지 스님께서 넓은 마음으로 저에게 베풀어 주신다면 오는 정 가는 정이 있을 것입니다. 실례의 말이지만 저도 충분한 사례는 해드리겠습니다."

마지막에 언급한 삼장에 대해서는 특히 힘을 주고, 그리고 그렇게 해주기만 한다면 보시도 충분히 하겠다는 마음을 전하자 과연 주지도 안심했다는 것 같은 얼굴로 고개를 끄덕였다. 그것을 본 스타인은 런던 대영박물관에 대해서 이야기를 해주며, 거기에 있는 수많은 장서나 미술품이 단순히 사장되어 있는 것이 아니라, 연구자를 위해서 얼마나 큰 도움이 되고 있는지, 그리고 세계 문화에 얼마나 공헌하고 있는지를 말했다. 그리고 또 옛날에 현장 삼장의 그 거대한 여행기 속에는 인도의 나란다(那爛陀, Nālanda : 불교학의 최고 전당) 불교 대학에 관한 것이 기술되어 있다는 것도 들려주었다.

물론 주지는 그러한 어려운 것을 전혀 알아듣지 못했다. 그저 이 백인 삼장이 본인의 이익을 위해서가 아니라 타인을 위해서 삼장법사와 비슷한 역경을 겪고 있다는 것만은 희미하게나마 이해했다. 그리고 이 두루마리들을 어떻게 하려고 하는 건지 분명하지 않았지만, 다소 경계를 풀고 편안히 이야기해도 나쁘지는 않을 것 같다는 생각이 들었다.

스타인은 제2단계가 성과를 보이고 있는 것에 만족하고 그 뒷일은 또 장효완에게 맡기고, 일부러 갖고 싶은 두루마리 쪽은 쳐다보지도 않고 그냥 꾹 참고 텐트로 돌아갔다. 그리고 연표를 펼쳐서 언제 이 놀랄 만한 석실이 비밀의 벽으로 차단되었던 것인가를 생각해 보았다. 물론 구체적은 것은 알 수 없지만 오늘 본 바로는 가장 새로운 것 중에서도 12세기의 기년은 추측이 되지 않는다. 그러고 보면 송이 시작되는, 즉 진종眞宗(997~1022 재위)인지, 인종仁宗(1022~1063 재위) 시대에 신흥세력인 서하(Tangut) 군이 침략해 온 뒤에 그때를 맞추어 이 수많은 법보를 남들이 알지 못하도록 이 속에 넣어 둔 것이 틀림없을 것이다. 그렇다고 한다면 인종 경우景祐(인종의 세번째 연호) 2년은 서력 1035년이니까, 적어도 900년 가까이 이 안전한 비밀 창고 속에서 잠들고 있었던 셈이다. 어쨌든 그렇게 추정하면 대충 될 것 같았다.

그런 생각이 들자 만사를 제쳐놓고서라도 이 보물을 가지고 가야 된다는 생각이 간절했다. 세계 문화를 위해서라도, 이 고사경을 위해서라도, 그리고 탐험 비용을 대준 대영박물관과 인도 정부를 위해서라도, 그리고 마지막으로 자신을 위해서라도…… 스타인은 왕도사를 어떻게 공략할 것인지 신중하게 이런저런 책략을 짰다.

스타인은 식후 랜턴 아래서 엽궐련을 피우며 맑아지는 자신의 머리를 진정시켜줄 술을 쳐다보았다. 그러고 있는데 거기에 조용한 걸음으로 다른 사람의 눈을 피해서 장효완이 찾아왔다. 그리고 헐렁한 외투 속에서 두루마리 경전 한 다발을 끄집어내어 테이블 위에 놓고는, 기쁜 빛이 가득한 얼굴로 소곤소곤 말하는 것이었다.

"드디어 가지고 가도 된다고 했습니다. 현장법사의 효과가 바로 먹혔던 거지요."

그리고 매일 한나절 동안에는 본당 방에 틀어박혀 능청스럽게 조사를 했다. 그리고 밤에는 다른 사람이 자는 틈을 타서 장효완이 다른 입구를 통해 텐트로 날라 왔다. 그런 식으로 매일 낮 밤을 거의 5일이나 계속했다.

날이 지나감에 따라 스타인이 처음 놀랐던 강도는 더욱 더 커져갔다. 날라 온 경들 모두 유럽 학계에 내어놓으면 커다란 반향을 불러일으킬 최고급품들뿐이었다. 그것들이 거의 무한정으로 샘물처럼 솟아나고 있으니까 이것을 하나하나 자세히 보자면, 1년은커녕 평생을 다 바쳐도 만족할 만한 조사를 끝낼 수 없을 것이다.

아니 지금 이러고 있을 때가 아니다. 지금 읽을 수 없는 한문은 처음부터 제외한다손치더라도 (그것 또한 거대한 양으로 모두 귀중한 자료인 것 같은데), 소위 다른 곳에 쓰인 세로로 씌어진 문자의 분류만으로도 범어梵語, 중앙아시아 범어, 티베트, 터키, 페르시아, 그리스 등은 그럭저럭 그래도 추측할 수 있었다. 그리고 그 외의 소위 서역 36개 국어 또한 여기에 모두 비축되어 있을 것 같다는 생각이 들었다. 비록 그 중의 대부분은 이미 사어가 되어 버렸지만 적어도 그의 눈에 비친 것만으로도 10개국 이상의 문자인 것은 틀림없었다. 아마 세계의 동양학자들을 총동원해도 지금 당장 이 석실의 수수께끼를 풀지 못할 것이다. 뿐만 아니라 불교의 교전 이외에 마니교, 네스토리우스교, 배화교의 현교[3]를 비롯해, 다양한 종교나 그 외의 전적典籍들이 있는 것 같았다.

마치 동화 속 이야기 같다. 아라비안나이트의 문은 "열려라, 참깨!"라고 하면 곧바로 동굴 문이 열렸다. 이 명사산 석실의 견고한 문은 현장 삼장이라고 하는 주문으로 뜻하지 않게 900년 잠에서 깨어난 것이다. 한동안 알려지지 않았던 서와 동을 연결하는 세계 역사라는 커다란 금 쇠고리 하나가 지금 스타인 자신의 손에서 처음으로 모래 속에서 건져 올린 것이다.

스타인은 매일 자신이 거인으로 성장해 가는 것 같은 기분이었고, 가끔은 흥분해서 발이 땅에 닿아 있지 않다는 생각까지 들었다. 그렇지만 하찮지만 방심할 수 없는 왕도사를 보면 순식간에 들떠 있던 자신의 기분을 진정시키곤 하는 것이다. 그런데 밤에 장효완이 텐트의 다른 문을 통해서 고문서들을 옮겨오면, 어느 샌가 다시 거인이 되어 버리는 것이다.

그러던 어느 날 밤은 쑥쑥 커져 버린 자신의 머리와 발이 침대

3 현교(祆敎) : 기원전 660년 경 이란에서 태어난 조로아스터가 창시한 고대 종교로 조로아스터교를 말함. 특히 불을 숭배한다고 하여 배화교(拜火敎)라고 불렸다. 대체로 중국에는 북위(北魏) 때 들어와 수 · 당으로 전파되었다고 함.

밖으로 삐져나온 것 같은 느낌이 들었다. 그리스 신화 속에 나오는 것처럼 침대에 삐져나온 그 발을 주지가 잘라 버리는 어린 애 같은 꿈을 꾸다가 잠을 깨고서는 쓴 웃음을 짓기도 했다.

그런데 억울한 것은 한문 지식이 없다는 것이다. 보물 산에 들어가서는 뒷짐지고 있는 격인데 조수인 장효완이 아무리 열심히 한다고는 하지만 한문 사경의 아름다움이나 당대唐代 목판인쇄로 보이는 권두에 불상 그림이 그려져 있는 멋진 경전들을 감상할 수는 없었다. 스타인은 자신이 알고 있는 인도학 지식의 십분의 일만이라도 한학적 지식이 있었다면 얼마나 좋을까라고 한숨을 짓곤 했다.

그러나 주지가 묵묵히 석실에서 땀투성이로 옮겨준 천하의 보물 수가 쌓이는 것을 보면 그러한 반성도 순식간에 날아가 버린다.

장효완도 낮에는 한문 경전에 열중하고 밤에는 밤대로 텐트의 다른 문으로 옮겨오는 등 몸을 아끼지 않고 일해 주었다. 주지인 왕원록도 막상 하겠다고 결정을 하니, 처음에 품었던 의구심은 어디로 사라졌는지 무척이나 활발하게 그것도 기계적으로 운반해 주었다.

그리고 처음 하루 이틀 동안은 그 조그만 몸이 당장이라도 고문서 벽 속으로 사라져 그 아래에 깔려버리지 않을까 걱정이 될 정도였는데, 4, 5일이 되니 이번에는 두루마리 다발 때문에 어깨가 빠지지 않을까 걱정이 되었다.

처음에는 다른 사람들 눈에 띄지 않도록 일사불란하게 운반하기 시작했다. 그런데 그렇게 해서 5일 정도 지나자 운반한 분량이 쌓이고, 이것을 본 주지가 자신이 어리석은 짓을 했다며 석실 쪽이 아니

굽타의 정체서법과 와전된 산스크리스트어로 씌어진 사권(CH. c. 001), 돈황 천불동
스타인, 『Serindia』, vol. 4, CXLVI.

라 혹시 본당 쪽에서 보일지도 모른다며 슬며시 경계하기 시작했다. 그걸 본 스타인과 장효완은 그런 일은 없을 것이라며 계속해서 주지를 안심시키면서 다른 생각할 여지를 주지 않았다.

이렇게 해서 5일 동안 운반된 본당 옆 특별실에 쌓인 꾸러미를 헤아려 보니, 한문, 티베트 문을 포함해서 1,050꾸러미 정도이다. 그리고 그 외의 경문과 잡문들, 미술품들은 꾸러미를 열어볼 것도 없이, 실크로 만들어진 책과 종이로 만들어진 책의 크기가 일정하지 않다는 것은 금방 알 수 있었다. 알 수 없는 범본과 패다라 잎도 계속해서 다른 문을 통해서 운반되었는데, 이들 모두는 장효완이 텐트로 옮겨온 것이다. 석실에서 가져온 것을 전부 합치면 상당한 양이 된다.

주지는 또 주지 나름대로 머리를 써서 고문서 더미가 빠져 나간 자국이 눈에 드러나지 않도록 고심하면서 여기저기에서 뽑아내어서 언뜻 보면 그다지 줄어들었다는 생각이 들지 않았다. 맨 처음에는 빡빡해서 출입할 수 없었던 것이 지금은 한 사람 정도 수월하게 왕래할 정도는 되었다. 주지가 걱정하고 있는 것은 옮겨진 옛 사경 분량이 아니라 그 옛 사경이 빠져 나간 뒤에 생긴 크고 작은 구멍이라는 것은 말할 필요도 없었다.

마제은의 유혹

발굴한 물건을 두고 그것을 흥정하는 인간의 심리라는 것은 가격을 너무 비싸게 부르면 살려는 상대가 도망가 버리고, 그렇다고 해서 적당한 가격선이 되면 이번에는 오히려 사려는 쪽이 경계를 하거나 아니면 역으로 상대에게 약점을 보이게 되는 것이다. 스타인은 무학 문맹이면서 방심할 수 없는 주지에게 어느 정도로 거래를 해야 할지를 고심한 끝에, 6일째 되는 날 아침 일찍, 일을 시작하기 직전에 장효완을 텐트로 불러 자신의 고민을 털어놓았다. 같은 민족의 마음을 파악하는 데는 같은 피가 섞여 있는 사람에게 묻는 것이 최상이다. 섣불리 서투른 수법을 쓴다면 모처럼 눈앞에 가득하게 널려진 세계적인 대 발굴품이 사라져 버릴 것이다. 장효완은 스타인의 말을 알아차렸다는 얼굴로 자랑스럽게 이야기했다.

"선생님, 꽤 승산이 있어 보입니다. 그 주지가 이것을 (장효완은 엄지손가락과 검지로 원을 만들어 보이고 묘한 웃음을 지었다.) 빨리 갖고 싶어서 안달이 났을 겁니다. 선생님 쪽에서 서두를 필요 없습니다. 그냥 주지가 하는 대로 맡겨 두면 될 겁니다. 아마 지금쯤 초조해져서 오늘은 뭔가 언질이 있을 것 같은데요. 오늘 아침에도 여느 때와 마찬가지로 암실을 살펴보고 주지에게 인사를 했지요. 다른 때 같으면 싱글벙글한 얼굴로 차 한 잔을 가지고 와서 기분 좋게 맞이해 줄 법한데, 오늘은 어째 퉁명한 얼굴로 그 호위병들이 괘씸하다며 할 일이 없어 따분해서 그러는 건 어쩔 수 없지만, 저 뒤쪽 명사산에 올라가 명물인 모래 소리가 재미있다고 천벌 받을 줄도 모르고 마구 장난을 쳤다고 불평을 늘어놓았습니다. 또 이제 곧 큰 태풍이 올 거라며 자신이 지금 엉뚱한 일을 저지르고 있다고 투덜투덜 화를 내었습니다. 또 낙타부대는 낙타부대대로 부처님을 모신 장소인 신성한 대불 앞 강 언덕에서 똥을 싼 낙타 엉덩이를 씻겼다는둥 불만이 아주 많았습니다. 그러면서 이러한 일들이 생긴 것은 대장인 백인 감독이 방심하고 있다며 선생님을…… 또 주지 자신도 5일 동안 그 무거운 경을 아침부터 밤까지 운반했는데 지금까지 인사 한 마디 없고 도대체 언제까지 이 조사를 계속할 것인지 전혀 알 수가 없다며, 오늘은 허리가 아파서 도저히 못 하겠으니 하루 쉬어야겠다며 뿌루퉁했습니다. 아침부터 상당히 저기압이었습니다. 그래서 지금까지 달래 놓고 오는 길인데 달래면 달랠수록 그 주지는 의기양양해져서 떼를 쓰면서, 이젠 한문 경전 한 꾸러미는커녕 한 권도 건넬 수 없다고 퉁명스럽게 화를 내고 있었습니다."

"오! 그렇게 저기압이었던가. 이것 참 곤란하게 되었군."

"아닙니다. 결국 재촉하고 있는 것이지요. 정말 화를 낸다면 본인도 손해볼 것이라는 걸 잘 알고 있을 테니까 괜찮을 겁니다. 결국은 우리 쪽에서 열쇠를 쥐고 있다는 말이지요. 밀고 당기고 할 때는 초조해하는 쪽이 지는 것이라고 옛말에도 있거든요, 선생님. 하하하……."

"자네도 함부로 보지 못하겠는걸."

"아닙니다. 이것도 다 선생님을 위한 것이지요. 그리고 선생님이 입버릇처럼 말씀하신 세계 문화를 위해서이니까요. 그래서 저도 선생님을 따르는 사람 중의 한 사람이라고 알아듣게 말해 두었습니다. 스님께서 그렇게 말씀하시면 안 된다, 처음부터 저에게 모든 것을 맡겨주셨으니까, 선생님도 보시다시피 세상 물정을 훤히 아시는 분이고 결코 주지 스님을 섭섭하게 하지 않으실 테니까 조금만 기다리시라, 그리고 우선 선생님이 이 경전들을 그 현장 삼장처럼 인도나 유럽에 가지고 돌아가시면, 이런 감숙 사막의 어두운 암굴 속에 넣어두는 것보다 가르침을 위해서도 도움이 된다, 이 모든 것이 가르침을 위해서지 한 개인을 위해서가 아니지 않는가, 그러면 스님의 그 공덕으로 우리가 본 그 벽화처럼 스님도 틀림없이 내세는 아미타 정토에서 환생해서 덕망이 뛰어난 불도승이 될 수 있을 것이라고 했습니다."

"그랬더니 뭐라던가?"

"그러자 그 주지승은 입을 삐죽 내밀고 내세는 내세고 이승은 이승, 지금 자신이 아주 위험한 일을 하고 있다는 것만은 알아 달라고 했습니다."

사실은 스타인은 내심 저쪽에서 뭔가 제시해 줄 것을 은근히 기다리고 있었다. 무지와 미신이 넘친 이 암굴 속에 이대로 내팽개쳐 부식시켜 버리기보단, 한문경은 잘 모르지만, 가로로 씌어진 글자나 미술품으로 미루어 보건대, 틀림없이 중국, 조선, 일본으로 전해져 온 소위 세계사적으로 명성 높은 대장경이 틀림없을 테니까 될 수 있으면 전부 문명국으로 가지고 가고 싶었다. 무엇보다도 이 정도의 짐을 국외로 가지고 나간다면 명성은 얻을 것인데 방해물도 생길 것 같았다. 만일 여기서 나쁜 평판을 얻는다면 앞으로 감숙의 유적과 폐허를 발굴해야 할 계획이 엉망으로 될지도 모른다. 아마 가장 먼저 총독의 명령이 있을 것이고 아니면 폭력으로 운반이 금지될 수도 있었다.

위험천만한 일이지만 그렇다고 해서 이 천하의 진귀한 보물을 여기에 방치해 두고 멀뚱하게 썩어 가는 것을 바라보는 위험함에 비한다면 그 정도쯤은 아무것도 아니었다. 지금 장효완이 한 말로 주지의 속내를 알았으니까 주지가 조금씩 운반해 주는 것만이 아니라 얼마 지불해도 좋으니까 고문서 전부를 사버리는 것이 서로에게 좋을 것 같다고 생각했다.

그는 당장 석실에 있는 유서 전부를 '구출'하기로 결심했다. 그래서 스타인은 장효완에게 책략을 말했다. 장효완이 다시 주지가 있는 암실로 되돌아갔다.

"지금 선생님이 제안하셨는데 실제로 스님도 이 경을 모두 읽을 수 있는 것도 아닐 테고(장효완은 주지가 완전한 문맹이란 것을 간파하고 슬쩍 고압적으로 나왔다.) 또 누구든지 삼장법사라면 모르지 않을 텐데, 지금 중국 형편으로 봐서는 중국인들이 그 작업을 할 수는 없을 것입니다. 그렇다면 이 보물을 통째로 썩히고 있는 것이니까 그것보다도 대식국大食國이든지 런던이든지(그는 귀동냥했던 이름을 아는 척하며 사용한다.) 그런 곳에 있는 큰 대학에 가지고 가는 편이 이 보물을 위해서도 좋을 것이지요. 그리고 또 설법한 불타 존자가 바라던 바이기도 할 것이고, 현장 삼장의 유지를 따르는 것이기도 할 것입니다. 그래서 스타인 선생님이 크게 마음을 쓰셔서 커다란 마제은 40개 정도 주신다고 말씀하셨는데 큰 마제은 40개라고 하면 말이지요, 스님. 대충 5,000루피 정돕니다. 스님도 그 정도의 큰돈을 품속에 지니고 있으면 이곳 사람들의 입이 시끄러울지 모르니까 태어나신 고향 산서山西로 돌아가셔서 전답이라도 마련해서 편안하게 여생을 보내실 수도 있습니다. 그리고 혹시 여기에 머물고 싶으시다면 스님 평생의 염원이신 이 절을 복구하는 데 탁발하지 않아도 가능할 것 같은데, 어떻습니까, 스님? 원래 이런 낡아빠지고 엉망인 두루마리 책들은 총독을 비롯한 관리들까지도 쳐다보지 않았던 쓰레기와 마찬가지인 물건이지요. 그렇게 필요 없는 것들을 얼른 돈으로 바꿔 가지고 그 돈을 멋지게 사용하는 것이라면 누구라도 그렇게 하고 싶어할 겁니다. 특히 스님처럼 덕이 높으시며 계율을 지키는 승이 그렇게 한다면 틀림없이 천불동도 옛날처럼 다시 번영하고 시주도 기부도 훨씬 많이 들어올 겁니다. 그렇게 되면 결국 장사도 번창하고 투자한 자본을 다시 찾을 수 있지 않겠습니까?"

이러한 장효완의 웅변과 설득에도 불구하고 주지는 오히려 깜짝 놀라 꽁무니를 빼기 시작했다. 은 40개가 부족하다고 하면 그 배인 80개까지, 즉 1만 루피까지 줄 담력을 가진 스타인이었지만 소심한 주지는 40개에도 눈이 핑 돌 정도였다. 돈이 부족한 것이 아니라 창고에 있는 것을 전부 끄집어낸다는 그것이 큰일이라며 겁을 내고 꽁무니를 뺐다. 그도 그럴 것이 어쨌든 절의 귀중한 보물인 이상 신도들의 승낙 없이 전부 다 옮길 수도 없었고, 만일 무단으로 그렇게 한다면 이곳에 와서 8년간 온갖 고생으로 쌓아 올린 훌륭한 성직자의 지위가 하루아침에 무너지고 마는 것이다. 뿐만 아니라 그 고문서들이 평소에는 없어도 될 것들이지만 1년에 한 번 청해의 차이담 왕이 방문할 때 이 고문서들을 둘러보는 것이 관례가 되어 있는 것에도 신경이 쓰였다. 사람들이 눈치 채지 못할 정도만 팔아 쌈짓돈으로 바꾸는 것이라면 어떻게든 해보겠지만 전부를 모두 팔아 버린다는 것은 왠지 두려웠다.

주지의 입장에서 보면 그렇게 생각하는 것도 무리는 아니었다. 그렇지만 이 기회를 놓치면 안 된다는 생각에 장효완은 주지를 위로하기도 하며 때로는 매달리기도 하면서 설득했다. 그리고 두세 번 정도 암실과 텐트를 왕복하면서 스타인도 직접 나서서 설득했지만, 일단 불안한 마음이 든 주지는 설득하면 설득할수록 거북이 새끼처럼 목을 움크리고 자신을 지키려고 할 뿐이었다. 그러한 외교 절충을 2, 3일 걸쳐서 계속해 봤지만 역시 결말이 나지 않은 3일째 되는 아침이었다. 여느 때처럼 스타인은 본당의 소위 독서실로 나가 보았다. 그런데 어떻게 된 것인지, 어제까지 산처럼 쌓여 있던 고문서 꾸러미가 하나도 보이지 않았다. 주지가 불안해서 그러한 것인지 하룻밤 새에 그 모든 것을 운반해 버린 것이었다. 스타인도 이 돌발 사태에는 안색이 변했다. 당황해서 장효완을 찾았다. 3명이서 닷새 걸린 작업을 하룻밤 새에 해냈던 것이다. 혼자서 한 것이라면 거의 초인적인 노력이 있었을 것이다.

"장 비서, 자네도 한 지붕 아래 자고 있었을 터인데 이게 무슨 꼴이란 말인가. 설마 함께 거들어 준 것은 아니겠지?"

장효완은 난처한 듯 손을 비비며 허리를 숙였는데,

"당치도 않습니다, 선생님. 같은 피가 흐르는 민족이어도 저는 저런 무학인 자와는 다릅니다."

장효완은 기지개를 하듯 스타인의 가슴까지밖에 닿지 않는 자신의 어깨를 우뚝 세워 보였다. 스타인은 장효완이 한 그 말 속에서 지금까지 알아차리지 못했던 이 나라의 두 가지 인간 유형을 확실히 보았다.

장효완과 같이 외국어에 능통하면서 반쯤은 외국인 같은 국적불명의 인텔리형이 그 하나인데, 조수로 쓰기에는 훌륭하지만 그 대신 분명한 자기라는 것이 없다는 것이다. 항상 등허리가 연골형이다. 그리고 때와 경우에 따라서는 유들유들하고 자기 혼자만 잘되면 나라는 불이익을 당해도 상관없다는 논리를 내세워 오히려 외국인들의 충견이 되고 자신들의 이득을 챙긴다. 이에 비해서 시골 냄새 나는 주지 같은 무학문맹이면서 한편으로는 기분 나쁠 정도의 저력을 가지고 있는, 즉 무지하기 때문에 결국 선량한 사람으로 남을 수 있는 타입으로, 이것은 그 나라 자체와 함께 수수께끼 같은 존재인 것이다. 그리고 결국 그 영원한 수수께끼는 풀리지 않을 것이다.

스타인은 무리하게 강요하는 것은 그만두고 지는 것이 이기는 것이라는 평범한 속담을 생각해 내고 가볍게 마음을 돌렸다. 그리고 이쯤에서 전부를 내세우지 말고 자기가 가질 만큼만 양보하고 적당하게 돈을 쥐어준 뒤에 그의 체면이 서도록 하면 될 것이라고 생각했다. 석실의 유서遺書 전부를 구출하려고 했지만 생각지도 못했던 상황에 처한 스타인은 영국인 특유의 끈질김으로 다음 기회를 기다리기로 했다. 이쯤에서 성급하고 과격한 수단은 피하면서 어쨌든 주지가 하자는 대로 큰 길보다는 좁은 길을 선택해서 고문서를 다시 운반하도록 해서 그것만이라도 자기 것으로 한다. 일단 그러한 거래가 성립되기만 한다면 주지도 목석이 아니니까 또 뭔가 다른 이야기가 성사될 수 있을 것이다.

여기가 또 다른 홍콩과 같은 발판이 된다면 결국 중국 전토를 누르게 될 것이다. 싱가포르라고 하는 한 근거지가 마련되면 동아시아 세력은 저절로 유니온 잭 깃발 아래 엎드리게 될 것이다. 우선 형편을 살피면서 주지를 누를 수밖에 없다. 한 번 몸을 맡기고 난 여자처럼 될 테니까 말이다.

스타인은 두 번, 세 번, 네 번, 몇 번이나 집요하고 끈질기게 버티면서 그럴 때마다 조금씩 밀고 끌어 당겨서 결국에는 전부를 다 가질 것이라고 결심했다. 그러한 의미에서 본다면 마을에서 동떨어진 이 변경 석실은 이 원대한 계획을 수행하기 위해 잉글랜드 은행의 큰 금고보다도 안전했다. 요는 그 파수꾼의 마음을 매수하는 것이었다. 스타인은 결정했다. 주지 쪽은 장효완의 설득으로 틀어졌던 마음이 거의 풀렸고, 스타인도 이쯤에서 중요한 고객을 놓치면 안 된다고 생각해서 신도들이 눈치 채지 못할 정도의 분량으로 성사가 되었다. 이렇게 해서 서로 한 발씩 양보해서 잠시 형세가 불리했던 외교 교섭도 순조롭게 수습되었다.

그래서 주지는 그 많은 꾸러미 중에서 다시 한 번 위엄을 부리듯 가능한 한 파손이 적은 한문 경전 50포包(꾸러미를 세는 양사)와 보존 상태가 좋은 티베트 경전 5포를 내어주었다. 그 대가로 스타인은 대형 마제은 4개를 주지의 탁발 아래로 건네주었다.

물론 지난번 다른 통로로 운반해 둔 텐트 속에 있는 범문, 티베트문, 터키문 등과 한문 경전 꾸러미나 그림 꾸러미 값도 이 몇 개의 은 속에 포함되어 있다는 것은 말할 필요도 없다. 스타인이 겨우 한숨을 돌리고 가슴을 쓸어내렸는데 주지 또한 한 번도 쥐어 본 적 없는 묵직한 은 무게를 느끼고 나서야 비로소 얼굴이 환히 펴졌다. 그런데 받기는 했지만 혹시 가짜 은을 쥐고 있는 것은 아닌가 하고 각각의 각인을 꼼꼼히 살펴보고 심지어는 손가락으로 튕겨 보기도 했다. 두 개를 맞대어서 투명하고 둔탁한 은 소리를 귀로 확인하고서야 겨우 안도의 숨을 쉬었다.

그날 밤 주지는 다른 사람들이 잠들고 난 뒤에도 잠자는 것을 잊은 듯 마치 애완용 고양이에게 놀림을 당하는 귀부인처럼 은을 가지고 노는 데 넋을 빼앗기고 있었다. 오랫동안 꿈꾸어 왔던 대형 마제은이 그것도 한꺼번에 4개씩이나 우연찮게 자신의 손 안으로 굴러들어온 것이었다. 무서울 정도의 행운이었다. 이것은 오랫동안 탁발과 권진을 해서 여기 폐허가 된 절을 복구하는 데 정진해 온 자신에게 부처님이 내리신 포상임에 틀림없었다. 아니, 부처님이라기보다는 삼장법사 덕분이다. 틀림없이 자신의 수호신으로 여겼던 분이다. 그러고 보니 그 붉은 머리에 파란 눈을 한 백인 삼장도 현장 삼장법사를 수호신으로 여긴다고 했다. 기이한 인연이라고 하면 참으로 기연이다. 정말 수호신이 이끌어 주신 것이다.

주지는 슬그머니 방 밖으로 나가서 걷다가 우연히 한 벽화 앞에 걸음을 멈추었다. 그리고 달빛이 희미하게 떠 있는 치졸하며 기이한 취경取經 화면을 향해 주문을 암송하며 합장했다. 괴물의 발을 따르고 있는 아이 같은 삼장법사가 불보살처럼 한층 복스럽고 또 신령스럽게 불빛 아래서 비치고 있었다.

그 걸음으로 주지는 암실 주변을 한 바퀴 돌고 누군가 따라오는 사람이 없는 것을 확인한 후에야 방으로 다시 돌아와서 자물쇠를 단단히 걸어 잠갔다. 아무리 장효완이 고양이 소리를 내고 찾아와도 오늘밤은 절대로 들이지 않을 거야. 주지는 마제은을 베개 아래에 넣어보기도 하고 내불 본존 뒤에 숨겨 보기도 하고 옆 대좌 아래에 숨겨 보기도 했지만 어떻게 해도 안심이 안 되었다. 그래서 침상 아래에 땅을 파고 작은 병 안에 은을 넣고 묻은 뒤에야 겨우 안심할 수 있었다.

가만히 생각해 보니 매년 참배하러 오는 몽골 왕이나 돈황 부호들이 내는 보시보다 스타인의 보시는 수준이 달랐다. 과연 듣던 대로 백인 삼장이었던 것이다. 기뻐서 어찌 할 바를 모르는 주지는 흥분으로 잠을 잘 수 없었다.

스타인은 변덕스러운 주지 마음이 다시 변하기 전에 계약이 성사되자마자 곧바로 낙타부대원 이브라힘과 치라 두 사람으로 하여금 사람들이 알아차리지 못하게 운반해 온 고문서 50포를 준비해 둔 창고로 옮기도록 하였다. 그리고 나서야 스타인도 겨우 자기 할 일이 끝나 편안한 마음으로 장효완을 텐트로 불러들였다.

오늘은 다른 사람 눈을 피해 발소리를 죽일 필요가 없어진 장효완이었다. 주방장에게 특별한 음식을 주문해 둔 스타인은 이럴 때를 대비해서 그 멀리서 가지고 온 샴페인을 기분 좋게 꺼내 잔을 높이 들고 이번의 성공을 축하하며 장효완의 수고에 감사했다. 장효완은 정신없이 취했다. 자기 나라의 둘도 없는 진귀한 보물이 외국인 손에 운반되는 것을 한탄하기는커녕 오히려 그것에 일조했다는 기쁨에 참을 수가 없었다. 스타인의 부추김에 의기양양해지기도 하고, 흥겹기도 해서 변경을 유랑하는 동안 배운 서역 각 민족의 노래를 마치 노래 자랑하는 가수들처럼 불러댔다.

스타인은 취한 장효완을 배웅하고 텐트 밖으로 나왔다. 명사산 기슭을 따라 있는 무수한 석굴이 달빛을 받아 온통 청백색으로 물들어 있었다. 그 중에는 간혹 금색의 따뜻함이 배어 있는 석실도 있었다. 이 얼마나 신비스러운가! 이 얼마나 감격스러운가! 스타인은 자신을 지켜준 이 무수한 이교도의 신들에게 감격의 기도를 드리고 싶어졌다. 특히 현장 삼장에게는 감사의 말을 하지 않으면 안 되었다. 그는 삼장법사를 모시고 있는 석실로 다가가서 향 대신에 엽궐련 담배에 불을 붙여 재에 꽂고 잠시 경건하게 머리를 숙여 묵도했다.

밖에는 사막 특유의 끝없는 침묵이 내려 앉아 있었다. 조금 전에 본당에 도착한 것 같은 장효완이 마치 밤의 괴조怪鳥처럼 이상한 투의 호가胡歌(서역 이민족의 노래)를 부르는 소리가 들렸다. 스타인은 이 국적이 불명한 사람인, 그렇지만 어디까지나 그에게는 충실한 비서인 장효완이 너무 좋아하고 있는 것에 감염이 되었는지 자신도 청년 시절에 외었던 시를 읊조려 보았다. 거나하게 취해 느릅나무 아래로 불어오는 바람을 친구 삼아 언덕 주변에 막 싹트기 시작한 잡초를 밟으며 거닐었다. 기쁨 뒤에 누구에게라도 찾아오는 한 순간의 감미로운 슬픔이었다.

그러나 언제까지 이런 감상의 포로로 되어 있을 스타인이 아니었다. 그는 걸으면서 내일 짐 꾸리는 것을 생각했다. 주지가 바라는 대로 다른 사람들이 눈치채지 못하게 하려면, 아무래도 호위병과 입이 거친 낙타부대원의 잡다한 병사들과 주방장을 어떻게 하지 않으면 안 되었다. 그래서 한 방책을 생각해 냈는데 호위병들에게는 이틀간의 휴가를 주고 돈황까지 아편을 사러 가게 하는 것이었다. 그리고 낙타부대원 무리들은 심복인 이브라힘과 치라 둘만을 남겨두고 나머지는 모두 주방장을 따라 식료품을 사러 보내기로 했다. 짐

꾸리기가 끝나면 곧바로 안서 탐험길에 오를 계획이었고, 사실 안서 탐험도 필요한 것이었기 때문이다. 스타인은 지금쯤 주지는 어떻게 하고 있을까? 내일부터는 얼굴 마주칠 일도 없겠지 생각하며 혼자 텐트로 돌아왔다.

한편 콧노래를 하고 있던 장효완은 혼자서 정말 그 삭막한 방으로 돌아갈 생각이 도저히 들지 않았다. 여기가 도회지라면 벌써 몇 번이나 술을 마시러 여기저기 돌아 다녔을 터이고 기생이 있는 집을 전전했을 것이지만 여기 천불동에는 수놈 이름이 붙은 낙타들뿐이다. 누군가가 있었으면 하는 마음에 속이 타 가만히 앉아 있을 수 없었던 장효완은 기세 좋게 주지가 있는 암실 문을 두드렸다.

주지는 애지중지한 은을 실컷 가지고 놀다 이제 겨우 땅 속에 묻고 한 숨 돌리고 있을 때였다. 그런데 은이 통째로 자신의 품으로 굴러들어오니 이제는 불안과 공포의 그림자가 검은 구름처럼 덮쳐 온다. 그것은 아마도 갑자기 생긴 재산에 대한 본능임과 동시에 그것보다 한층 더 나쁜 소위 부당이득에 대한 경계라고 하는 것이었다. 왕도사는 마음속으로 악마를 퇴치하는 주문을 읊으며 낡고 얇은 이불로 얼굴을 덮었다. 그리고 어쨌든 내일은 돈황 마을 쪽으로 나가서 이번 일에 대한 나쁜 소문이라도 난 게 아닌가를 확인해 보려고 마음먹고 있던 참이었다.

그런데 그때 거칠게 문을 두드리는 자가 있었으니 주지가 깜짝 놀라 새끼 자라가 되어 양손으로 귀를 막은 것도 당연했다. 초대하지도 않은 그자는 사라질 낌새도 보이지 않는다. 왕도사는 잠시 동안 계속해서 주문을 읊은 후에 살며시 살펴보니 찢어진 문틈 사이로 귀에 익은 장효완의 목소리가 울려 퍼지고 있었다.

"주지 스님, 대화상, 성인님. 잠깐 이 문을 열어주시오. 이런 기쁜 밤을 어찌 그리 빨리 주무십니까. 정말로 들리지 않는 거요? 선생님도 나도 너무 기쁘고 모두 경사스러운데 이런 일이 이 세상에 그리 흔한 일이오? 자, 대화상님. 일어나시오, 얼른! 낮 동안에 있었던 실랑이는 깨끗이 잊어버리고 우리 입가심으로 즐겁게 이야기나 합시다. 그렇지 않으면 나하고도 이대로 이별인데 그러면 뒤가 섭섭하지 않겠소. 동족의 정분도 끝이 나고 동고동락이라는 것이 서로 믿기도 하고 좋다가도 틀어지는 그런 사이지 않소. 자! 아무리 거절하셔도 나와 삼장법사님만은 거절할 수 없을 게요."

봄밤에 이 이상 더 큰소리를 내었다간 아무리 마을과 떨어져 있는 천불동이라고 해도 들리지 않으라는 법이 없다. 할 수 없이 주지는 짐짓 병을 가장하고 누운 채 모기만한 소리로 대답했다.

"저녁부터 몸 상태가 좀 좋지 않아서 오늘은 일찍 자리에 들었습니다. 오늘밤은 실례하고 새벽이 돼서 편안하게 만납시다. 장 선생."

"병이라니요. 그렇다고 해서 이대로 물러날 수는 없지. 어때! 문고리를 따는 정도야 귀찮게 편찮으신 주지 스님의 손을 빌리지 않더라도 이 잭나이프로 바로 열고 들어갈 수 있으니 곧 간병해 드리리다."

문고리가 부서지는 건 안 되는 일이기에 주지는 얼른 일어나서 안쪽에 있는 걸쇠를 풀었다. 달빛 아래서 보니 주지 얼굴이 흙색으로 보였다. 장효완은 "이런!" 하면서 아무 말 없이 갑자기 주지 이마에 손을 갖다 댄다. 식은땀이 번져 있었다.

"정말 그렇군! 병나시면 안 되는데. 자 얼른 쉬시지요. 효완이놈이 오늘 밤은 밤새 간호를 해드리리다. 이것 참, 간병 스님도 없고, 안사람도 없고, 정말 차가운 바위에 고목나무 외톨이군요. 이러한 인연으로 난 스님께 물과 약을 공양해 드리고 그 공덕으로 나에게도 좋은 일이 틀림없이 생기겠지요. 여기 심기를 진정시키는 묘약이 있으니 우선 이것을 대여섯 알 드시지요."

금색의 인단仁丹(은단) 비슷한 은색 통 속 환약을 손바닥에 부어 바로 주지 입 가까이에 가져갔다. 주지는 만약 이것이 소문으로만 듣던 독약이라면 이대로 죽는 것이 아닌가 하고 애지중지하던 은도 그대로 사라져 버릴 거라는 생각이 들자 금단을 입에 넣을 수가 없었다. 그러자 장이 그것을 알아차렸는지 우선 자신의 입속에 털어 넣고 씹었다.

"이건 선생님이 런던에서 가지고 온 만병통치약으로 천하의 묘약이지요. 시험 삼아 이런 식으로 씹어 보시죠. 입 안이 시원한 꽃을 씹은 것처럼 환해집니다. 제가 보기에는 틀림없이 며칠간의 마음 고생 때문에 생긴 몸살 같습니다. 아니면 좀전에 선생님한테 받은 큰 은화 때문에 생긴 뱃속 냉병인가. 아니, 이런 실례를. 어쨌든 병 걸린 사람이 이렇게 먹으면 즉각 나으니까 안심하셔도 됩니다. 그리고 제가 중간에서 거래를 성사시킨 셈인데, 보통 화교라면 주지 스님께 중개료를 청구하러 올 것이지만 저는 그런 저급한 흉내는 절대로 내지 않습니다. 이래봬도 이 효완이 놈이 영국 신사도를 배웠으니까요."

장효완이 중개료를 받으러 온 것이 아니라는 것을 알자 주지는 조금 안심이 되었다. 거기에 장효완이 준 금단으로 정말 기분이 상쾌해졌다. 한 차례 바람이 입속으로 들어와 마침내 그것이 코를 빠져 머리 꼭대기로 올라간 것처럼 뭔가 싸악 빠져 나간 듯 무척이나 가벼운 마음이 되었다. 이상한 묘약이다. 주지는 갑자기 장효완 쪽으로 향하더니 구걸하듯 합장했다.

"장 선생, 내 평생의 부탁이니까 부디 이번 일만은 비밀에 부쳐 주시길."

장효완은 갑자기 양손으로 눈을 막고, 귀를 막고, 그리고 두 손을 포개어 입을 막고 마지막으로 가슴을 펴고 탁탁 두드리더니 옆에 아무도 없다는 듯 껄껄 웃었다. 주지는 그것으로 안심하고 장효완에게 자신은 내일 아침 마을에서 사막 지방을 거쳐 마을 상황도 살펴볼 겸 소문이 나 있지는 않는지도 살필 겸 탁발하러 갈 것이라고 말했다.

"선생님도 사람들에게 알리지 않는 쪽이 앞으로의 일을 하기에 편하다고 하셨지요. 이것 참으로 서로 마음이 맞는군요. 그러니까 주지 스님이야말로 소문을 내지 않도록 꼭 부탁드립죠."

이번에는 주지가 입을 막아 보이고는 소리 없이 웃었다.

주지는 다음날 아침 호위병과 장보러 가는 낙타부대 무리와 앞서거니 뒤서거니 하면서 돈황까지 갔다. 가는 곳곳에서 넌지시 탐색해 보기도 했지만 그 누구도 이번 사건을 알고 있는 것 같지 않았다.

이상한 소문이 나지 않았다는 것을 확인하고서 주지는 마음을 편안하게 먹었다. 사막 마을에서도 오아시스에서도 가는 곳마다 이전과 다름없이 호의적인 눈으로 맞아주었고 이상한 소문 하나 귀에 들어오지 않았다. 단지 카라잘병을 앓고 있는 야르칸드 상인이 지나가는 길에 아직 백인 일행이 천불동에 체류하고 있는지 어떤지, 간이 적당히 배인 고기가 듬뿍 있으니까 사지 않겠는가라는 것을 묻는 정도에 지나지 않았다. 주지는 3일째에 새로 태어난 사람처럼 활기차서 되돌아왔다.

스타인은 주지가 탁발하러 갈 즈음에 방해물인 호위병과 입이 거친 낙타부대를 적당히 마을로 쫓아내고, 그들이 없는 사이에 장효완, 측량기사, 이브라힘, 치라 등 4명이서 서로 격려하며 정성스럽게 짐을 꾸렸다. 충실한 이들 심복들은 일체 비밀을 누설하거나 다른 말을 하지 않을 믿을 만한 자들이었다. 게다가 이렇게 오래된 귀중품을 짐으로 꾸리는 것은 주의하고 또 주의를 해야 한다. 고생해서 발견한 이러한 진귀품도 여행을 하는 동안에는 매일 낙타 등에 신세를 지면서 긴 여행을 해야 하는 것이니까 조금만 부주의하게 다루어도 상처 입기 쉬운 물건을 운반할 때의 고생이라는 것은 이만저만한 것이 아니었다. 그래서 스타인은 꼼꼼하게 주의를 기울이면서 감독했다.

짐 꾸리기를 마치고 장보러 간 일행들이 아직 돌아오지 않았을 그때쯤 주지는 무척이나 기분 좋은 모습으로 나타났다. 그래서 스타인은 얼른 장효완에게 교섭을 시켜서 다시 몇 개인가의 마제은을 쥐어주고 20포 정도의 우수한 것들을 더 구입할 수가 있었다. 이미 그 정도의 여분의 상자는 미리 준비해 두었기 때문에 다시 상자를 만드는 번거로움은 없었다.

이렇게 해서 스타인의 카라반 일행은 왕도사에게 진심 어린 작별을 고하고 다음 스케줄을 따라 무거운 마제은을 메고 여행길에 올랐다. 주지는 자기가 한 일을 만족하며 얼른 그들을 배웅하고 한숨 돌릴 수 있어 기뻤다. 너무나도 태연하게 아무 일도 없었다는 것 같은 태도로 그들을 천불동 남단까지 배웅했다. 배웅하는 쪽도 배웅받는 쪽도 각각 서로 다른 마음으로 재회를 기약했다.

그 후 안서 방면을 탐험하고 4개월째 되던 즈음 다시 한 번 스타인은 빈 상자를 준비해서 그리운 천불동에 나타났다. 그리고 소위 세계 문화와 서쪽 나라의 대학을 위해 200포의 선물을 더 추가했다. 이렇게 해서 고문서류 24상자, 미술 잡품 5상자, 도합 29상자라고 하는 그 눈부신 전리품들이 영국 박물관 카탈로그 속으로 들어가게 되었던 것이다.

헤어질 즈음에 본 왕도사의 모습은, 마치 한 차례 태풍이 있은 후에 드러난 사막의 비밀스러운 모습과도 같은 무표정 그 자체였다. 스타인은 자신이 획득한 전부를 꾸려서 그것이 무사히 런던 대영박물관에 도착하기 전까지는 불안하고 또 불안했다. 그런 것을 모르는 주지가 또 저렇게도 아무렇지 않게 배웅해 주는 것은 정말 묘한 생각이 들어 신기하기만 했다.

장효완은 천불동을 벗어난 곳에서 주지의 뒷모습을 보고 장난

삼아서 손 키스를 던졌다. 주지는 합장하며 언젠가 다시 와줄 것을 꼭 믿고 진심으로 기원하면서 말 위에 탄 백인 삼장의 뒷모습을 배웅했다. 왕도사는 이 백인 삼장이 가지고 있는 무진장한 대형 마제은이 가득 들어 있는 은 맛을 잊을 수가 없었던 것이다. 그리고 그것을 저 말 안장 속에 넣어두었다는 것을 이전부터 들어서 알고 있었던 것이다.

프랑스 탐험대

"긴 이야기로 지루하셨지요? 노인들이 하는 말이라는 것이 말이오, 혼자서도 계속해서 주절대는 것이니까 아마 듣기 거북하셨을 게요. 그런데 아직 이야기의 삼분의 일도 안 되는 겨우 영국 탐험대 이야기를 마쳤을 뿐이라오. 어떻소. 계속해서 들으시겠소? 아니면 오늘은 이 정도로 해서 막을 내릴까요. 어느 쪽을 택하시든 우선 차나 한 잔 하십시다!"

노화백老畵伯이 손바닥을 두드려 여직원을 불러 다구를 가져오게 했다. 그리고 아주 간단하게 엷은 차를 만들고 권했다.

"여름에는 물이라도 조금 마시는 편이 낫지요. 나는 설탕이 가득한 커피와 홍차라는 녀석들은 거북하다오. 특히 그 붉은색과 녹색이 다 보이는 물을, 그것도 빨대로 빨아올리며 마시는 양키들의 조잡하고 천한 취미가 유행한다는데 그걸 보기만 해도 오싹합디다. 그리고 싫어하는 것 중에 하나는 선풍기라오. 어떻소? 단맛이 조금 나지 않소?

거기에 가면 좀전에 이야기한 돈황 생각이 나겠지만 천 년 전의 그 옛날 장안에서는, 지금으로 말하자면 얼음 기둥을 만들기도 하고, 커다란 날개 부채를 만들어 찬 멜론을 잘라 먹기도 했고, 정원 정자 지붕에 물을 장치해 두었다가 날씨가 뜨거워지면 처마에서 비처럼 떨어지게 만들고는 그걸 백우정[1]이라는 이름을 붙이는 등, 꽤 정취를 아는 졸부도 있었던 것 같소.

이런 것들은 시의 소재로는 되겠지만 우리들 서민들에게 역시 그림의 떡이지요. 그래서 이렇게 차갑게 식힌 차를 홀짝이면서 긴 여름날 오후, 옛 이야기를 하면서 더위를 피하려고 하는 것이지요. 이것도 그 나름 시원하니 묘미가 있지 않습니까? 조금은 제 취향인 것 같지만 당신도 돈황경을 일부러 보러 오신 분이니까 이런 현대와 동떨어진 취미를 전혀 모르시는 분은 아닐 거라는 생각이 듭니다."

방금 말한 백우정 이야기처럼 갑자기 방이 어두워졌다는 생각이 드는 순간 커다란 빗줄기가 포말을 만들면서 한 차례 경사진 유리창을 두들기며 지나갔다. 주인은 내 의도를 알아차린 듯 끄덕였다. 나는 마치 장안에서 천 년 전의 백일몽을 보고 있는 것 같은 기분이 들었다. 그리고 행운의 29상자인 큰 궤짝을 실고 이동해 가는 스타인의 대 카라반이 왠지 신기루처럼 떠올랐다. 마치 아라비안나이트 도

---

1 백우정(白雨亭): '백(白)'자는 '자(自)'자의 오자(誤字)로 보인다. 자우정자(自雨亭子), 즉 자동으로 비를 내려주는 정자란 뜻이다. 왕당(王讜)의 『당어림(唐語林)』 권4에 따르면, 당대(唐代)에 부호의 집에 종종 설치되어 있었던 것으로 보인다.

적단이 의기양양하게 행진하고 있는 것처럼.

"이제부터 할 이 이야기는 정말 세계적인 대발굴들이지요."

"예, 말씀하신 대로입니다. 어찌됐든 월등한 것들이지요. 24상자나 되는 고문서 쪽을 제외해도, 펠리오는 대체로 완본 2,000권, 단본[2]과 낙질본이 5,000권으로 합계 약 7,000여 권, 5상자의 화가 공예, 비단이나 마포에 그려진 그림, 수놓은 부처님 등 약 500점, 거기에 공예품 150점, 이 모든 것들이 마제은 10개 정도로 얻은 것이니까 저기 있는 물건들 하나 값보다 싸게 먹힌 셈이지요. 정말 놀랍지 않소? 너무 기가 차서 말도 나오지 않을 거요."

"거기서 나온 중요한 것들은 대체로 어떤 것이었습니까?"

"매우 광범위하다오. 전문가 아닌 이 늙은이의 지식 정도로는 도저히 다 알 수 없고 어쨌든 그 수도 많고 종류도 매우 다양하다오. 거기다 모두 진품이라고 하는데 이들 전부를 연구하려면 아직 시간이 좀더 필요할 게요. 스타인은 그때의 탐험을 끝낸 후 12, 3년째에 간행한 5권의 방대한 보고서 『세린디아』를[3] 냈는데, 거기에 대부분의 목록이 실려 있지요. 모두 탐이 날 정도로 3,000여 점의 장물이 빽빽하게 있었지요. 예를 들면 오래된 한문 사경으로는 북위 정시正始[4] 원년의 『승만의기』[5]라는 것이 있소. 즉 서력 504년으로 일본에

2 단본(端本) : 영본(零本)이라고도 하는데 여러 권으로 한 벌이 된 책에 빠진 권이 있는 것.

3 『세린디아(*Serindia*)』 : 총 6권으로 옥스퍼드, 클라렌던 출판사에서 1921년 출간됨.

서 말하자면 부레쓰 천황武烈天皇 때죠. 천불동에서 나온 것 중에서 지금으로서는 가장 오래된 연대인 것 같소. 당경唐經 같은 것은 흔하디흔해서 굳이 진품이라고 하기는 뭣하지만, 육조에서 수나라 때까지 상당히 나왔으니 놀라지 않을 수 없지요.

일본에서는 긴메이欽明 천황 13년(551)에 불교가 공식적으로 들어왔고, 그리고 23년째에 해당하는 북주의 보정[6] 원년 연호가 쓰여 있는 『대반야』도 있고, 수나라 개황[7] 13년으로 되어 있는 『대지도론大智度論』도 있다고 하지요. 이 해에 일본에서는 수이코推古 천황 원년(592)에 해당되고, 쇼토쿠 태자를 태자로 책봉하는 해였으며, 나니와難波(오사카의 옛이름)에 시텐노지四天王寺가 창건되기도 한 초기 일본 불교에는 기념할 만한 해였던 셈이지요. 여기 돈황 천불동에서는 이미 커다란 교학敎學의 꽃이 피고 있었는데, 아마도 불교 대학이 성행했었다는 것을 보여주는 좋은 예가 아니겠소. 이 천불동에서 나온 옛 사경 속에는 중국, 조선, 일본 삼국에서 결집된 대장경에 없는

---

4 정시(正始) : 북위(北魏) 세종(世宗)의 연호로 504~508년을 말함. 여기는 원년이므로 504년.

5 『승만의기(勝鬘義記)』 : 승만경(勝鬘經)의 논서로, 승만경은 B.C. 3~4세기경 대승사상가들에 의해 성립되어 '여래장사상'을 교설하는 경전. 유마경(維摩經)과는 달리 재가여성의 입을 통해서 설해진 것으로 알려져 있음. 그 내용은 불법에 대한 승만 부인의 열정을 묘사하고 있음. 그녀의 어머니는 말리카인데 저자는 셋째딸의 이름을 마리(末利)라고 부른 것은 여기에서 따온 것으로 보임.

6 보정(保定) : 북주(北周) 고종(高宗)의 연호로 561~565년.

7 개황(開皇) : 수(隋)나라 고조(高祖) 양견(楊堅)의 연호로 581~600년. 여기서 13년은 594년.

소위 세상에 없는 일경逸經들이 종종 나왔기 때문이지요. 그것은 『대정신수대장경大正新修大藏經』 속에 수록되어 있는데, 그 수가 많을 뿐만 아니라 이전에 이름은 알려져 있었으나 실물이 없었던 진본이 나오기도 했고, 그 반면 의경疑經 또는 위경僞經이라고 하는 애교스러운 물건도 적잖이 나온 것 같다는군요. 이것은 불경만이 아니라 도경 쪽인 도장道藏에서도 마찬가지라오.

그 외에 종래 「대진경교유행중국비大秦景敎流行中國碑」가 유일한 실마리였던 그리스도교 일파인 네스토리우스교, 즉 경교의 한역漢譯 경전도 있었고, 마니교, 현교 즉 배화교 경전도 있었지요. 그 외 사서오경을 비롯한 각 방면의 고서 등도 나왔는데, 당唐 또는 그 이전의 것이니까 그때까지 해오던 중국 연구는 이제 거기서 일변하지 않을 수 없게 되었지요. 게다가 티베트문, 범문, 이란문, 터키문을 비롯해 지금은 사어가 된 서역의 고대어까지 여러 개 나타났으니, 이들 연구가 다 될 때 즈음에는 지금까지의 중앙아시아는 말할 것도 없고 멀리 동아시아 역사에 다소간의 수정도 불가피하게 될 것이오.

그런 의미에서 이 천불동의 석실이 열렸다는 것은 문화사적으로 본다면 코페르니쿠스적인 대발견인 게지요. 그런데 그 대발견이라는 것은 스타인이 발굴해서 가지고 온 것만이 아니라 그 다음에 펠리오가 가져온 것을 모두 합쳤을 때 비로소 말이 되는 것이지요. 그 펠리오 씨가 돈황에 간 것은……. 아! 그렇지요, 스타인이 대발굴을 한 뒤 꼭 만 1년째가 될 즈음이지요."

"좀전에 선생님께서 펠리오 교수가 당시에도 무척 젊었다고 놀라셨다고 하셨는데, 도대체 몇 살이었습니까?"

"글쎄요, 아마 서른이 될까 말까 했지요. 그렇게 보면 스타인이 당시 45세 전후였으니까 남자로 치자면 한창 때지요. 그리고 사리분별을 할 수 있는 나이기도 하고. 여러 방식으로 주지를 농락한 수완도 과연 그 나이라면 가능하겠다는 생각이 들지만, 서른인 펠리오 씨의 수확에는 두 손 들어야 할 거요. 스타인 경은 한문을 전혀 읽을 수가 없어서 장 아무개라는 좀 수상한 조수의 힘을 빌려 겨우 운 좋게도, 정말 문자 그대로 발굴품을 얻었던 것이지요. 거기에 비하면 펠리오 씨는 베트남의 하노이에서 성장해, 베트남 극동학원 출신의 신진으로 메이지 33년(1900) 북청사변[8] 때에는 베이징에 유학중이었지요. 각국의 외교관이나 유학생들과 함께 농성했던 그룹의 한 사람으로 한문도 줄줄 읽고 심지어는 스스로 한문 이름까지 만들었다지요. 각 방면에 이미 잘 알려진 소장 중국학자이지요. 우연히 돈황이라고 하는 귀신섬으로 흘러 들어왔는데 그렇다고 그냥 지나치지는 않았겠지요.

펠리오를 탐험대장으로 한 프랑스 탐험대도 이전의 국제중앙아시아 탐험연맹의 프랑스 분회 사업이었는데 세나르(Émile Senart)와 샤반(Édouard Chavannes) 등 세계적인 동양학자들이 많이 있는 프랑스에서 서른도 채 안된 백면의 소장학자를 기용했다는 것은 실로 놀랄 만한 발탁이었고 또 동시에 대 히트였던 셈이지요.

---

8 북청사변(北淸事變) : 의화단 사건을 말함.

사막지대의 탐험에는 뭐니뭐니해도 젊음이 최고지요. 그래서 펠리오 씨가 고고학, 사학, 언어학을 담당하고, 바이앙(Louis Vaillant)이라고 하는 조수격인 사람이 지도와 천문, 그리고 박물을, 누에트(Charles Nouette)라고 하는 자가 사진 촬영을 담당하였지요. 각각의 전문 영역을 분담해서, 준비하는 데 거의 1년이라는 시간을 소비하고 드디어 파리를 출발한 것이 1906년 6월 중순 즈음이었으니, 즉 스타인이 인도를 여행했던 약 2개월 후가 되는 셈입니다.

일행은 모스크바에서, 올덴부르크, 타슈켄트를 거쳐 투르키스탄의 당시 철도 종점인 안디잔[9]에 도착해서 철도와는 작별했다. 그리고 오슈(Osh)에 도착함으로써 드디어 대 여행길의 막이 열렸다. 74마리의 낙타로 편성된 대 카라반을 조직해 이름에 걸맞은 아라이 계곡에서 세계의 지붕인 파미르 북쪽을 넘어 중국 투르키스탄을 겨우 통과해서 카슈가르에 도착했다.

여기는 라이벌인 영국 탐험대가 익히 알고 있었던 호탄 지방에서 그들이 알친타그산맥의 타림 남방 지구 길을 택했다는 것을 확인하고서, 자신들은 천산남로 대도를 따라서 쿠차에서 나아가기로 결정했다. 이 형태는 타클라마칸 대사막을 남북으로 갈라서 영국과 프랑스의 두 탐험대가 서로 대치해 가면서 나아가는 셈이었다.

---

[9] 안디잔(Andijon) : 우즈베키스탄의 네번째 큰 도시. 고대에는 실크로드의 요충지로, 카슈가르와 코칸트의 중간에 위치.

원래 이 서역 지방은 옛날에는 불교로 융성했지만 중반 즈음 회교 세력에 밀려 거의 파도에 부서지다시피 했었기 때문에, 불교 유적을 찾아낸다는 것은 무척 힘든 일이었다. 그래도 펠리오는 끈기 있게 카슈가르에서 한 달간 체류하면서 이슬람 침략 이전의 불교에 대한 다소간의 자료를 얻었다. 툼츄크(Tumchuq) 부근의 한 유적에서는 간다라식 작은 불상을 발견한 것을 비롯해, 조각이 새겨져 있는 목편木片, 화폐, 도기, 목간木簡, 신상神像 등 생각지도 않았던 획득물을 많이 얻어서 기분이 들뜨기도 했다. 그 다음해 정월 일찌감치 쿠차에 도착했다.

쿠차는 고대 구자龜玆(Kucha)국 즉 키질赫色勒(Kyzyl)이다. 여기는 알렉산더 대왕의 동정東征에서 한 거점이 되어, 그리스인에 의해 건설된 빅토리아 왕국의 계통을 잇고 있다고 알려진 만큼 명성이 높은 이곳 천불동 벽화는 이전부터 펠리오가 눈독을 들이고 있었다. 그러나 현지에 와서 여러 가지를 탐색해 보니 독일 탐험대 그륀베델(Albert Grüwedel) 박사의 일행이 여기를 대대적으로 조사를 했다는 것이다. 뿐만 아니라 일본의 오타니 미션[10] 팀들까지 현장법사의

10 오타니(大谷) 미션 : 오타니는 오타니 고즈이(大谷光瑞)로 일본 탐험대의 영수. 뒤에 나오는 일본 탐험대편에서 자세히 주석해 놓았으니 참고 바람. 여기에서 말하는 천산남로의 탐험 경위를 설명해 보면, 1902년에 영국의 도움을 받아 런던에서 탐험에 필요한 장비를 구입하고 8월에 런던을 떠나 카스피해 서안 바쿠(Baku)에 도착하여 카스피해를 건너 사마르칸트를 거쳐 천산북로를 따라서 중국 신강성 카슈가르에 도착한다. 타슈쿠르간에서 이들은 팀을 나누어 오타니는 혼다 에류(本多惠隆), 이노우에 고엔(井上弘圓)을 데리고 카슈미르로 가서 인도 탐사에 들어가고, 와타나베 뎃신(渡邊哲信), 호리 마스오(堀賢雄) 두 사람이 주

『대당서역기』에 기술된 얼마간의 유적을 찾아서 그 비정比定에 성공했다는 소식도 들었다. 그래서 펠리오는 이 천불동 벽화 사진 촬영을 모두 멈추고 그 여력을 다른 유적조사로 돌려 약 8개월간의 시간을 들여서 상당한 수확을 얻을 수 있었다. 재미있는 것은 일본, 독일 두 탐험대가 이 부근 사막 촌에서 우연히 만나 크게 기뻐했다는 에피소드까지 펠리오가 전해 듣고 있었다는 것이다.

원래 이 쿠차는 그 옛날 역경사譯經史에 불후의 이름을 남기고 있는 나십[11] 삼장의 출신지로 그 유명한 법화경의 번역 등을 하였고, 원래는 원전으로 범본梵本을 취하지도 않고 이 키질어로 중역重譯했다고 하는 설조차 나돌고 있을 정도였다. 그 후에 소승유부小乘有部의 직계를 이은 현장이 소위 토카라[12]국의 불도들이 일으켰던 동방 포교를 시험 삼아, 여기 키질국을 크게 설계해서 100여 개의 동굴 사원을 건립했었다. 그리고 그곳을 중심으로 동서로 활동한 후 바로 5

축이 된 팀이 바로 호탄을 거쳐 타클라마칸 사막을 가로질러 서역북도에 위치한 악수(Aksu)와 쿠차, 그리고 천산북로의 투르판, 하미, 우르무치로 해서 난주, 서안의 탐사를 하였음.

11 나십(羅什) : 구마라습 또는 구마라십(鳩摩羅什, Kumaarajiiva, 350~409년경)은 쿠차의 승려로 여러 불경을 한역(漢譯)하였다. 구마라시바(鳩摩羅時婆), 구마라기바(拘摩羅耆婆), 줄여서 나십(羅什), 십(什), 집(什)이라고도 하며 의역하여 동수(童壽)라고도 한다. 그의 대표적인 번역으로 『좌선삼매경(坐禪三昧經)』 3권, 『아미타경(阿彌陀經)』 1권, 『마하반야바라밀다심경(摩訶般若波羅蜜多心經)』 24권 『법화경(法華經)』 7권 『유마경(維摩經)』 3권, 『대지도론(大智度論)』 100권, 『중론(中論)』 4권 등을 들 수 있다.

12 토카라(都貨羅: Tokhara 또는 Tochara) : '睹貨邏', 또는 '吐火羅'로 표기하기도 한다. 사마르칸트 지역에 있었던 왕국으로 대월지(大月氏)에 해당하는 것으로 알려져 있다.

세기 이후에는 계속해서 소승부가 맹위를 떨치게 되었던 것 같다. 그래서 여기 있는 벽화를 보면 우선 서역풍의 음영법이 먼저 눈에 들어오고 여자의 얼굴이나 의복도 극히 서역 풍이다. 게다가 제재가 자타카(Jataka), 즉 부처의 전생에 관한 이야기가 많은데 그것도 소승적이라고 해도 좋을 것이다.

"과연 듣고 보니 그렇군요. 선생님의 이야기를 듣기 전부터, 왠지 이 도판에 매료되어 살펴본 적이 있는데 『아루토 쿠차古代庫車(*Ancient Khotan*)』 등에 실려 있는 그림 사진이 상당히 코쟁이 냄새가 났습니다."

"그렇죠. 이 키질 천불동의 그림과 돈황 천불동의 그림은 수법적인 면에서는 서로 닮았지만 소재 선택에 있어서는 서로 다른 느낌이라는 것은 누구라도 알 수 있는 것이지요. 물론 돈황에는 티베트적인 것이나 대담한 중국풍의 것도 있지요. 그런 점을 완전하게 비교할 수는 없지만 어쨌든 이 키질 천불동에는 약 80종의 석가 전생에 관한 이야기가 그려져 있고, 그에 상응하는 벽화가 200장면 가까이 발견되었다고 하는 것이지요. 이 자타카의 전성기는 소승의 특징으로, 그 자바의 보로부두르[13]나 캄보디아 앙코르와트를 봐도 마찬가

---

13 보로부두르(Borobudur): 인도네시아 자바(Java)섬 중앙부에 위치한 불교 사원. 1814년. 당시 영국의 래플스(T.S. Raffles) 총독의 지시로 탐사 및 발굴됨. 샤일렌드라 왕조가 8세기경에 축조하기 시작했다는 설이 유력하다. 캄보디아의 앙코르와트, 미얀마의 파간과 함께 세계 3대 불교 유적이다. 약 100만개의 돌덩

날려 쓴 브라흐미 문자로 된 문서 조각

단단위릭 폐허, 스타인, 『Ancient Khotan』, vol. 2, CX.

지라오. 그것에 비해 돈황에서는 정토변淨土變이나 지옥변地獄變이 있고, 그 중에서 관경만다라觀經曼多羅 등이 많은데 아마 교의와 일치한다고 봐도 되겠지요. 결국 백련사白蓮社의 혜원[14] 법사 등이 이곳 돈황 출신이라고 하는 것과 어떤 연관이 있을 것 같지 않소? 혜원은

이를 이용해 쌓아 올린 9층 사원.

14 혜원(慧遠, 334~416) : 속성(俗姓)은 가(賈)이고, 병주 안문누번현(幷州雁門樓煩縣) 사람으로 현 산서(山西) 무녕(武寧) 사람으로 중국 정토종 시조. 그는 주로 여산(廬山)의 동림사(東林寺)에 머무르며 불경을 번역하였다. 당시 저명한 문인이었던 사령운(謝靈運)이 그를 흠모하여 그가 있는 동림사의 동서쪽에 두 연못을 파고 백련(白蓮)를 심어 두었는데, 나중에 혜원이 결성한 사(社)를 백련사(白蓮社)라고 하였다.

중국의 피서지로 이름 높은 여산廬山인데 거기의 호계虎溪에서 경을 강론했다고 해서 그것을 호계강경虎溪講經이라고 합니다. 사방에 있던 돌들까지도 고마워서 고개를 끄덕였다고 할 정도의 수대隋代의 고승이자 중국 정토 교학의 시조이며 제일인자였지요. 어쨌든 여기 쿠차의 천불동 벽면이 7세기 내지 9세기 벽화로 덮여 있다고 펠리오도 말하고 있는데, 대체로 그 추측이 틀림이 없을 것 같소."

펠리오는 여기서 브라흐미(Brahmi) 문자, 즉 중아시아 범어로 쓰인 문서를 얻었지만 부식이 심해 어떻게 해볼 수 없었다. 그런 식으로 계속 탐험을 하여 그해 가을에 우루무치에 도착했다. 그리고 환전 문제로 예상치도 않게 3개월 정도 거기에서 꼼짝달싹하지 못했다. 그러나 이 불행이 나중에는 오히려 펠리오에게는 행운이 되었다. 장시간의 체류 기간 동안 펠리오의 박학은 나날이 시민의 존경을 받게 되었고, 특히 청조의 왕족 보국공輔國公 재란載瀾과 친하게 되어 계속 왕래하게 되었다. 이 사람은 광서제[15]의 조카에 해당하고 의화단 사건[16]의 우두머리였던 단군왕端郡王의 친동생이었다. 바로 의화단 사건에 연루되어 이런 변경 마을에 유배되어 있었던 것이다. 드디어 12월 중순이 되어 펠리오가 출발하려고 하자 전별의 표시로 돈황 천불동에서 나왔다고 하는 삼계사三界寺의 묵인墨印이 찍힌 고사경 한 권을 선물로 주었다.

---

15 광서제(光緒帝) : 청나라 11대 황제로 1875~1908년간 재위.

16 의화단(義和團) : 1900년 반 기독교적 민족 운동으로 시작된 반제국주의 운동. 서구 열강의 무력 진압으로 끝나고 굴욕적인 신축조약을 맺게 된다.

공손히 손에 들어 보니 이것이야말로 참으로 틀림이 없는 8세기 경의 고사경이었다. 좀전까지 펠리오는 장장군長將軍이 사경이 많이 출토되었다고 하는 그의 이야기를 그냥 거짓말이려니 하고 건성으로 흘려버렸던 것이었다.

공公이 말하기를 그 자신도 천불동에 두 번 정도 참배한 적이 있었는데 그것은 10년 전의 일이다. 어떤 주지가 석굴 모래를 파내면서 우연히 오래 동안 밀봉되어 있는 듯한 서고를 발견했는데 거기에 수만 권의 고사경이 들어 있었다. 난주의 총독이 그 속에 들어 있던 몇 권의 사경을 견본으로 몇 곳의 관리들에게 보내고 다시 원래대로 봉했다고 한다. 선물로 받은 그 고사경은 그 당시의 관리들에게 보냈던 것들이 돌고 돌아서 자신의 손에까지 들어왔다고 하는 것이다.

그러나 최근 바람에 실려 오는 소문에 따르면 자세하지는 않지만 영국 탐험대가 거기서 고서 상당 부분을 손에 넣었다든가 하는 소문이 자자했다. 하지만 서고에 가득 든 것을 모두 가지고 가지는 않았을 것이고, 펠리오가 그쪽 방면에 대가이니 얼른 가보는 것이 어떠냐고 하는 것이었다.

펠리오에게 이 이야기는 정말 청천벽력 같았다. 한발 차이로 당했단 말인가라는 생각에 억울한 마음이 들어 피가 역류할 것만 같은 격동을 느꼈다. 그렇지만 또 어떻게 생각해 보면 탐험 그 자체가 발굴이고 처음부터 그 결과를 알 수 있는 것이 아니었다. 독일이나 일본, 그리고 러시아 탐험대가 수없이 조사하고 발굴했을 터인 이 타림 북방지구에서조차도, 즉 쿠차에서도 아직 고스란히 남아 있는 유물들이 있어 프랑스 미션(Mission)인 자신들의 수확물도 상당한 것이었기 때문이었다.

특히 공의 말은 그 모양새로 봐서는 아직 서고에 상당히 쌓여 있을 것이라고 하니 스타인이 먹고 남긴 것이 반드시 있을 것이고 우선 다행인지 불행인지 모르겠지만 스타인은 한문을 읽을 수 없었다.

왜냐하면 스타인의 첫번째 호탄 방면에서 발굴된 출토물에 쓰인 한문들은 모두 다 자신의 선배격인 샤반 박사나 대영박물관의 동양도서 매뉴스크립트 담당의 주임과 그 조력자들 손에 의해 연구되고 발표되었다고 하니 이 변경 사막지에서 그가 얼마나 헤맸을지 대충 짐작이 갔기 때문이었다.

그렇게 보면 한문 고사경이 많은 것 같은 천불동의 보고가 지금 자신을 기다리고 있지 않다고는 말할 수 없다. 펠리오는 이런저런 생각으로 복잡한 머리를 정리하고, 냉정을 찾아 모든 일은 거기에 가서 그때 하면 될 것이라고 결론을 내리고는, 의외로 낙천적인 프랑스인답게 일상의 쾌활함으로 되돌아갔다. 이렇게 해서 문화 침략의 두번째 신사들은 투르판, 하미를 거쳐 탐험 촬영을 분주하게 하며 여행을 계속하다가 2월 말쯤에 돈황 천불동에 씩씩하게 진주했던 것이었다. 첫번째 신사들이 처음 이곳에 모습을 보인 후 거의 11개월 후인 1908년의 일이었다.

펠리오는 가는 곳곳에서 야영을 하면서 삼계사의 도장이 있는 옛 사경을 구멍이 날 정도로 쳐다보며, 종이질에서 필법, 묵색에서 문구까지 전부 자신의 머리에 입력시키면서 완전히 자신의 것으로 만들었다.

한편 주지는 여느 때와 마찬가지로 사막 마을로 탁발하러 가고 없었다. 그도 그럴 것이 우선은 11개월 후에 닥쳐온 예년의 큰 축제 준비에 기부와 권진을 해야 했기 때문이지만, 최근에는 어떻게 된 것인지 그의 도력이 좋아졌다는 소문이 나면서 여기저기서 그에게 기도를 부탁하는 사람들이 많아졌다. 인기 많은 스님이 된 왕도사는 어느 샌가 꽤 잘 팔리고 있던 것이었다.

좀전 백주 대낮에 내린 비의 흔적으로 나무 잎에 맺힌 큰 물 방울 하나가 바람과 함께 툭 하는 소리를 내며 떨어졌는데, 하늘은 오히려 해질 무렵이 되니 한층 더 쾌청하고 밝아지는 듯했다. 손목시계를 차고 오지 않은 손님은 시간을 잊어버린 듯, 주인도 시간에 구애 받지 않고 초연하게 이야기를 계속해 나가고 있었다.

폐점 시간이 된 것인지 창구에 있던 여직원이 발소리를 낮추며 유리창을 내리고 블라인드를 치고 있었다. 나도 언제부턴가 부채를 든 채로 움직이지 않고 있었고, 아니 움직이는 것조차 잊고 있었다. 눈동자에 빛을 발하며 열심히 이야기하는 주인에게는 그 어떤 것도 방해가 안 된다는 그 태도에 감염되어서인지 그 여직원이 조용히 목례를 하고 나가는 것이 그저 그림자가 움직이는 것으로도 느껴지지 않았다. 주인은 점잖은 손님과 테이블 위에 둔 황마지나 곡지, 그리고 돈황경만 있으면, 더 이상 아무것도 바랄 것이 없다는 것 같았다. 한 차례 쓰르라미가 소리를 높이 내어 우는가 했더니 그 다음에는 물밑에서 조용히 흐르는 적막함이 천천히 스며들었다. 나는 천불동 사원에 있는 사람처럼 이 세상에는 존재하지 않는 것같이 몰아지경이 되어 있었다.

보물산

사람이 소문보다 빨리 걸을 수는 없었다. 작년 봄 스타인과 주지가 서로 그렇게 주의를 해 가면서 극비리에 한 일들이 어디에서 어떻게 새어 나갔는지, 반년도 채 되지 않는 새에 돈황 부근 사막 마을에는 그 일을 모르는 사람이 없었다. 탁발하러 가는 곳곳에서 들리는 그 소문에 주지는 마치 살얼음 위를 걷고 있었다. 그런데 다행히도 그 소문이라는 것은 그를 채찍질하는 것이 아니라 오히려 엉망진창이 된 쓰레기들을 키 큰 백인에게 팔아치우고 그 막대한 비용으로 천불동 사원 외관을 수리한 주지의 수완을 칭송하는 것이었다.

그렇게 되고 보니 과연 주지도 마제은 전부를 착복할 수는 없었고 그 중에 몇 개인가는 비장의 금품으로 아껴서 침상 아래에 숨겨두었다. 어쨌든 그것을 자본으로 해서 재빨리 목수, 인부, 도색공들을 불러와서 외견상 보기 좋게 절을 손질했다. 사람들을 겁낼 필요가 없게 되자 주지는 오히려 그 공헌을 생각해 내고 새로운 기부를 얻을 수법을 고안해 내게 되었다.

그런데 그런 배짱이 생기자 갑자기 묘한 생각이 들었다. 지금껏 무지한 사막 마을 사람들을 상대하다가 일단 멋진 백인과 그리고 그 닳고 닳은 화교 청년 비서의 농간을 상대로 협상을 적절히 성공시키고 보니 자신이 갑자기 위대해진 것 같고, 한두 계급쯤은 높아진 것 같은 상류층 사람으로 다시 태어난 기분이 들었던 것이다.

그리고 지금까지 무아지경으로 해왔던 가지기도加持祈禱(부처님의 가호를 받기 위한 기도)나 점 등에서도 급소를 파악하고 신험과 영험도 현저하게 증가되던 것이다. 주지의 도력이 월등하게 좋아졌다고 하는, 그가 겁먹고 있었던 것과는 정반대의 호의적인 소문이 사막 마을 여기저기로 흘러 다니고 있었다.

마제은도 수중에 있고, 평판도 좋아지고, 장사도 번창하고, 게다가 절 외관은 최근 1년 새 완전히 달라져 멋지게 수복되었으니 그 공덕으로 내세에는 틀림없이 좋은 것을 약속받을 것이라고 왕도사는 내심 기뻐했다. 백인 삼장이 헤어질 때에 한 굳은 약속대로 그 일행들이 새봄이 오면 갑자기 나타나지는 않는가 하고, 1년째가 되는 요즈음 끊임없이 그리워하며 기다리고 또 기다리고 있었다.

그러던 어느 날 돈황 교회의 동간東干인이 지은 집인지 파오包(몽골인들의 이동식 천막집)인지 알 수 없는 곳으로 갑자기 불려갔다. 거기에 살고 있는 노인이 모래 때문에 눈이 침침해져서 천불동에서 가지고 온 영수靈水를 발라 가지기도를 해주고 그 집에서 하룻밤 머물렀다. 그날 밤 주지는 이상한 꿈을 꾸었다.

20마리인지 아니면 100마리에 가까운 대규모의 카라반 부대가 종소리를 울리면서 큰길로 왔다. 말을 타고 선두에 서 있는 것은 두꺼운 모피 방한복을 여러 겹 껴입고, 분명하지는 않지만 틀림없이 눈 색깔이 다른 것 같기도 했지만 그가 절을 올렸던 복도에 그려져 있는 삼장법사 같기도 했다. 그러고 보니 아무래도 원숭이를 닮은 얼굴과, 멧돼지를 닮은 얼굴이, 방한복 속에서 고개를 내밀고 있는 것 같았다. 어쨌든 보통 카라반은 아니었다. 그들은 주지가 자고 있는 그곳을 지나치면서 야릇한 미소를 던지더니 그대로 천불동 쪽으로 가버리는 것이 아닌가! 어디선가 본 적이 있는 것 같기도 하고, 전혀 낯선 얼굴인 것 같기도 하다. 혹시 기다리고 있던 백인 삼장일지도 모른다. 주지는 "어이!" 하고 큰 소리로 부르려고 했지만 소리가 나오지 않았다. 버둥거리면서 눈을 떴다. 꿈치고는 이상하게 신경이 쓰였다.

주지는 새벽까지 기다릴 수 없어서 바로 돈황 마을로 왔다. 그리고 백인 카라반 부대가 3, 4일 전에 천불동 쪽으로 갔다는 것을 확인했다. 기다리고 기다리던 중요한 손님이었다. 놓칠 수 없다고 생각한 주지는 정신없이 입으로는 현현황제玄玄皇帝를 염불하면서 한걸음에 막고굴로 달려갔다. 소문에 들은 바로는 이전의 스타인 삼장과는 아무래도 다른 사람인 것 같았다. 그래도 일부러 천불동 쪽으로 향하고 있다니까 주지는 두근거리며 설레는 아이처럼 알아들을 수 없는 소리를 중얼거리며 총총걸음으로 달려갔다.

주지는 외출중이고 열쇠도 없었다. 또 언제 돌아올지도 모른다

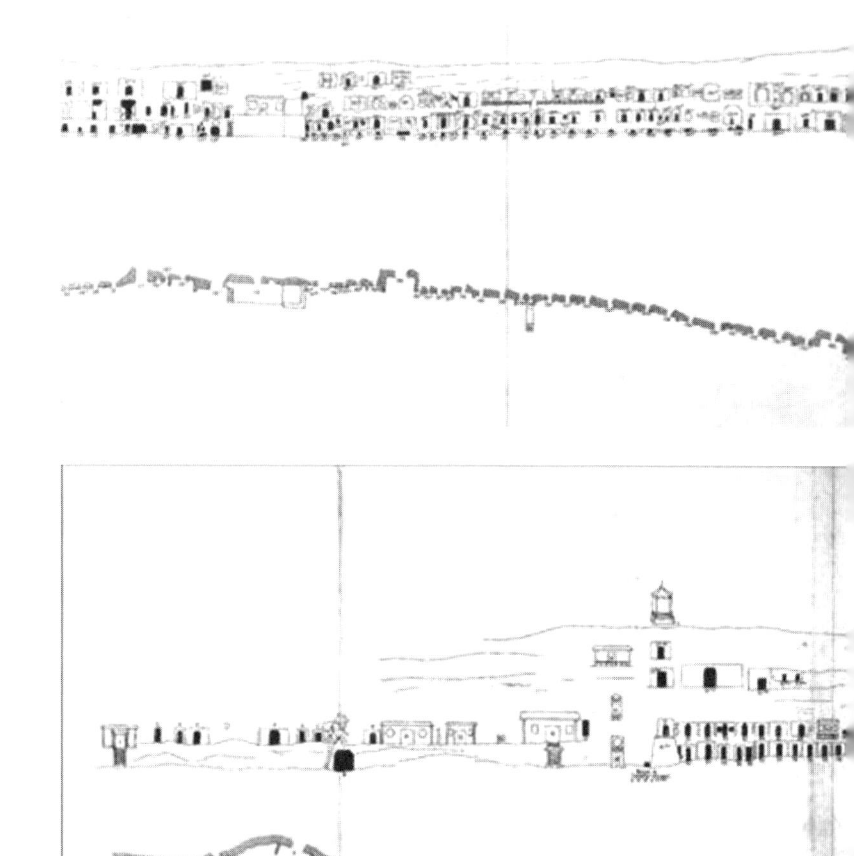

펠리오가 직접 그린 돈황 석실 조감도

펠리오, 『Les Grottes de Touen-houang』, vol. 1.

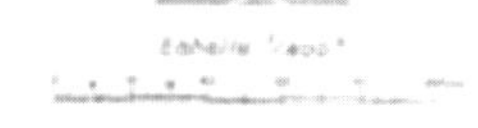
GROTTES DE TOUEN-HOUANG
Élévation et Plan

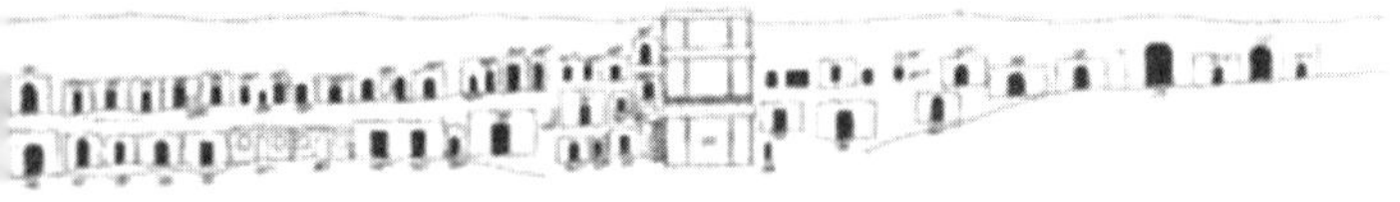

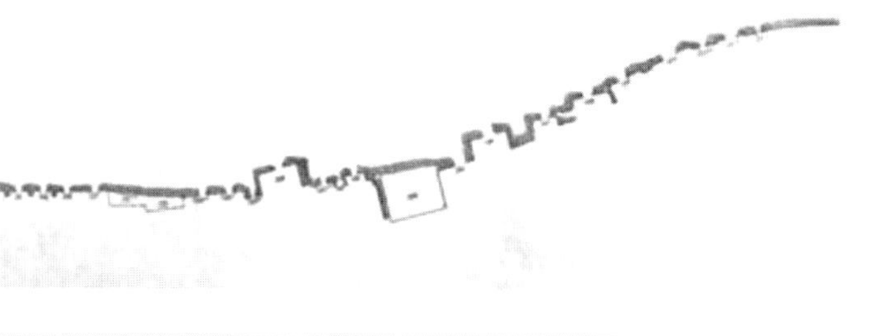

는 것을 알고는 다소 무리해서 왔던 펠리오는 초반부터 기운이 빠진 것 같았지만 결국 그것이 다행이었다는 것을 이내 알아차렸다. 작년 스타인의 팁 맛을 보았던 라마승이 주지가 없는 틈을 타서 스타인의 수법을 전부 들려주었기 때문이었다. 펠리오의 작전은 곧 완성되었다. 게다가 또 하나 다행이었던 것은 주지가 없는 동안에 느긋하게 사진 촬영도 하고 천불동 전체 조감도를 만들어 남쪽에서 석굴을 따라 번호를 매길 수 있었기 때문이었다. 이 번호는 나중에 펠리오 편호編戶라고 하며, 제1호에서 제250호 정도까지의 번호를 매긴 것으로 상당히 오랫동안 연구자들은 이 편호를 사용했다. 특히 새로운 편호에서는 약 480굴로 되어 있다.

펠리오는 조수 누에트에게 준비해 온 건판을 총동원해서, 신비한 석굴의 모습을 카메라에 담도록 했다. 이거 하나만으로도 수십 일의 대사업과 맞먹을 수 있는 멋진 작업이었다. 펠리오는 스타인의 체류 일수를 나누어 보고 촬영할 숫자도 대충 짐작할 수 있었다. 그 정도라면 그 자신의 공이 될 만한 방대한 벽화 사진집을 만들어서 반드시 세계의 학계를 놀랄 만하게 할 수 있을 것이라고 믿으며 회심의 미소를 지었다.

천불동에 돌아오자마자 주지는 우선 자신의 암실 열쇠를 열어 보고 아무 일이 없었다는 것을 확인하고 탁발로 얻은 보시를 정리했다. 그리고 그 길로 곧장 북쪽 석굴을 조사하고 있던 펠리오에게 갔다.

외견상으로는 옹골찬 체격인데 외양 따위는 전혀 신경 쓰지 않는 것 같은 모습이었다. 백인 같지 않게 머리 빗질도 하지 않고, 방한을 위해서인지 터키 계통의 토착민처럼 수염을 아무렇게나 자라도록 내버려둔 것 같았다. 펠리오는 큰 손을 내밀며 갑자기 사람이 그리웠다는 듯이 주지의 손을 잡고 회색 빛 눈으로 부드럽게 웃었다. 그리고 놀랍게도 부드러운 베이징 관어로,

"스님이 돌아오시기만을 학수고대하고 있었습니다. 저는 이런 자로……"라고 하며 백희화伯希和라고 적힌 중국식 명함을 공손히 내밀었다. 젠체하지도 않고, 위압적이지도 않았으며, 그렇다고 비굴하지도 않은 자연스럽게 상대를 심복시키는 것 같은 친숙함이 그에게서 흘러넘쳤다. 주지는 받아 든 명함을 보았는데 물론 글자를 읽을 수 없었다. 단지 법국法國(프랑스)이라고 씌어져 있는 그 법法 자는 언젠가 어디서 본 적이 있어서 이 사람이야말로 진짜 삼장법사라고 생각했다.

백인 삼장은 얼른 자신의 소개를 마치고 주지가 일부러 인사하러 와준 것이 송구하다며, 조금 후에 자기가 다시 찾아뵙겠다고 하며, 주지를 재촉해서 암실 쪽으로 어깨를 나란히 하고 걸었다. 도중에 자신의 텐트에 들려 미리 준비해 온 선물 꾸러미 3개를 가지고 나왔다. 하나는 향화료香華料(향과 꽃비용)와 종이로 싼 마제은과, 다른 포장은 식료품인 깡통 통조림, 그리고 카슈가르에서 사온 비단 두루마리였다. 그 비단 두루마리로 법의라도 만들어 입으라고 내어놓았던 것이다. 펠리오는 베이징에 오랫동안 살았기 때문에 그러한 세세한 곳까지 신경을 쓸 수가 있었다. 선물의 효과는 곧바로 나타났다.

"저는 무엇 때문에 대인께서 여기에 오셨는지 잘 알고 있습니다.

바로 조금 전 제가 꿈을 꾸었는데 현장 삼장이 알려주셔서 이렇게 사막에서 급히 돌아온 것입니다. 원하시는 석실을 지금 당장 안내해 드리지요."

주지는 신통력을 자랑하듯이 품속에서 허술한 열쇠를 끄집어내어, '이것이지'라고 하듯 보여주고는 앞서 걸어가면서 펠리오를 재촉했다. 그리고 지나가는 길에 이전에 절을 올렸던 벽화『서유기』를 자랑스러운 듯이 가리켰다.

"대인도 삼장법사의 제자시지요?"

펠리오는 크게 끄덕였다.

"그렇습니다. 단지 다른 것이 있다고 하면, 유감스럽게도『동유기東遊記』에서는 손오공이나 저팔계 같은 애교 있는 영웅들이 없다는 것입니다. 당연히『서유기』같은 재미있는 이야기가 없다는 것이지요."

이전의 영국 삼장과는 달리 이 프랑스 삼장은 중국어도 자유자재로 말하면서『서유기』도 잘 알고 있다. 주지는 믿음직한 생각이 들어 그 다음에는 수리하여 새롭게 금박을 입혀 화장시켜 둔 노자상이 안치된 석굴을 가리켰다.

노자는 봉황의 펼친 날개를 타고 한 무리의 부하인 선인들에게 둘러싸여 있었다. 펠리오는 공손하게 거기에 절하고 안치된 향에 불을 붙여 그 앞에 놓았다. 주지는 기분이 좋아져서

"내세는 석가불, 금생은 현현황제 태상노군太上老君이지요."

라고 혼잣말처럼 중얼거렸다. 펠리오는 곧바로 과장된 몸짓을 하며

감탄해 보였다.

"들은 바에 의하면 이 천불동은 버려진 절과 마찬가지였는데 스님께서 이 절 주지가 되시고 나서부터 사당과 사원이 옛날처럼 회복되었다고 하더군요. 주지 스님의 공덕은 정말 대단하십니다. 또 게다가 세계의 학계 및 교계를 위해서 영국 스타인 삼장 손에 불필요한 고문서를 많이 맡기셨다고 하는 것, 이것 또한 정말 존경스런 마음으로 공덕도 이것보다 더 큰 공덕은 없을 것입니다. 부디 저도 그렇게 행복해졌으면 하는 바람입니다. 부족하지만 가능한 만큼 기부도 하려고 합니다."

"이것 참 감사합니다. 이렇게 황송하게도…… 실은 저도 작년 영국 삼장이 오셨을 때 곰곰이 생각했습니다. 이 주변에 아무도 읽지 못하는 낡은 종이 쓰레기나 마찬가지인 것을 창고 안에 넣어두고 그대로 썩히기보다는 꼭 갖고 싶다는 분에게 얼마간 나눠 드리고, 그 대신 주신 기부로 신자들이 기뻐할 만한 절을 수복하는 것이 모두에게 좋은 것이 아닌가 하고 말이지요.

그런데 목수나 칠장이나 미장이를 부르려면 돈이 듭니다. 이 초라한 몸으로 탁발한 것으로는 도저히 어떻게 해볼 도리가 없습니다. 하지만 계속해서 부처님이나 다른 석불들이 깨끗해지니 절이 몰라볼 정도로 멋지게 되고 있지요. 그것을 보고 있자면 그 돈을 버는 괴로움도 없어집니다. 뭔가 완성되어 간다고 하는 것은 즐거운 일입니다."

"들으면 들을수록 멋진 마음가짐이십니다. 이런 말을 들은 이상 주지 스님, 저도 꼭 스타인 선생 이상의 기부를 하겠습니다. 어쨌든 검은 옷을 두른 존숙[1]이라고 하면 마음이 좁고 고루한 분이 많은 법인데 주지 스님같이 이해해 주시는 분이 계신다고 하는 것은 천불동도 머지않아 크게 번창할 것입니다."

기다리고 기다리던 대형 마제은이 아닌가! 주지는 덩실 춤이라도 추고 싶은 발걸음으로 펠리오를 석실 서고로 안내했다. 과연 펠리오의 가슴이 두근거리는 소리는 커져갔다.

열다 만 새우 모양의 자물쇠가 주지의 손에서 미끄러지며 바닥돌에 떨어지자 기분 나쁜 소리를 내었다. 그것을 신호로 행도보살行道菩薩의 벽화 속의 웅덩이에 있던 입구가 스르르 열리고 경권 산더미가 희미하게 모습을 드러냈다. 펠리오는 자신도 모르게 감동이 되어 짧은 신음소리를 내었다.

가장 걱정하고 있었던 것은 스타인이 약탈해가고 나서 남아 있는 것이 없지 않을까 하는 것이었다. 그런데 다소 틈새가 비기는 했어도 거의 사람 키 높이 정도로 빽빽하게 그것도 몇 겹으로 수북이 쌓여져 있었던 것이다. 펠리오는 크게 소리치고 싶은 충동을 주지의 손을 잡고서야 겨우 억누를 수가 있었다.

주지는 눈이 휘둥그레졌다. 백인 삼장에게 옛 사경을 양도하려는 것을 야단치는 줄 알았기 때문이다. 펠리오는 기름때로 더러워진 주지 손등을 계속 두드리며 감격과 감사와 그리고 동시에 안도 섞인

1 존숙(尊宿) : 학덕(學德)이 뛰어나 남의 사표(師表)가 될 만한 스님, 또는 절의 주지를 이르는 말.

말을 했다.

"주지 스님, 잘하셨습니다. 정말 멋지십니다. 실은 스님께서 영국 탐험대에 옛 사경을 건넸다는 걸 우루무치에서 들었습니다. 그 후 계속해서, 그리고 여기에 와서도 아직 어느 정도 남아 있는지, 또 어느 정도 소유하고 있는지, 그것이 걱정이 되어서 지금까지 석연찮은 마음으로 있었습니다. 그 기간이 3개월 동안이었지만 저의 전 생명은 이 석실 안의 유서 분량에 걸려 있다고 해도 좋을 것입니다.

그런데 지금 바로 이 눈으로 보고 저는 안심했습니다. 아니 안심이라니요. 스님에 대한 감사 그 이외에 아무것도 없습니다. 이것은 제가 상상했던 것 이상으로 많은 분량입니다. 제가 살아 있었다는 보람을 이제야 느낍니다. 오늘까지 30년간 다른 사람들로부터 시대에 뒤졌다느니 골동품만 만진다느니 하며 비웃음을 받았지만 참담하게 고심하며 해왔던 학문이 이제 드디어 도움이 될 만한 시기가 왔습니다. 하늘의 뜻은 틀리지 않았습니다. 이 펠리오라고 하는 자는 오늘로써 정말로 다시 태어난 것입니다. 세계 학계에 무언가 기여할 수 있는 때가 결국 온 것입니다. 주지 스님, 기부는 주지 스님 뜻대로 하시면 됩니다. 어느 정도이신지 말씀만 해주시지요. 돌아가는 여비를 빼고 가지고 있는 마제은 전부를 드릴 테니까요. 그 대신 여기 있는 전부를 주십시오."

펠리오의 얼굴은 둥근 수염 아래서 열정에 들떠 붉어져 있었다.

왜 이 둘째 백인 삼장이 이렇게 흥분하고 있는 것인지, 그 말의 의미도 주지에게는 거의 이해할 수 없었지만, 어쨌든 불평이라든가,

화내고 있는 것이 아니란 것만은 확실히 알 수 있었다. 단지 이 삼장도 이전의 삼장과 마찬가지로 전부를 달라고 한다. 마제은은 너무나 감사하지만 전부는 어쨌든 곤란하다. 그런데 총독을 비롯한 고위 관료들이 손끝도 대지 않으려고 하는 이 지저분한 휴지들을 어째서 이 삼장들은 필사적으로 갖고 싶어 하는 것일까? 주지에게는 그 점이 도대체 이해할 수 없었다.

"이것 참, 어느 정도라고 하면 원하는 만큼 드리겠지만 전부는 좀 곤란합니다. 사원의 소유니까 전부 다 드리고 나면 나중에 문제가 생기면 어떻게 변명해 볼 도리가 없으니까, 그것만은 양해해 주시기를……."

펠리오는 냉정을 되찾았다.

"당연하신 말씀이지요. 그런데 스님, 스님께서 지난번 영국 신사에게도 많은 양을 할애하시고 그 대가로 받은 기부로 사원을 수복하기도 해서 오히려 신자들이 더 기뻐했다고 하는 걸 들었습니다. 그리고 주지 스님이 하신 일이라 역시 다르다며 스님의 수완에도 감동했다지요. 그리고 이 고서들을 여기에 이렇게 내버려두면 아마도 모래투성이가 되어 머지않아 완전히 폐지가 되어 버릴지도 모릅니다. 그러기 전에 저에게 주시어 학문을 위해 쓰여진다면, 스님이야말로 학계의 은인이며, 이 사원의 은인인 동시에 또 저의 은인이 되십니다. 꿈에서 뵌 스님의 수호신인 현장 삼장도 틀림없이 그것을 크게 기뻐하시고 이것들이 사장되는 것을 찬성하시지 않을 겁니다. 여기 이 폐물 같은 것들은 살리면 보물이 되지만 그대로 두면 그저 굴러

다니는 쓰레기가 될 겁니다."

"어쨌든 전부는 곤란합니다. 안 돼요!"

주지는 단호히 손을 흔들고 딱딱한 조개 속으로 들어가 버렸다.

매년 참배하러 오는 차이담 몽골 왕은 라마교 신자로 여기 대단월大檀越(시주하는 행사)이 열리면 반드시 찾아온다. 왕은 참배하러 올 때마다 얇은 작은 판에 넣어 둔 티베트 경인 간줄 11투套 모두를 살펴본다. 그것이 무엇인지 처음부터 주지는 알 수 없었지만 어쨌든 이것이 없어져 버리면 왕에게 죄송하다는 이유였다. 주지는 펠리오가 아무리 설득해도 전부라고 하는 데서는 도대체 말이 통하지 않는다. 사실 아무리 응하고 싶어도 응할 수 없는 것이다. 우선 마을 사람들이 이 사실을 알면 모처럼 오늘날까지 갖은 고생을 해 가면서 쌓아 올린 평판과 지위가 한순간에 사라져 버린다. 그뿐만이 아니다. 뭇매를 맞는다든지 아니면 반죽음을 당하든지 둘 중의 하나일 것이다. 주지는 마제은과 자신을 저울질하면서도 최후 일선까지 와서는 완강히 버티고 있는 것이다.

펠리오는 형세가 좋지 않다고 생각했는지 바로 방패를 돌렸다.

"과연 주지 스님이 말씀하신 대로 전부 주십사 한 것은 제가 조금 지나쳤습니다. 그러면 그것은 깨끗하게 철회하겠으니 그 대신 저의 연구에 필요한 것은 나누어 주시겠다는 조건으로 하고 우선 여기 전체를 볼 수 있도록 허락해 주시지요."

주지는 눈을 둥그렇게 뜨며 놀랐다.

"대인은 그것을 모두 읽을 수 있습니까?"

펠리오는 쓴 웃음을 지었다.

"그렇습니다. 대충 추측 정도는 할 수 있을 것 같습니다."

스타인에게는 한 걸음도 양보하지 않았던 비밀 장소를 촛불만을 손에 쥐고 주지는 펠리오를 안내했다. 펠리오가 가장 먼저 손에 든 두루마리는 보국공이 선물한 당경보다도 훨씬 더 오래된 북위(386~534) 연호가 있는 『사분율』[2]이었다. 펠리오는 전체의 분량을 대충 눈으로 짐작해 보고 어쨌든 혼신의 힘을 다하여 살펴보았다. 비록 자신이 힘없는 사마귀가 될지라도 어쨌든 여기 이 옛 사경 산더미에 도전해 보리라 결심했다. 무한한 보물이 있는 전인미답의 성전에 들어왔다! 얼마나 행복한가! 학문에 가호가 있기를! 펠리오는 세계학회의 축복을 한 몸에 받고 있는 것 같은 느낌이었다. 이 발굴 여행에 선발된 자신의 운명에 감동했다. 마치 동화 속 같다. 그것도 자신이 바로 그 동화 속 행운의 왕자라는 생각이 들었다.

펠리오는 문득 오늘이 3월 3일, 즉 삼월 삼짇날이라는 것을 생각했다. 이 기념해야 할 만한 날이 중국에서는 예부터 경사스러운 날이라고 하니 이것은 보통 인연이 아니라는 생각이 들었다. 선행은 서두르라고 했다. 그래서 바로 그날부터 펠리오는 조사에 착수했다.

---

2 사분율(四分律) : 소승 20부파의 하나인 법장부(法藏部)에서 전승된 율장. 법장부는 담무덕부(曇無德部, Dharmagupta)라고도 하기 때문에 담무덕율이라고도 한다. 이러한 명칭은 전체 내용이 4단(段)으로 구성되어 있기 때문이다. 후대의 수많은 율장들이 사분율을 저본으로 하여 성립되었기 때문에 율장 중에서도 가장 기본이 되는 율로 꼽히며, 가장 널리 알려진 율이다. 또한 본 율을 토대로 율종(律宗)이라는 종파가 성립되기도 하였다.

돈황 석실에서 사권을 읽고 있는 펠리오

펠리오, 『Les Grottes de Touen-houang』, vol. 6, CCCLXVIII.

어두컴컴한 석실에 쪼그리고 앉아 촛불 빛만을 의지하며, 우선 한문으로 된 경권 선발부터 시작했다. 한 시간에 수백 권이라고 하는, 세상에서 가장 빠른 초스피드로 대충 훑어보기도 하고, 때로는 메모를 하기도 했으니까, 이것은 마치 스님이 대반야 600권을 건너뛰며 읽는 마술사 같은 민첩함과도 같았다. 참으로 초스피드의 학계의 자동차이다! 주지는 넋을 잃고 그 모습을 보면서 조수 역할을 담당했다. 이리하여 펠리오는 모든 정력을 쏟아서 실로 하루에 천 권의 옛 사경 두루마리 위를 이리저리 뛰어다녔다.

처음에는 주지도 같이 도와주었는데 마침내는 끈기가 달렸는지, 아침에 문을 열어주고는 저녁이 되어서 나타나서 다시 문을 잠그기만 했다. 간혹 생각났다는 듯이 한 번 슬쩍 살피러 오는 정도였다. 언제 보아도 촛불 빛 그림자에 비춰진 펠리오의 옆얼굴은 아래를 응시하고 있는 모습이었는데, 두루마리가 넘어가는 마치 오토메이션의 정확한 소리처럼 찰칵찰칵거리며 분주하게 움직이는 것이었다. 펠리오는 20일 동안 거의 약 1만 5,000권의 한문으로 된 두루마리를 대충 한 번 훑어보았다. 초인적이다.

처음에는 한문으로 적혀진 것은 모두 불경을 사경한 것이라 여겼다. 물론 그들 대부분이 불경이기는 했지만 하나하나 살펴보면서 마니교나 경교, 현교 등의 한역 경전 등 신기한 것도 있고, 도교도 또한 상당히 섞여 있다는 것을 발견했다. 그 외에 사서오경이나 제자백가의 진본을 비롯해서, 역사나 지리, 희곡, 소설류 당대의 속문학俗文學, 본초本草, 성점星占, 인상人相, 점서占書, 산경算經, 장택葬宅,

몽판단夢判斷 등, 그리고 돈황 경계의 호적戶籍 지권地券(허가권) 등까지 거의 모두 갖추어져 있는 풍부한 자료들이라는 것을 알았다.

그 중에서는 위경僞經이나 민간 신앙서 등도 눈에 띄었다. 예를 들면 공자의 책에 공자가 꿈에서 주공을 못 보았다고 탄식했던 그 주공이, 주注가 달려 있는 것 등이 들어 있는 불경한 책들도 나왔다. 웃음이 저절로 나왔다. 한편 사경으로 보이는 것 외에도, 『당운唐韻』,[3] 『금강경』 같은 다라니 등 연대가 당대 판각본으로 되어 있는 것이 몇 개나 보였다. 구텐베르크 활자본보다 참으로 7세기나 앞선 것이었다.

송대 판본 일체경一切經은 세상에서 가장 존귀하고 진귀한 보물 중 하나로 펠리오도 베이징에서 그것을 본 적이 있었는데, 여기 당대 판본을 보고 간이 떨어질 뻔했다. 게다가 구양순歐陽詢(557~641: 당초기 서예가)이나 류공권柳公權(778~865: 당대 서예가)의 먹 냄새가 나는 것 같은 빼어난 당대 탁본도 있어서 그 놀라움은 더더욱 커졌다. 어느 하나도 진귀하지 않는 것이 없었다. 사실 여기에 있는 모든 것들은 펠리오가 지금까지 중국학에 관해 그가 알고 있었고, 또 배운 자료들보다 훨씬 근본적이며 그리고 수준이 다른 알짜배기들인 것이다. 펠리오의 감격과 감탄이 나날이 커져가는 것도 당연했다.

연일 눈을 혹사시켜서 저녁이 되면 얼른 휴식을 취하려고 하지

---

3 『당운(唐韻)』: 수(隋)의 육법언(陸法言) 등의 『절운(切韻)』을 수정화고 보완한, 당의 손면(孫愐)이 지은 운서(韻書)로 5권으로 되어 있음.

만 눈을 감고 누워 있으면 눈앞에 왔다갔다 하는 것은 펼쳐진 두루마리뿐이다. 시간을 들여 정확하게 비교 연구할 여유는 없지만, 대충 읽어 넘겼던 경권 중에는 간혹 중국 문법에 익숙지 않은 너무나도 생경하게 직역해 놓은 역본도 있어 새로운 한문을 습득한 서역 전도승의 역서일지도 모른다는 생각도 들었다. 소위 구역舊譯 경전의 부파部派라고 해야 할 것이다.

펠리오는 그렇게 추측하면서 불교의 교리가 서역을 통해서 중국으로 들어가는 도중에 순수한 인도식 불교에다가 서역적 요소가 분명히 더해졌을 것이며, 그리고 그것이 수정, 보완되어졌을 것이라고 상상했다. 이러한 상상을 천불동의 벽화와 관련시켜 생각해 보면 여기 고사경에 정토종 계통의 경전이 많은 것이나, 벽화에 정토변상淨土變相의 그림이나 보살상이 많은 것이나, 특히 관경변상觀經變相이 18굴이나 있다고 하는 것은 모두 같은 신도들의 정토 신앙을 나타내는 증거이다. 그렇지만 이러한 인도 본래의 원시 불교에는 없었던 정토 사상 관념은 선배 세나르가 암시했던 것처럼 태양 숭배의 영향이라는 것은 틀림없다.

특히 세나르는 너무 앞서가서 불전佛典 그 자체를 태양 신앙의 변형으로 단정해서 체면을 깎였지만, 펠리오는 엘리엇[4] 박사 등이 말하고 있듯이 서방 극락정토나 무량광불無量光佛의 사상은 아마 불

---

4 엘리엇(Charles Nurton Edgecumbe Eliot, 1862~1931) : 영국의 외교관 겸 불교학자로 1919~1925년간 일본 주재 영국 대사를 지냄.

교가 서역 지방에 들어와서 배화교, 즉 중국의 소위 현교 등 이란적 요소를 흡수하고, 또 아베스타[5] 종교 문학의 영향도 받고 해서, 성립된 대승 계통이 틀림없다는 생각에 이르렀다. 이 이란적 요소의 중국적 전개가 키질(쿠차)의 천불동에서는 아직 잘 나타나지는 않았는데, 투르판에서 형태가 조금씩 보이더니 여기 돈황 천불동에 이르러서는 생생히 나타나고 있는 것이어서 펠리오는 각별히 흥미를 가지고 있었다. 이러한 동서 문명의 교류는 한문 이외의 소위 오랑캐의 언어로 된 고서를 조사함으로써 드디어 확실함이 가중되었던 것이다.

그것도 이러한 오랑캐의 언어 종류는 놀랄 만하게도 다양했다. 그 중에는 몇 개인가 고대 사어가 섞여 있는 것도 있었는데 이 유명한 펠리오 박사도 한동안은 기가 질려서 어찌할 수 없을 정도였는데 그런 만큼 그 신비로움과 경이로움은 더해 갈 뿐이었다.

티베트문 간줄에 대해서는 앞에서도 말했지만 그 외에 티베트문 협판夾板(질帙 대신에 책을 끼우는 판)도 빼곡했다. 유명한 나루탄(Narutan)의 판이나 데루게(Deruge)의 판도 있었다. 호법왕護法王 라루바찬이 그의 동생에게 살해당하고 불법도 승려도 멸할 위기에 놓이자, 그때 티베트 고승 법장은 소유하고 있던 경전을 모두 말에 싣고 돈황으로 도망 왔다고 한다. 그때 가지고 온 경전 속에 수택본[6]이나 역경 초고본도 틀림없이 있었을 것이다.

---

5 아베스타(Avesta) : 젠드 아베스타(Zend-Avesta), 즉 조로아스터교 경전. 우주의 창조, 법, 전례, 예언자 조로아스터(차라투스트라)의 가르침이 기록되어 있음.
6 수택본(手澤本) : 이미 죽은 사람이 살아 있을 때 애장(愛藏)하여 손때가 묻은 책.

지금 『능가경』[7] 계의 선 방면에서 구하기 어려운 법장 역본이 발견되었다. 티베트어에서 갈라졌다고 할 수 있는 서하문이 있다. 범어라고 해도 아어雅語인 산스크리트(Sanskrit)와 속어 프라크리트(Prakrit)가 있다. 그것도 『대승기신론』[8]이나 『불소행찬』[9]의 작자라고 일컬어지는 마명[10]의 희곡이 여러 편 나온다. 그리고 같은 희곡의 대사에서도 주인공은 산스크리트, 하인은 프라크리트, 문장 지문은 산스크리트에서 하는 식으로 하나하나 분리해서 쓰고 있는 것도 신기하다.

문자도 중앙아시아 범자로서 브라흐미가 사용되고 있었다. 칼리다사(Kālidāsa)의 『샤쿤탈라Śakuntalā 공주』[11]보다도 훨씬 더 오래된 것이다. 그런데 현재와 동일한 희곡 양식을 취하고 있으니 오히려 경전이라고 해야 할 것이다. 그리고 중고中古의 페르시아어, 그리고

---

7 능가경(楞伽經) : 대승 경전의 하나로, 능가아발다라보경(楞伽阿跋多羅寶經: 능가에 들어가는 귀중한 경전)의 약칭. 이 경전이 설해진 곳이 바로 남해의 능가산이라고 한다. 유송(劉宋) 시대 구나발다라(求那跋陀羅)가 433년에 한역됨.

8 대승기신론(大乘起信論) : 능가경(楞伽經)에 바탕을 두고 2세기 인도 마명(馬鳴)이 저술한 논서. 진제(眞諦)의 번역본과 실차난타(實叉難陀)의 번역본이 있음. 한국 불교의 근본 경전 중 하나.

9 불소행찬(佛所行讚, Buddhacarita) : 인도 마명(馬鳴)이 지은 것으로, 싯다르타의 전기를 운문으로 쓴 일종의 서사시이며 불전 문학 중 백미로 평가받는 작품.

10 마명(馬鳴) : Asvaghosa의 음역 이름. 2세기 북인도의 바라문 가문 출신으로 초기 대승불교 학자이자 시인. 불교를 소재로 한 산스크리트의 미문체 문학을 창작하여 인도 문학사상 불후의 업적을 남김.

11 칼리다사(Kālidāsa) : 산스크리트어 시인이자 극작가. 샤쿤탈라는 그가 쓴 "징표로 알게 된 샤쿤탈라(Abhijñānaśākuntalam)"라는 연극의 주인공이다. 대체로 이 연극은 기원전 1세기에서 기원후 4세기 사이에 종종 공연되었다고 함.

또 한 지방의 방언이라고 해야 할 속특栗特(Sogd)어나 고대 우전于闐(Khotan)어처럼 이란 계통의 것이 있는가 하면, 인도-아리안印歐어계의 키지龜玆어나, 토카라都貨羅어가 있다. 그런가 하면 터키어나 그 계통의 언어에 속하는 위구르어가 있고 몽골어가 나온다.

그들 중 다소는 사어로 펠리오도 판독할 수 없었다. 그러나 대체적으로 추측은 가능해서 그는 그 방면의 권위자 선배들의 얼굴을 떠올렸다. 그 외에 그리스어 이솝 이야기가 나오고 히브리어도 있고 약 20종류의 언어가 나왔다. 참으로 고대 언어의 보고다. 펠리오는 자신의 젊음과 아직 공부가 부족하다는 것을 절실히 탄식했다.

다종다양한 언어가 들어와 혼용되었다는 것은 당연히 그들 문화가 이 지방에서 서로 백화가 만발하는 것 같은 아름다움을 겨뤘다고 하는 말이 될 것이다. 자연히 비단이나 마에 그려진, 그리고 염색되어진 회화나 염색 모양에서도 이러한 문화 교류의 흔적은 여실히 남아 있었다.

인도나 티베트 불화 영향은 말할 것도 없고, 그들에게도 이란이나 터키, 그리고 서역의 수법이 여기저기서 발견되었다. 수렵 문양이나 천마, 인동忍冬이나 당초唐草 모양 등 이란계에서, 그리고 저 멀리 그리스식 염색이 보살상이나 당대 양식의 공양 인물 주위나 의복에 장식되어 있었다.

소문으로 들은 일본 호류지나 쇼쇼인의 염직 사진에서 본 것들도 거의 같은 모양이다. 그러고 보면 쇼쇼인의 그 유명한 수하미인도의 백묘화白描畫(먹으로 선만 그리는 동양화법)와 꼭 같은 그림도 있

수하미인도(樹下美人圖)
카라호자 고분 출토,
香川默識, 『西域考古圖譜』 1, 51.

다. 이렇게 보자면 소문으로만 듣던 세계에서 둘도 없는 불교 도서관이라고 일컬어지는 쇼쇼인 성호장聖護藏의 덴표 사경도, 이 막고굴 장서 앞에서는 머리를 숙이지 않으면 안 될 것이다. 펠리오는 자신의 모든 지식을 총동원해서도 역시 따라갈 수 없는 이 엄청난 보고를 앞에 두고 이제는 정말 순진하고 경건한 학생이 되어 겸허하게 조사를 계속했다. 그리고 때때로 얼굴을 내미는 조수 바이앙(Vaillant)이나 누에트(Nouette), 또는 주지 왕도사를 향해서도 감출 수 없는 흥분으로 말 대신에 감동스러운 끄덕임을 보일 뿐이었다.

주지는 그 모습을 보고서 혹시 백인 삼장이 기분이 나빠진 것은 아닌지, 그러면 기대하고 있던 기부도 날아가 버릴 것이라고 걱정하며 또다시 얼굴을 내밀었다. 이렇게 3주 동안 헌신한 보람이 있어서인지 거의 1만 5,000권의 조사가 한 차례 끝이 났다. 과연 그 건장한 펠리오도 시력이 나빠지고 쇠약해져 버렸다. 세기의 영웅이 될 환희로 흥분하기 전에 이 먼지투성이인 석실 고사경 속에서 한동안 누워 있었다. 잠시 눈을 감고 거의 미라처럼 움직이지 않고 조용히 휴식을 취했다.

그러고 있는데 주지가 종을 짤랑거리면서 문을 잠그러 왔다. 그리고 펠리오가 쓰러져 있는 것을 보고 큰 소리로 외쳤다.

"대인, 드디어 병이 나셨군요. 얼마 전부터 안색이 안 좋다고 생각은 했지만……."

펠리오는 누운 채로 가만히 손을 흔들었다. 촛불 빛이 희미하게 흔들렸다.

"주지 스님, 일이 다 끝나서 잠시 쉬고 있는 중입니다."

"그렇다면 다행이지만. 지금 밖은 온 천지가 눈입니다, 대인. 그대로 주무시면 바로 감기 걸립니다."

펠리오는 벌떡 일어나서 사각으로 구분된 바깥 방 입구를 보았다. 건조한 눈송이가 소리도 없이 마치 레이스로 만든 막처럼 늘어뜨려져 있었다. 주지의 승모 위에도 어깨 위에도 하얗게 내려 있었

관음상과 두 보살상
스타인, 『The Thousand Buddhas』, XLI.

다. 펠리오는 멍하니 어디선가 읽은 적이 있던 사막 도시가 모래에 파묻혔다는 이야기를 떠올렸다. 어떤 덕이 높은 스님이 사막 마을에 가르침을 베풀고자 그곳으로 찾아왔다. 그런데 사치와 교만과 배덕으로 가득 찬 시민들 중 누구 하나도 그의 가르침에 귀를 기울이지 않았다. 한치 앞을 모르는 인간의 몸으로 이렇게 불경스럽게 타락한 태도를 보인다는 것은 위험한 운명이다. 고승은 정신이 혼미해졌다. 그래서 서둘러서 이 불쌍한 시민을 위해서 부처님께 기도를 하려고 탑으로 들어갔다. 한결같은 마음으로 본존을 향하여 예배하고 경을 외우며 삼매에 빠져 있었다. 한참 후 그 삼매에서 깨어나 독경을 끝내고 밖으로 나가려고 문을 밀었는데 어찌된 셈인지 무거운 힘에 눌렸는지 문이 꿈쩍도 하지 않는다. 그래서 탑 이층으로 올라가 보았다. 그런데 거기 문도 꼼짝하지 않는 것이었다. 어쩔 수 없이 계속 위로 올라가 제일 꼭대기에 이르러 문을 열고 아래를 내려다보았다. 그런데 어느 샌가 밖은 온통 모래 속에 파묻혀 버렸고, 끝없이 펼쳐지는 사막으로 변해 있었다. 남은 것은 그 높은 탑과 자기 혼자뿐이었다고 하였는데, 역시 사막 마을에 어울리는 전설이다.

펠리오는 소리 없이 내리고 있는 것이 모래가 아니라 눈이어서 다행이라 생각하며 이대로 고서와 함께 묻혀 천년 미라의 꿈에 탐닉하는 것도 나쁘지 않을 것 같다고 생각했다.

베이징의 회전무대

"오! 긴 여름날도 어느 샌가 어둠에 묻혔군요. 아무리 하루가 길다고 해도 이렇게 정처 없이 이야기가 길어지면 날도 저물어 버리고 말지요. 자, 어떻습니까? 저녁이라도 먹으며 이왕 시작한 이야기니 끝까지 다 해버립시다. 중간에서 끝내버리면 뒤끝이 찝찝하지 않겠소... 아니, 그건 그냥 핑계라고 하는 편이 낫겠소. 그래서 노인들의 긴 이야기를 사람들이 싫어하는 게지요. 잠시 왼쪽으로. 아니, 조금만 더. 아! 좋아요. 파리에서 도망쳐 온 제자 한 놈이 29년산 샤토디켐[1] 백포도주를 가져다주었지요. 그걸 따 주시는 삯으로 그걸 마시면서 옛 장안을 그리워해보지 않겠소? 잔도 적당히 오래된 기야만[2] 것이 있지요. 저도, 한두 잔 정도의 주량은 되지요."

1 샤토디켐(Chateau d'Yqem) : 프랑스의 유명 포도주 브랜드로 최근 1787년산이 한 병에 9만 달러에 경매되었다고 함.
2 기야만 : 무로마치 시대나 그 이전에 외국에서 들어온 물품.

주인은 등 뒤의 유리 창문을 열고 안채를 향해서 고풍스런 작은 종을 울렸다. 태풍이 지나가고 나서인지 벌레소리도 희미하게 들리는 것 같았다.

심부름 하는 여직원은 차가운 물수건을 두 개 가지고 왔다. 주인은 저녁 준비를 명하고, 물수건을 권하며 얼굴과 손을 닦고, 펠리오에 대한 이야기를 계속했다.

"3주간 학구 생활에서 눈을 뜨자 펠리오 씨는 이번 참에 외교관이 되었지요. 빈틈이 없는 스님도 장사 흥정을 했지만 스님은 벌써 마제은에 재미를 보았고, 이미 처녀성을 잃어 버렸으니까 스타인만큼 힘이 들지는 않았겠지요.

단지 꼭 갖고 싶은 간줄처럼 이것은 꼭 갖고 싶다든가, 그것은 곤란하다든가 하는 등의 분쟁은 다소 있었지만 이미 안배를 잘해 놓은 상태였지요. 펠리오가 자신이 갖고 싶은 것은 눈에 띄게 따로 치워두었으니까요. 그러니까 펠리오 스스로는 얼마만큼 사겠다고 제시는 하지 않았는데 아마 스타인이 가져간 것 두 배까지는 의외로 이야기가 잘 매듭된 것 같았습니다.

두 배라고 해도 이것 또한 두루마리 한 권 값에도 못 미치는 가격이지만, 그래도 스님이 번 것으로 치자면 횡재했다는 생각에 무척 기뻐했겠지요. 어느 쪽이 횡재했는지는……. 그렇지 않소? 돈을 벌고 싶어서 안달이 난 중이니까 정통한 중국 소식통인 펠리오가 주지를 어르기도 하고 추스르기도 해서 일을 원만히 수습하는 것은 문제도 아니었겠지요.

어쨌든 펠리오의 수완이라고 하면 수완이기도 하겠지만, 타산적이거나 공명심 이외에도 학문과 학계를 위해서라는 슬로건이 일단 통했던 것이니까. 어지간히 불순한 점이 있고 또 잔인한 점이 있긴 해도 그 전부를 약탈이나 침략이라고 부르기는 좀 그렇지요?

그런데 나는 이왕 누군가 가지고 나올 거라면 크게 연관이 없는 서양인 손에 건네기보다 지리적인 측면에서나 교리적인 면에서나 가장 인연이 깊고도 가까운, 그것도 옛날부터 태양이 뜨는 이곳, 대승에 상응하는 이 일본이 가져왔었더라면 하는 생각은 간절하지요. 돈황 유물들이 런던이나 파리에 먼저 들어갔으니까 그런 큰 난리가 난 것이지, 그걸 일본에 가지고 왔다고 하면 스타인이나 펠리오가 일으킨 정도의 센세이션도 없었을 것이고, 또 심각하지 않았을지도 모르지요. 한심스럽게도 당시의 일본이라는 나라가 그 정도의 문화 수준이었으니까."

"그런데, 펠리오가 손에 넣은 부수는 어느 정도인지……."

"글쎄요. 4,500부 전후가 아니었을까요. 거기에 회화나 염직도 더했을 거니까. 게다가 주지가 집어 주는 대로 받아서 대가를 지불한 스타인과는 달리 펠리오는 거의 자신이 직접 눈으로 보고 골라낸 것이니까 대단한 자가 아니오? 그 중에서도 위구르어와 브라흐미어로 된 것은 전부 가져왔고, 그 외에 한문으로 된 것과 티베트어를 비롯한 잡다한 것이 포함되어 있었다고 하죠. 그런데 재미있게도 이 밀실보다 조금 더 북쪽에 있는 다른 두 동굴에서 13, 4세기경의 티베트식 벽화가 있는 것을 발견하고 거기를 둘러보다가 한문, 몽골

문, 티베트문, 범문, 서하문인 옛 불경 두루마리도 찾아내었다고 하지요. 물론 그것도 손에 넣었으니까 그렇게 보면 명사산 석실도 꽤 넓은 편으로 아직 뭔가 더 나올 것 같다는 생각이 들지 않소?

변변찮은 것이지만 우선 이쯤에서 펠리오 청년을 위해 건배 한 번 합시다그려. 그 사람이 틀림없이 5월생이었으니 아마도 만 서른 살 생일 선물로 그를 일약 세기의 영웅으로 만든 그것을 위해 축배합시다. 정말 기뻐했겠지요?"

고풍스러운 받침대가 있는 유리잔에 담긴 차가운 백포도주에 주객은 입을 갖다 대었다.

"그런데 남아 있는 것들이 1만 개 정도 더 있다던데 그건 도대체 어떻게 되었을까요?"

"그것이 또 중국식으로 재미있다고 해야 될지 우습다고 해야 될지, 어쨌든 이렇게 된 거지요. 펠리오는 고사본을 정리해서 짐을 꾸리고 매년 열리는 5월 대축제도 보았지요. 그러고 나서 천천히 천불동 벽화와 불상조사도 하고 촬영도 다 끝내었지요. 용의주도하게 메모도 하면서 거의 3개월 끈덕지게 눌러붙어 있던 돈황을 떠난 것이 5월 30일. 그리고 빈주[3] 대선사大仙寺 부근에서 대석불 사진을 찍고, 서안에서는 각 시대별 동기銅器, 도기, 상아 세공품 등 수백 점을 입수하고, 획득물을 더 늘려서 10월초에 하남성 정주로 가서 거기서 다시 기차를 타고, 개선장군처럼 의기양양하게 그리운 베이징 땅을

3 빈주(邠州) : 섬서성 빈현

밟은 것이지요. 물론 목숨과도 같은 두번째 획득물을 담아 둔 큰 궤짝은 이미 안전지대인 공사관으로 옮겨 놓았지요. 그 노련함이 또한 놀랍지 않소? 서른 살이라고 하면 아직 젊은 피가 들끓었을 겁니다. 탐험하는 곳곳에서 눈부신 획득물을 얻고 하나하나 연구하고 조사해 보고 있자니 얼른 학계에 발표하고 싶은 충동을 참을 수가 없었겠지요. 지인들이 많은 베이징에 도착하자마자 그는 프랑스 공사의 동의를 얻어 공사관 구역 근처 육국호텔[4]에서 탐험 보고 겸 일부를 전시해 보기로 했던 것이지요.

스타인은 조심하고 또 조심하면서 숨기고 도망하는 듯 가지고 갔는데 펠리오는 프랑스 사람답게 상당히 화려한 것을 좋아했지요. 특히 주지인 왕도사가 스타인과 마찬가지로 중국 내지에서 발표하지 않을 거라는 약속을 했는데 그것을 잊어버렸는지. 공사관 측에서는 국위선양이 될 수도 있고 문화 선전도 되는 것이니까 기뻐한 것은 말할 것도 없었겠지요. 곧 바로 신문사, 통신사로 정보를 보내고, 각국의 외교관이나 구면인 중국 학자들에게도 안내장을 보냈는데, 베이징의 가을은 슬슬 겨울 준비를 하고 있었던 즈음이었지요.

정보나 예고가 너무나도 과장된 터라 늘상 있으려는 선전이려니

---

4 육국(六國)호텔 : 육국반점(六國飯店 : Grand Hotel des Wagon Lits)는 베이징 동교민항(東交民巷 : 당시 공사관이 있었던 구역)에 자리하고 있는 국외에 잘 알려진 호텔. 1900년 영국인이 세운 4층의 객실을 갖춘 건물. 이 호텔은 주로 외국인 여행객과 상류층 인사들이 출입한 장소로 알려져 있음. 현재는 3성급 화풍호텔(華風賓館)로 이름이 바뀌었다.

하고, 반신반의하며 당일 참석한 자들 중에는 몸치장을 한 외교관 부인과 딸도 있었답니다. 그들은 서역 그림이나 직물과 같은 신기한 것에 관심을 기울였지만 깜짝 놀라 간이 떨어진 자들은 위엄과 권위를 갖춘 베이징 노학자들이었습니다. 그도 그럴 것이 빈번한 역성혁명으로 왕조가 변하면 문화 그 자체가 변화되고 변질되는 중국에서, 오래된 것이라고 해봤자 기껏 송판 정도이고, 당대의 것은 판본은커녕 사본도 본 적이 없었기 때문이었죠. 그러니까 일부 학자들은 일본에 건너가 있었기 때문에, 보존된 당경 등에 관한 소식이 전해질 때마다 그것은 가짜일 것이라고 일축했을 정도니까, 세상 물정에 우둔했던 것이었지.

그런데 어떻습니까? 그 호텔 큰 객실에 장소가 부족할 정도로 진열되어 있는 옛 사경이니 판본이니 하는 것은, 육조에서 수당에 이르는 고대 향기가 물씬 풍기는 두루마리 책들로, 천 수백 년 전의 꿈이 바로 눈앞에 진열되어 있는 것이었으니, 그 계통에 있는 자들에게 있어 호사라고 한다면 그 정도의 호사가 또 어디 있을 수 있겠소! 수많은 불경들 속에는 번역 당시 것으로 보이는 우수한 것들도 몇 개나 있었고, 이름을 물어서 누구누구라고 해도 실제 실물을 본 적이 없는 소실된 경전도 몇 권이나 있었으니까 말이오. 그리고 『고문상서古文尙書』와 같이 현재 남아 있었던 것은 당나라의 위포衛包 개정 이래의 금문今文으로 된 공안국孔安國(B.C. 130년경 활동)이 전하는 『상서』(공전상서)[5]들이지요. 그런데 거기에 전시되어 있었던 것은 예고隷古 정자定字의 실물이라고 하는 정도였으니까요. 이렇게 한쪽에서는 당시 유행하고 있었던 고전 원형이 그대로 보존되어 권위 있게 쭉 진열되어 있었으니, 그들이 새총을 맞은 비둘기처럼 깜짝 놀라 서양인인 젊은 풋내기 백희화 선생의 보고 연설을 건성으로 들으면서 마치 혼을 빼앗긴 사람처럼 박수치는 것조차 잊어버린 것도 무리가 아니었겠죠. 그것이 청조 말기에 있었던 일이니까 그때까지 변발한 학자도 많았으니까 한층 더 얼간이 같아 보였을 게요. 백희화의 노련함을 맛보았던 것이지요.

거기에는 이렇게 눈을 뜨고 이런 가치 있는 보물을 외국으로 보낼 수는 없다며 분통해 하는 기골이 당차 보이는 청조 말 노학자 선비 두세 명이 있었던 것도 동정은 가지요. 청조가 멸망할 즈음 즉 일본으로 망명해 온 나진옥[6]과 단방[7]이라는 사람들과 같은 노학자들이

---

5 공전상서(孔傳尙書) : 전한(前漢) 경제(景帝) 때 노공왕(魯恭王)이 궁실(宮室)을 확장하기 위하여 공자의 구택(舊宅)을 허물다가 과두문자(蝌蚪文字)로 되어 있는 『상서』가 나왔는데, 공자의 자손인 공안국(孔安國: B.C. 130년에 활동)이 무제 때 이 책을 취하여 복생(伏生)의 29편과 비교하여 본 결과 그보다 16편이 더 많아서 이것을 조정에 헌상하였던 것을 말한다. 이 고문상서는 이미 당나라 이전에 이미 없어졌고, 동진(東晋) 때 나온 『공안국전상서(孔安國傳尙書)』라 일컬어진 것으로 이것이 현존본 『서경』의 원형.

6 나진옥(羅振玉, 1866~1940) : 중국 근대의 금석학자. 자는 숙온(叔蘊) 호는(雪堂). 젊은 시절부터 금석이나 각명(刻銘)에 심취하였고, 은허(殷墟) · 갑골 · 서역(西域)의 간독(簡牘)과 고대 기물을 발굴하는 데 주력하였다. 또한 프랑스 학자 샤반과 펠리오 그리고 일본의 한학자 나이토 도라지로(內藤虎次郎) 등과 교유하였기 때문에 학술적 견문이 비교적 넓고 유난히 많은 자료를 장악할 수 있었다. 그는 샤반이 제공한 1906~1908년 영국의 스타인이 감숙성 돈황과 신강성 놉노르 등지에서 도굴한 한진간독(漢晉簡牘) 자료를 근거로 왕국유(王國維)와 더불어 『유사추간(流沙墜簡)』(1914)을 저술하였다. 또한 펠리오가 제공해준 돈황 석실 유서들의 사진을 근거로 정리 교감하여 『명사석실일서(鳴沙石室佚書)』(1913),

었지요."

"아, 그 다이쇼大正 초기에 교토에 계셨던……."

"그렇습니다. 나진옥 덕택에 일본 돈황학은 후에 큰 은혜를 입게 되었던 것입니다. 그 나 선생이 육조 황마지 사경에 몰입해 있자 단 선생이 흥분하고 화를 내며 말을 걸었던 것입니다.

"황 선생, 오래 살다 보니 이런 꼴도 보는군요."

"단 선생, 정말 그렇군요. 백희화도 젊은이답지 않게 정말 대단한 일을 해냈군요. 이것으로 우리들의 옛날 학문도 대혁명을 어쩔 수 없이 단행해야 되지 않겠습니까. 이들 하나하나가 근본 자료로 모두 우리들 지식이 아닙니까?"

"그렇지만, 선생님. 그렇게 말씀은 하시지만 이것은 국치입니다. 우리 중국의 진보를 어찌 이렇게 쉽사리 흰 얼굴에 붉은 머리를 한 자들에게 줄 수 있습니까? 선생님은 치욕이라고 생각지 않습니까?"

단방의 대단한 어조에 나진옥도 조금 당황해서 변명이라도 하듯 말했다.

"그렇지요. 치욕이라고 한다면 치욕이겠지만 원래 학문에는 국경이 없는 것이니까, 이런 근본 자료가 발견된 이상 누구의 손이든

『명사석실유서속편(鳴沙石室遺書續編)』(1917), 『명사석실고적총잔(鳴沙石室古籍叢殘)』(1917) 등등 해외로 흩어진 돈황 유서를 모으고 정리한 학자이다.

7 단방(端方, 1861~1911) : 자는 우교(午橋), 호는 도재(陶齋)로 청나라 말기의 정치가이면서 유명한 골동품 수집가 중의 한 사람으로 펠리오와 좋은 관계를 유지하고 있었다고 한다. 그가 죽고 난 뒤 가난했던 그의 아들이 그의 소장품 일부(청동기)를 팔게 되어 현재 미국 뉴욕박물관에 소장되어 있다.

천하의 보물은 언젠가 그 빛을 발하지 않겠습니까?"

"이 나라의 대학자라고 해야 할 선생님까지 그렇게 한가한 말씀을 하시니까 이런 일도 생기는 겁니다. 학문에 국경이 없을지도 모르지만 학자에게는 국적이 있죠. 이것을 방치하는 것은 우리들의 치욕이자 책임입니다."

"그러면, 어떻게 하시라는 겁니까?"

"지금 당장 백희화와 직접 담판을 해서 그 중에 일부분이라도 좋으니까 다시 사들인다면 어떻습니까?"

나진옥은 반백의 쐐기 같은 수염을 만지작거리면서 빙긋이 웃으면서 대답했다오.

"단 선생의 그 구국 정열로 우선 부딪쳐 보시면 되시겠습니다."

하지만 그렇게 쉽사리 그들의 요구는 관철되지 않았고 백희화는 프랑스인답게 정중함과 기지로 그 신청을 깨끗하게 격퇴해 버렸답니다.

"단 선생님, 저도 욕심을 내어서 모두 가져온 것이 아니니까, 아직 명사산 석실에는 제가 가지고 온 것 두 배 이상 아니 그 이상이 남아 있을 겁니다. 선생님도 아시다시피 현장 삼장 그 옛 시절부터 경권을 가져오는 데 말의 등을 빌리지 않습니까?"

백희화는 어깨를 으쓱하며 우국의 노선생을 위로하듯 부드럽게 손을 흔드는 것입니다. 그러나 과연 그 정열에 이끌린 것인지 매정하게 거절하지 못해 거기서 가져온 물건 중 좋은 사진을 몇 장인가를 빼내어 학문에 국경이 없다고 하듯 기분 좋게 다소간의 영인본을 주는 것이지요. 고래가 변해서 송사리가 된 것 같은 느낌이긴 했지만 어쨌든 없는 것보다는 나았겠죠.

펠리오는 계속해서 천진, 남경에서 가져온 물품 일부분을 전시하고, 마침내 센세이션을 일으킨 뒤에 물건들은 누에트와 함께 파리로 보냈습니다. 자신은 일단 도쿄로 갔다가 다시 베이징으로 들어와 국가도서관을 위해 3만 권의 한서를 구입하고, 다음해 가을 파리로 개선했던 것입니다.

그런데 펠리오는 일약 국민적 영웅이 되어 고국에 금의환향한 것이었지만 수습이 되지 않은 쪽은 중국 노학자들의 마음이었다. 전혀 몰랐던 일이라고는 하나 한 번도 아닌 두 번씩이나 바로 눈앞에서 빤히 자국의 보물을 빼앗기고 있었던 것이다. 생각해 보면 정말 체면이 말이 아닌 것이었다. 게다가 펠리오가 발견한 것과 강연들이 대대적으로 케이블을 타고 유럽에 전해지고, 그리고 드디어 스타인의 큰 궤짝이 대영박물관에 들어갔다는 소문도 퍼졌다. 그 센세이션은 대단했다. 벨기에 대사 이성탁[8]은 제 정신이 아니었고 계속해서 출장지에서도 중앙 정부로 통신을 보냈다. 유럽에 울린 커다란 반향은 이내 본국으로도 메아리가 되어 울려 퍼졌다. 중국의 노학자들은

8 이성탁(李盛鐸, 1859~1934) : 자는 초(樵), 호는 목재(木齋)로 봉건 관료 가문 출신의 정치 관료, 1906년 벨기에 대사로 파견. 대를 이어 장서(藏書)를 물려주어 중국 근대 최고 많은 장서를 자랑하는 서적 수집가이다. 그가 모은 서적들은 죽은 뒤에 모두 베이징 대학에 팔았는데 베이징 대학 도서관에는 별도의 목록을 만들어 정리하여 보니 무려 9,087종에 8,385책이나 되었다고 함.

어찌할 바를 모르고 있었다.

거기에 고위 관리들과 유학자들이 신기하게도 꼬리를 내리고 정부에 와서는, 마침내 게으른 중신들을 움직여 난주 숭菘 총독에게 명하여 돈황 석실에 남은 유서 전부를 먼 베이징으로 가져오도록 했다. 그리고 주지는 국보를 무단으로 팔아 치운 것이 되니 불쌍하게도 단두대에 서야 할 지경이 되었다.

한편, 모든 일의 발단이 된 돈황 천불동은 어떤가 하면 주지는 자신으로 인해 세계적으로 대 센세이션이 일어났다는 것을 알 턱도 없고, 또 중앙에서도 대이변이 계속 일어나고 있다는 것도 알 턱이 없었다. 그리고 다시 한 해의 이른 봄을 맞이하는 3월이 되는 소리를 듣자 왕도사는 넌지시 세번째 삼장이 나타나기를 기다리고 있었다. 첫번째 영국인 삼장도 3월에 와서 5월에 돌아갔다. 두번째 프랑스인 삼장도 대체로 같은 시기에 와서 같은 달에 돌아갔다. 너덜너덜한 경문을 아깝지도 않게 무거운 마제은과 바꾸어 주고는, 시간만 있으면 사진을 찍고, 조용히 있다가 기뻐하며 돌아가 주었다. 주지에게 있어 그 너절한 휴지야말로 참으로 황금알을 낳는 거위였던 것이다. 이번 세번째 삼장이 나타난다면 좀더 가격을 올려 부르고 물건은 반쯤 정도를 건네주려고 생각했다. 덕분에 침상 아래 묻어둔 병에 은들이 쌓이고, 절 외관 보수 공사도 눈에 띄게 진행되어 가고 있었다. 신자들은 모두 눈을 휘둥그레 하며 매년 아름답게 빛을 발하는 그것들을 대축제 때 와서 보고 그 앞에서 서서 기도하기도 했다. 주지의 수완을 신뢰한 것인지 보시도 눈에 띄게 많아지게 되었는데, 그것만으로도 주지가 참으로 백인 삼장님들이라고 부를 수밖에 없었다.

두 번 있는 일은 세 번 있는 법, 그런데 이해 따라 3월이 되어도, 5월이 되어도 기다리고 또 기다리던 삼장은 찾아오지 않았다. 그래서인지 가끔씩 마을이나 사막 마을에 탁발하러 가도 불안하기만 하다. 혹시나 자신이 외출했을 때 찾아온 것이 아닐까 싶어서 외출 하는둥 마는둥 돌아와 보지만, 늘 당번 스님 대신 라마승이 싱겁게 웃으며 얼굴 앞에서 손을 흔들어 보일 뿐이다. 그래서 그 라마승도 팁을 포기하고 사막으로 탁발하러 나갔다. 드디어 돈황 명물인 포도나 수박이 나올 철이 되었다. 주지는 누군가를 기다리는 것 같은 얼굴로 천불동 돌계단 위에 서서 멍하니 돈황 거리를 바라보는 날이 많아졌다.

그러던 어느 날 가마 하나를 앞세우고 10명 정도의 부대원이 여러 대 짐수레에 나누어 타고 오고 있는 것을 보았다. 주지는 그것 보란 듯 돌계단을 뛰어 내려와서 기다리고 기다리던 일행을 맞이하려고 하였다. 그런데 다가오는 그 부대를 보니 이게 어찌된 일인가. 늘 맹수 같아서 겁내고 무서워하던 자국의 병졸들이 아닌가. 그것을 보고 과연 주지도 불길한 예감이 들었다. 선두에 섰던 자는 난주 총독의 엄명으로 온 관리였는데 험악한 분위기였다. 그 관리는 나머지 유물 전부를 상납하고, 그리고 동시에 국보를 외국인에게 판 중죄인을 체포해 오라는 명령을 주지에게 전했는데 주지의 간담이 서늘해진 것은 말할 것도 없다.

왕의 명령으로 그것도 청룡도로 위협하고 있으니 물론 응하지 않을 수 없었다. 어쩔 수 없이 두 손을 들 수밖에 없었지만, 뒷거래 또한 있는 법으로 당시 중국에는 무엇이든 융통할 수 있는 묘미도 있었다. 그게 바로 소매 안이라고 하는 것이다. 관명이라고 그대로 손을 놓고 있다면 그 뒤는 뻔하다. 베이징으로 끌려가서 몸과 머리가 청룡도에 반으로 잘려지는 것이다. 그래서 주지도 우선은 목숨을 구하고 봐야 되니까 필사적으로 움직여서 애지중지하던 마제은을 관리들에게 쥐어주고 병사들에게도 약간의 뇌물을 주었다. 그리고 돈황의 지방관이나 장군들에게도 은과 옛 사경을 선물했다. 물론 난주 총독과 관리들 앞으로 고사경을 보내는 것도 잊지 않았다.

그전까지는 2권에 3전에도 그 누구도 거들떠보지 않았던 고사경이 지금은 중앙에서 국보로 딱 못을 박아 놓았으니 누구든지 갖고 싶어 안달했다. 그것은 그 귀중함을 알아서가 아니다. 언젠가는 그것을 은으로 바꿀 수 있다는 것을 알았기 때문이었다. 이렇게 해서 2,000리쯤 되는 긴 여행 동안에 1만 권이어야 할 옛 사경이 조금씩 관리들의 헐렁한 상의 속으로 몇 권씩 살짝 빠지고, 때로는 고위 관리들에게 공공연하게, 때로는 슬그머니, 어느 샌가 찢어진 쌀 포대처럼 눈에 띄게 빠져나가 버렸다. 정작 베이징 도서관에 수납이 될 즈음에는 6,000권 정도도 남지 않았다.

그리고 또 어디에서 어떻게 교묘히 바꿔치기한 것인지, 소위 국적國賊 왕도사 원록은 아마 뇌물 덕분이겠지만, 어디선가 형이 확정

된 사형수가 그를 대신해서 큰 궤짝과 함께 베이징으로 보내졌던 것이다. 그리고 형장에서 청룡도에 잘려 머리는 한동안 옥문에 걸려 있었다고 한다.

윗옷 안에서 빠져나온 것들은 베이징으로 옮겨가는 쌀섬에서 흘러내린 질 좋은 것으로 결국 대부분 중국의 대관이나 호사가 학자들의 손에 들어갔지만, 상당 부분은 골동상인의 손을 거쳐 바다를 건너 일본으로 들어온 것도 있다. 지금 우리가 보고 있는 이 소장품들도 결국 그런 것이다. 그래서 그렇게 빠져나온 두루마리 권수도 무시할 수 없는 것이다. 대국이라고 하면 틀림없이 대국인데 어쨌든 묘한 나라다.

주지는 마제은과 황금 알을 낳는 거위인 석실의 유서를 모조리 빼앗기는 대신 목숨만 겨우 부지했다. 어쩌면 큰 일 당할 뻔했을지도 모르는 위험한 목을 쓰다듬으면서 생각해보니 억울하기도 하고 뭐가 뭔지 알 수 없는 것이어서 마음이 평정되질 않는다. 그런데 병졸들이 왔던 그날 밤 그렇게 위급한 상황에도 그들을 교묘하게 농락하고 밤을 틈타 옛 사경을 가능한 한 다른 사람이 모르는 석실로 옮겨두었으니까 그 끈질김이라는 것은 대단한 것이다. 때가 되면 다시 올지도 모를 삼장을 기다려야 하는 것이니까.

주지가 이해할 수 없었던 것은 총독을 비롯해 그 누구도 너덜너덜한 휴지를 그 당시에는 쳐다보지도 않더니, 어떻게 해서 일약 국보라고 떠들어대는지 그것을 도대체 알 수 없었다. 만약 그렇게 중요한 것이라면 처음 발견하고 보고를 했을 때 운반해 가든지, 아니면 소중히 보관하라고 하든지, 어떻게 하든지 특별한 말들이 있었어야 할 것이었다. 그런데 10년이나 먼지투성이인 채로 방치해서 필요없는 것이라고 생각하고, 물건 좋아하는 붉은 머리의 서양인 봉들에게 비싸게 팔았던 것이다. 그 덕분에 겨우 값을 올릴 수 있을 것 같았는데 갑자기 이번에는 국보라는둥 문화재라는둥 떠들어대며 사정없이 전부 가져가 버렸다. 게다가 관리들이 앞 다투어 소매 아래로 슬쩍 훔치기까지 한다. 더 없느냐고 가져오라고 재촉까지 하니 정말 여우에게 홀린 것 같은 이야기다. 뭐가 뭔지 정말 알 수 없었다.

그것만이라면 그래도 괜찮다. 그 이야기들을 들어 보면 아무래도 자신이 외국인 삼장에게 그 휴지를 팔았던 것이니까 그 휴지가 귀중한 것이라는 것은 알았다. 그런데 그렇다면 그것을 발견한 것도 자신이고, 보관했던 것도 자신이고, 그 진귀함을 알린 것도 자신인 셈이다. 결국 자신이야말로 어떤 점에서 보면, 낳아준 부모이고 키워준 부모이며 게다가 출세시킨 큰 은인인 부모가 아닌가. 그것을 죄인이라는둥, 국적이라는둥 떠들어대는데, 하마터면 목이 두 쪽 날 뻔했다. 게다가 전부를 다 팔아버렸다고 하면 그렇지만 전부 갖고 싶다고 하는 것을 한 번도 아니고 두 번씩이나 거절해서 교묘하게 반 정도는 남겨두었던 것이 아닌가. 결국 처음 반은 가치를 알았으니까 이번에야말로 남은 반의반을 적어도 비싸게 팔 수 있을 것이라고 생각했었다. 그것을 한 푼도 지불하지 않고 아무 말도 없이 청룡도로 위협하고 공짜로 강탈해 간다. 이런 패거리들이야말로 천벌을 받아야 하지 않는가. 그런데 하마터면 벌을 받게 된 것이 오히려 은인이라고 하니 정말 알 수 없는 이야기였다.

영문 모를 이야기는 그뿐만이 아니었다. 취경取經을 위해 저 멀리서 온 백인 삼장은 두 사람 모두 다, 그것이 옛 사경을 각각 가지고 갈 수 있도록 해준 것에 대하여 입을 모아 칭찬했고, 그저 삼장들의 은인일 뿐만 아니라 세계 학계의 대은인이라고 말했다. 중국의 학문을 위해서도 대공헌자라고 했다. 그리고 오히려 삼장 현장이 인도에서 경전을 가지고 돌아온 옛날 일을 들어 만약 취경하는 것을 방해하면 무간지옥에 빠지고, 그것을 받아두면 후일 그 마제은으로 절을 보수할 수 있으니까 그 공덕만으로도 좋은 보답이 된다고 했다. 그렇게 선을 쌓고 덕을 쌓은 내가 있을 수도 없는 말도 안 되는 국적이라는 오명을 쓰다니 뭐가 뭔지 모를 일이었다.

주지에게는 이렇게 이치를 따지며 찬찬히 생각해 볼 머리는 없었다. 그러나 아무래도 알 수 없는 것은 말도 안 된다는 것과 기분이 나빴다는 것, 그리고 반토막날 뻔한 머리를 그저 흔들어 보는 것이다. 대체로 이러한 것들이 어수선하게 마음이나 머리에 응어리져 있었다. 그런데 게다가 하나 더 알 수 없는 것이 떠오르는 것이다. 그것은 그런 일이 있은 며칠 후 그런 일로 언제까지 끙끙대고 있어 봤자 소용이 없다며 지나간 일은 지나간 일, 나쁜 꿈을 꾸었다고 생각하고 정신을 차려 탁발하러 다니기 시작했다. 그런데 신도들의 태도가 완전히 싹 달라져 있고, 모두 냉랭했던 것이다.

우연히 부탁받은 가지기도를 해줘도 예전처럼 아무래도 효험이 없다. 여기저기서 실패가 계속되었고, 게다가 애지중지하던 마제은도 목숨과 바꿨기 때문에 완전히 텅 비어 있는 형편으로 주지가 중요시한 간판 부흥 공사도 생각했던 것처럼 할 수 없게 되었다. 엎친 데 덮친 격으로 왕도사는 참으로 비참해졌다. 그것도 좀처럼 풀리지 않는 이야기인 것이다. 그래서 때때로 스타인의 말을 떠올리며 차라리 이렇게 될 바에야 그때 스타인이 부탁한대로 마제은 40개든, 50개든 전부 다 팔아 치우고, 태어난 고향인 산서성에 밭이라도 사둘 걸 그랬나 하는 생각도 드는 것이었다. 그래도 또 이전에 절을 올렸던 사랑하는 『서유기』의 벽화를 보면서 언젠가 다시 어디선가 갑자기 취경 삼장이 나타나 소중하게 감추어 둔 고사경을 사러 올 것이라며, 우울해지던 마음을 다잡아먹곤 했다. 그리곤 숨겨둔 경권 외에 어딘가 석실에서 또 그러한 것이 나오지 않을까 하며 각 암벽 석굴을 꼼꼼하게 살피며 열심히 조사했다.

베이징으로 옮겨진 5, 6천 권은 펠리오에게 비하면 술찌끼 같은 것밖에 되지 않았지만 그래도 그 수가 많은 것이니까 진귀한 것도 조금은 있었다. 그러나 이내 발발한 신해혁명과 청나라를 부활시키고 멸망시키는 혼란한 틈 속에서 또 상당한 양이 사라졌다고 하는 이야기도 들렸다. 그러나 그 범인이라는 사람은 처음에는 국사國師 못지않은 얼굴을 하고, 나머지 돈황 유서 전부를 가지고 오게 하면서 정부에게 헌신하고 맹렬한 운동을 했던 그 이성탁과 유연침[9]이라

[9] 유연침(劉延琛) : 한림(翰林)의 벼슬을 지냈으며 고서 수집가로 보이나 자세한 사적은 미상.

는 두 고위 관리였다고 하니까 정말 입이 다물어지지 않는다. 그 정도로 그 즈음의 청조 기강은 느슨해져 있었고, 도의는 땅에 떨어져 있었다. 그러니까 이 하나만을 보더라고 그 혁명은 일어나야 했는데, 어쩌면 이것도 백주 괴담 중의 하나일지도 모르겠다.

이상이 펠리오 취경에 대해 옛날에 전해들은 말이다. 각각의 이야기에 그 색깔이 있어 재미있다. 그러니까 이 베이징 무대극은 속지 않도록 보고 들어야 한다. 그도 그럴 것이 우선 펠리오 씨가 스타인 경처럼 그 정도로 성공을 이룬 돈황 탐험에 관한 6권짜리 사진집 이외에 기행 보고서도 결국 발표를 하지 않았으니까 자연히 이러한 식으로 왜곡되어졌을 것이다. 어쨌든 한 번 생각해 보라. 아무리 펠리오 씨가 당시 서른 남짓한 애송이기는 해도 어쨌든 당당한 프랑스 미션의 훌륭한 대장이다. 오히려 대기만성형으로 사려분별심이 보통이 아니었을 것이다. 아무리 돈황에서 획득한 것들이 너무 뛰어나 들뜬 마음이었다고 해도 베이징 한 가운데서 그런 얼간이 같은 연극을 할 턱이 없었을 것이다. 다른 사람의 샘물에서 시치미 뗀 얼굴로 낚아 올린 큰 잉어를 과시하는 셈이니까 항의가 있을 것은 뻔하고 위험천만한 일이라는 것도 알고 있었을 것이다. 이런 일은 어쨌든 안전 제일, 숨을 죽이더라도 비밀을 끝까지 지키고, 모든 일은 큰 궤짝이 안전지대인 본국에 안착할 때까지 기다리는 것이 순서일 것이다. 그리고 또 탐험자로서도 그렇게 해서는 안 될 것이다. 사리사욕에 눈앞에 있는 것밖에 보지 못한다면 그것은 뛰어난 배우의 연기가 아니다. 게다가 또 천불동 주지인 왕도사에 대한 의리도 아닐

것이고 인간끼리의 신뢰라는 것이 있는데 펠리오가 그렇게 했을 리 없다.

사실은 이런 것 같다. 10월에 베이징에 들어온 펠리오는 2개월 정도 휴양을 취한 후에 하노이로 돌아가 다음해 5월, 거기 극동학원에 의뢰해 3만 권 정도의 한문 서적을 구입하기 위해 베이징으로 다시 들어왔다. 그때는 이미 큰 궤짝이 파리에 안전하게 들어가 있었다. 펠리오도 그제서야 안심하고 견본으로 짐 속에 넣어둔 몇십 권의 두루마리를, 십 수명 인류학자들이 그랜드 호텔에서 환영회를 열어 준 석상에서 안주로 펼쳐놓았다고 하는 것이 진상일 것이다. 물론 그 여파는 점점 커졌을 것인데 처음 어디서부터 시작됐는지는 모르지만, 오히려 펠리오 쪽이 더 수동적이었을 것이다.

그러니까 석실의 고문서가 세계적으로 알려지기 시작한 것은 1909년, 즉 메이지 42년 9월 즈음으로 보아도 좋을 것 같다. 청조에서는 아마 선통宣統 원년에 해당할 것이다. 세상이 점점 어수선하고 말기적 증상이 나타나고 있을 때쯤이었다. 어쨌든 돈황 석실에서 몰수했을 때에는 만 권이었던 것이 베이징에 도착했을 때는 거의 절반 정도도 남지 않았다.

그리고 한편 주역인 왕도사가 베이징으로 끌려와 형장의 이슬로 사라졌다고 보고 들은 것처럼 요란하게 써둔 책도 있다. 어쨌든 펠리오의 공개 전시가 없었으면 주지도 청룡도 칼날을 맞지 않아도 되었을 것이다. 아마 관리들이 천불동에 왔을 때 주지는 사막 마을을 돌아다니고 있었을 것이고 운 좋게 난을 피할 수도 있었다. 이런 일들이 벌어지는 동안에 이번에는 혁명 소동으로 여러 총독과 구 관리들이 도망 다니는 신세가 되었다. 결국 주지는 강한 악운 속에서도 살아난 셈이다. 그렇게 되어 버리면 이야기는 좀 평이해지겠지만 실은 사실이 소설보다 소설 같은 것이다.

피곤하지 않느냐고요? 천만에요. 친구가 있어 먼 곳에서 찾아오니 그보다 더한 즐거움이 어디 있겠는가? 이렇게 좋은 상대를 만났으니 이 어찌 행복하지 않겠는가?

내가 좀 병적이라고 해야 될지, 일종의 알코올 중독자 같아서, 이런 이야기를 하고 있으면 오히려 기분이 좋아집니다. 혼자서 이야기에 취해 있었는데 듣는 쪽도 같이 취해 주시니 고맙군요.

한 잔 따라 주시구려. 그리고 젊은 일본의 탐험대를 위해 미리 축배를 듭시다. 놀랍지 않소? 신흥 일본을 상징하는 것 같지 않습니까? 특히 동자승을 파견했던 장본인이 이전의 괴물 법왕 오타니 고

---

10 오타니 고즈이(大谷光瑞, 1876~1948) : 일본 승려 겸 탐험가로, 정토진종(淨土眞宗)의 니시혼간지(西本願寺)의 제22대 주지를 지냄(1903~1914년간 재위). 법명(法名)은 경여(鏡如)이고 그의 아버지는 21대 주지였음. 1902년 8월 영국을 여행하고 귀국하는 길에 중앙아시아 탐험대를 조직하였다. 이때 이미 그는 스벤 헤딘, 르코크 등과 같이 영국 황실지리학회(Royal Geographical Society)의 회원으로 활동하고 있었다. 오타니는 혼다 에류(本多惠隆), 이노우에 고엔(井上弘圓), 와타나베 뎃신(渡邊哲信), 호리 마스오(堀賢雄) 등 4명을 수행시켜 서투르키스탄 철도의 종점인 러시아의 안디잔, 파미르를 넘어 카슈가르에 들어갔다. 탐험대는 이듬해 오타니 부친의 별세로 귀국하게 되어 타슈쿠르칸(Tash Kurghan)에서 두 개의 조로 나뉘게 되는데, 오타니는 혼다, 이노우에 두 수행원과 함께 파미르, 길기트, 인도를 경유하여 귀국했고, 나머지 와타나베, 호리 두

즈이大谷光瑞[10] 바로 그 사람이니까 말이오.

런던 체류 시절(1901)의 오타니 고즈이
『大谷探験隊 西域文化資料選』, 1989.

당시 오타니 고즈이 씨는 런던에서 계속 체류중이었는데 원래 종교인치고는 이상하리만큼 큰 뜻을 품고 있었지요. 그는 일본이 이 탐험에 깊이 관여를 해야 한다고 생각했는데 그 요지는 이렇습니다. 유럽 중앙아시아 탐험연맹 사업이라 하는 것도 그 지리학적인 연구와는 별도로 해도 고고학적 방면으로 보면 90퍼센트, 아니 그 이상이 불교 영역인데도 그저 문화사적으로만 이곳을 취급했다. 고작 아시

사람은 타슈쿠르칸에서 다시 타림분지로 향하여 호탄에서 타클라마칸사막을 횡단한 후 천산북로(天山北路) 일대를 조사하고 중국에 이르렀다. 또 1906~1907에는 그 혼자 중국 여행을 했으며, 1908년에는 노무라 에이자부로(野村榮三郎), 다치바나 즈이초(橘瑞超) 두 사람에 의한 제2차 중앙아시아 탐험이 이뤄졌다. 그리고 1910년에는 다치바나에 의한 제3차 중앙아시아 탐험이 감행됐으나 신해혁명(辛亥革命)으로 정세가 불안하여 탐험 도중 다치바나와 임무 교대를 목적으로 돈황에 파견된 요시카와 고이치로에 의해 계속돼 1914년까지 조사가 이뤄졌다. 이 제3차 탐험대는 한때 영국과 러시아는 그의 고고학적 탐험을 간첩 행위로 간주하고 의심받기도 하였으나 오타니 컬렉션 중에 투르판 지역에서 출토된 유물의 대부분은 바로 제3차 탐험대의 결실인 것이다. 이러한 수집품들은 오늘날 중국(여순), 일본(도쿄와 교토), 한국(서울)에 흩어져 있지만 중앙아시아 연구에 있어서 아주 중요한 문서로 여겨지고 있다. 여기 『돈황 이야기』에서는 바로 제3차 탐험대의 이야기를 중심으로 하고 있다.

아에 성행했던 오래된 종교 중 하나로 간주하고, 그 불교가 현재 다시 부흥해 인류에게 커다란 복음을 주고 있다. 그렇지만 최고의 신앙 샘이라고 하지 않는 데는 크게 불만을 가지고 있다. 인도, 중앙아시아, 중국에 걸친 광대한 지역의 헤아릴 수 없는 성역을, 서양인의 신앙심 없는 삽질에 함부로 맡기면 안 된다. 그 은택을 지금도 입고, 지금도 신앙으로 삼고 있고, 또 그 방면에 학문적으로도 가장 뛰어난 업적이 있는 일본 불도가 그것을 해야 한다. 그것이 지리적으로나, 어학적으로나, 민족적으로나 가장 적임자이고, 또 책임도 있고, 보은을 하는 것이라고 그는 강하게 믿고 있었지요.

그래서 오타니 자신이 솔선해서 메이지 35년, 즉 서력 1902년(스타인이 호탄 지방에서 성적을 올리며 첫번째로 탐험한 그 다음해이고, 그륀베델이 탐험한 해이다.)에 러시아 지방 페트로그라드[11]에서 중앙아시아로 들어와, 자신은 인도의 불교 유적을 탐방하러 떠나고, 두 명의 제자에게 중앙아시아 탐험 발굴을 맡겼던 것입니다. 두번째는 미소년 다치바나[12]가 다른 한 명[13]과 함께 베이징에서 외몽골로 길을 정하

---

11 페트로그라드(Petrograd) : 1914~1924년까지 불린 상트 페테르부르크(Saint Petersburg)의 옛 명칭으로 1924~1994년까지는 레닌그라드(Leningrad)라고 불림.

12 다치바나(立花) : 다치바나 즈이초(橘瑞超, 1890~1968), 일본 승려로 1908부터 오타니(주지)의 제2차 탐험대에 참여하여 중국 신강지역을 탐사하면서 1909년에는 누란에서 유명한 이박문서(李柏文書)를 발굴한다. 1910년에는 스타인을 만나고 다시 돈황으로 돌아와 막고굴 장경동에서 미쳐 베이징 정부로 운송되지 않은 문서들을 살 수 있었다. 그는 젊은 나이였고 배운 것이 풍부하지 못하여 그의 연구 수준은 그다지 높지 않았고 중앙아시아 문물에 대해서도 많은 훼손이 있

고 우루무치에서 각각 헤어져 타림분지 남쪽을 탐험했지요. 그리고 6천 몇백 미터나 되는 카라코람 고개를 넘어서 인도의 카슈미르에 들어가 오타니 일행과 만나 런던으로 간 것입니다. 틀림없이 이 두 번째가 시작됐던 메이지 41년(1908), 즉 펠리오가 천불동에서 개가를 올린 해인데, 다치바나는 불과 18살이니까 아마 세계 탐험사에 있어서 최연소 기록이겠지요.

진 · 송 · 제 · 량 · 당대 사이에	晉宋齊梁唐代間, 진 송 제 량 당 대 간
고승들이 구법하러 장안을 떠났네.	高僧求法離長安. 고 승 구 법 리 장 안
떠난 사람 백에 돌아온 자는 열인데	去人成百歸無十, 거 인 성 백 귀 무 십
후자가 어찌 전자의 어려움을 알리요!	後者安知前者難. 후 자 안 지 전 자 난
길은 멀고 푸른 하늘 그저 차갑게 얼었고,	路遠碧天唯冷結, 노 원 벽 천 유 랭 결
사막은 해를 가려 힘은 피로에 지치네.	沙河遮日力疲殫. 하 차 일 력 피 탄
후세의 현인들 그 뜻을 알지 못하고	後賢如未諳斯旨, 후 현 여 미 암 사 지
왕왕 경을 쉽게 보는 것 같네.	往往將經容易看.[14] 왕 왕 장 경 용 이 간

었다고 한다. 이 『돈황 이야기』에서는 그의 이름을 발음은 같지만 다른 한자를 써서 의도적으로 다르게 표기하였고, 또 노무라 에이자부로는 아예 언급도 하지 않았다.

13 작가가 익명 처리한 또 다른 한 명은 노무라 에이자부로(野村榮三郎)이다.

14 이 시는 「경을 얻은 것에 제하여 지은 시(題取經詩)」라는 제목으로 『전당시』 권 786에 실려 있는데 주에 따르면, 『번역명의집(翻譯名義集)』에 실려 있으며 의정(義淨)의 작품이라고 한다.(載云唐義淨三藏作)

이것은 당시인데 그 내용을 보면 정말 목숨을 걸었다는 걸 알 수 있을 것이오. 그건 소위 서양인들이 탐험이라고 일종의 스포츠로 여기는 그들의 원리와는 다른 것이지요. 실제로 고고학적인 수확은 그다지 없었지만 등에 곧게 흐르는 구법순례의 정신적 신념이야말로 참으로 멋진 것이 아니겠소. 이 점에서 나 같은 사람은 100퍼센트 이오타니 미션에 뼛속까지도 감사와 감격을 올리는 바지요.

만약 오타니가 없었다면 깊은 인연이 있는 이 중앙아시아 땅에도 붉은 머리카락에 푸른 눈들이 탄 낙타 발굽에 계속 짓밟혔을지도 모를 일이니까 말이오. 그러니까 이 어린 도령 같은 한 청년의 등장은 신시대 일본인의 기세를 세계에 내뿜은 것으로 정말 십 년 묵은 체증이 확 내려가는 것 같지 않소?

그래서 지금부터 사막 여행을 떠나려는 우리의 젊은 주인공을 위해서, 에루[15] 대신에 당시를 낭독하며 이야기를 시작하려는데 어떻소?

십 만 리 여정 얼마나 어려울까!	十萬里程多少難, 십 만 리 정 다 소 난
사막에서 염불하며 고난을 이기시리.	沙中彈舌受降龍.[16] 사 중 탄 설 수 항 룡
인도에 도착하면 머리는 희어지실 텐데,	五天到日應頭白,[17] 오 천 도 일 응 두 백
달지는 장안에 한밤의 종소리	月落長安半夜鐘.[18] 월 락 장 안 반 야 종

15 에루 : 영국산 맥주의 일종으로 보임.

16 탄설(彈舌) : 혀를 놀린다는 뜻으로 여기서는 불경을 낭송하는 것을 말함. 항룡(降龍) : 용을 굴복시키다. 여기에서 용은 수도나 정진에 방해되는 마귀나 귀신, 상징적으로 고난, 역경 등을 이기거나 극복하는 것을 말함.

현장 삼장이 백룡퇴[19] 사막에서 『반야심경』을 읊으며 용의 도움을 받아 겨우 난을 피했다고 하는 놉노르 사막과 타클라마칸 사막을 건너서, 그 먼 천축에 도착할 때에는 칠흑 같은 머리가 백발이 되었다는 것을 읊은 시입니다. 실제로 사막이나 높은 산을 넘는 여행길은 지금도 힘들지 않습니까?

주인은 요쿄쿠[20]로 단련된 것 같은 목소리를 자랑이라도 하듯 낭랑하게 시를 읊었다. 그리고는 스스로 그 흥에 못 이긴 듯 다시 한 번 "달 지는 장안에 한 밤의 종소리"라고 노래하며 눈을 감고 결구結句를 반복했다. 나는 그 여운이 오랫동안 계속되다가 사라지려 할 즈음에 멀리서 종소리가 들리는 것 같은 착각 속으로 빠져들었다. 주인이 말한 그 가솔린 냄새가 모두 씻겨 나간 듯 온 전신이 맑고 투명했다.

17 오천(五天) : 다섯 천축(天竺: 인도), 즉 동, 서, 남, 북 그리고 중인도를 지칭.
18 이 시는 이동(李洞)의 「서천으로 가시는 삼장법사를 전별하며(送三藏歸西天)」라는 시로, 홍매(洪邁)의 『만수당인절구(萬首唐人絶句)』 권 36과 『전당시』 권 723에 실려 있음.
19 백룡퇴(白龍堆) : 신강성 놉노르 호수 동쪽의 사막으로 소금과 유사(流砂)가 용처럼 굽이져 있다고 하여 생긴 이름.
20 요쿄쿠(謠曲) : 음악으로 연주할 수 있는 노래에 가락을 붙여서 부르는 것.

오타니 미션

다치바나는 런던에서는 스타인에게, 스톡홀름에서는 스벤 헤딘에게, 각각 탐험에 입문하기 전에 진심 어린 격려나 주의를 듣고, 러시아 수도인 페트로그라드에서 충복인 홉스 소년을 만나 드디어 장도에 올랐다.

홉스는 영국 소년으로 다치바나보다 한 살 아래였는데, 페트로그라드에서는 통역원으로 그보다 한 살 더 어린 소년을 고용했다. 동화 속 이야기에나 나올 것 같은 세 소년으로 이루어진 탐험대이다. 그들은 큰 궤짝을 싣고 출발했다. 옴스크, 세미파라친스크에는 기차로, 강이 있으면 배로 여행을 했다. 러시아 중국 국경을 넘어, 타얼바하타이[1]에 들어와서, 거기서 신강성 우루쿠치[2] 성城으로 가는

1 타얼바하타이(塔爾巴哈臺) : 준가르 분지의 서쪽에 위치한 산맥. 이 산맥들은 카자흐스탄의 발하슈 호수 저지와 준가얼 분지를 갈라놓고 있음.

2 우루쿠치(迪化) : 현 우루무치의 옛 이름.

코스다. 가는 곳곳마다 환송하는 사람들이 경이로움과 호기심 어린 눈으로 구경하러 온 것도 당연할 것이다.

다치바나는 우루무치에서 천산산맥을 넘어서 투르판으로 나와서, 먼저 옛날 고창국의 도시 흔적을 탐색했다. 여기는 현장 삼장이 인도로 가는 길에, 국왕 국문태[3]의 든든한 보호를 받았던 유서 깊은 땅이지만, 이미 다른 탐험대의 손에 몇 번이나 발굴되었다. 그래도 불도의 한 사람으로서 그저 수수방관하고 통과할 수만은 없는 지역이었다.

다치바나는 이곳에서 짐을 둘로 나누어 큰 궤짝을 홉스에게 맡겨 천산 남쪽 기슭에서 쿠차로 서행시키고 거기서 자기 일행을 기다리도록 했다. 그리고 자신은 낙타 11대에 2,500파운드의 얼음과 800파운드의 빵을 싣고 놉 사막으로 들어가 누란의 옛 유적을 찾았다.

런던에서 주종의 맹세를 하고 불과 반년도 안됐지만 두 소년의 동지애는 또한 각별했다. 둘이서 얼마나 그 작별을 아쉬워하는지 눈물을 흘리는 홉스를 다치바나는 위로하며 그대도 앵글로 색슨족의

3 국문태(麴文泰, ?~640) : 고창국의 연호인 연화(延和) 22년(623)에 즉위. 당나라 초기 630년경에는 아내와 함께 내조(來朝)한 국씨의 부인에게 이씨(李氏)의 성을 하사하기도 하는 우호적 관계였으나 639년 서돌궐이 통일되며 고창국을 서돌궐에게 감독케 하자 고창국과 당나라는 소원한 관계를 가지게 된다. 이에 서돌궐과 고창국이 연합하여 당을 공격하자 당은 그들의 배신을 책망하여 토벌전을 벌여 서돌궐의 원군을 기다리던 국문태는 640년 병사하고 만다. 바로 현장법사가 국문태에게 융숭한 대접을 받은 것은 628년의 일이다.

훌륭한 청년이 아닌가, 주인인 내가 그것을 높이 평가해서 대 임무를 맡기는 것이라고 진심으로 부탁하고, 책임과 의무를 다해, 뒤따라가는 자신의 입에서 멋진 탐험담이 나오기를 고대하며 기다려 주기를 간청하였다.

다치바나는 터키식 방한복에 몸을 두껍게 감싼 홉스가 익숙지 않은 말에 걸터앉는 것을 지켜보았다. 무척 힘세 보이는 젊은 터키인들이 계속해서 뒤돌아보는 홉스를 보호하면서 눈보라 속을 헤치며 서쪽으로 향하는 그 뒷모습을 배웅했다. 그런 다음, 키르기즈인, 중국인 각 각 한 명씩, 거기에 토착민 터키인 다섯 명을 데리고, 먼저 하미에서 로쿠찬[4]으로 들어가 첫번째 탐험에서 신세를 졌던 터키족 궁전에서 다시 손님 대접을 받았다.

사막 마을의 진미인 양고기 향응을 받고 그 환대에 보답해서 애마 한 마리를 헌상했다. 그랬더니 청조 황실의 헌상품인 그 지방의 명산물 씨 없는 포도 소소부래[5]를 한 상자 보내왔다. 다치바나는 다시 여행길에 올랐는데 큰 길을 벗어나서 오로지 자석에 의지한 채 사막 속으로 들어갔다. 이미 첫번째 탐험에서 다치바나는 남쪽에서 놉노르 호반을 지나 놉 사막을 탐험했던 탐험자의 명예는 이미 얻었

---

4 로쿠찬(魯克沁) : 서역의 옛 지명으로 현 신강성 위구르 자치구 선선(鄯善)현에 속해 있음. 이미 한나라 때는 차사전왕정(車師前王庭)에, 고창국에, 당나라에 귀속되었다. 그 후 육종(六種), 노진(魯陳), 노고진(魯古塵) 등으로 불림.

5 소소부래 : 투루판 지역의 씨 없는 청포도, "중국의 녹색 진주"라고 불리는 포도를 지칭하는 것으로 보임.

다. 헤딘이 누란국 수도의 옛터라고 칭했고, 스타인이 그렇지 않다고 반박했던 고성 유적을 다치바나가 발굴했던 것이다.

원래 이 누란국은 한의 흉노 정책 이래, 화번 공주和蕃公主를 비롯해서 끊임없이 시詩 속에서 등장하고 있다. 법현은 돈황을 떠나 17일간 1,500리나 되는 무서운 이 사막을 여행한 후에 겨우 이 누란국에 도착했었다. 그리고 200년 정도 지난 후에 현장 삼장이 인도에서 돌아오는 길에, 지금의 체르첸(Cherchen)으로 예전의 세마다나[6]를 출발해서, 동북으로 천 리를 나아가 나바바[7]국, 즉 누란에 도달했다고 기술하고 있다.[8]

그리고 650년 후 마르코폴로 때에는 이미 이 누란국은 매몰되어 있었던 것으로 보이고, 나폴리의 대여행자 기술에는 없다. 그러나 이들 기술에서 지적하고 있는 위치로 추정하자면 어쨌든 이 놉 사막 안에 있어야 할 것이다.

다치바나는 쿠차를 출발해서 남하했는데 쿠르츠타그의 민둥산을 넘어, 끝없이 얼어 있는 함호鹹湖(소금호수)를 지겹도록 바라보며 마침내 놉 사막 북단에 도착했다. 이 주변 일대의 호수 물 또한 짠맛은 있지만 그래도 조금은 마실 수 있었다. 여기저기 흩어져 있는 야생 낙타들이 이 카라반 부대를 전송해 주었다. 이 주변은 태고의 강물 바닥이 있었던 흔적답게 점토로 된 작은 언덕들이 파도처럼 둥글

6 세마다나(折摩馱那) : Calmadana의 음역으로 차말(且末).
7 나바바(納縛波) : 『대당서역기(大唐西域記)』에 나오는 지명으로 누란(樓蘭)에 해당.
8 현장(玄奘)의 『대당서역기(大唐西域記)』 권 12에 기술되어 있음.

게 융기해 있다.

이 지대를 지나자 곱게 체질 한 모래가 끝없이 펼쳐지는 놉 사막이 드디어 보였다. 한 가닥의 푸른 풀과 잎조차 없었고, 심지어는 한 마리 벌레조차도 보이지 않았다. 의지할 것이라고는 자신이 만든 스케치 지도와 자석뿐이었다. 태양은 모래 속에서 떠올라 모래 속으로 사라졌다. 다치바나는 낙타 등에 흔들리며 모래 언덕을 올라갔다 내려갔다 했다. 마치 출렁이는 작은 배를 타고 대해를 건너고 있는 것 같은 착각이 들었다. 언제 배웠는지 기억도 없는 『만요슈』의 "도요하타豊旗 해신이 구름 속으로 들어가니 밝은 달밤이 되는구나!"[9] 에 나오는 옛 노래를 웅얼거리고 있는 자신을 문득 발견하고는 쓴웃음을 지었다.

만약 그가 꾸벅꾸벅 졸면서 자석을 잘못 본다면, 카라반 일행 모두는 그대로 사막 속 미아가 되어 버리고 아마도 기갈 때문에 죽을 것이다. 그는 정신을 차리고 모래 언덕 위에 서서 망원경으로 가는 쪽이 어딘지를 확인해 보고, 또 주변에 매몰된 고대 도시 흔적이라도 없는가 하고 사방팔방 집요하게 살펴보았다.

그러는 중에 지금까지 아무도 밟은 흔적이 없는 한 옛 성터를 발견하고 거기에 가장 먼저 삽질을 하고 텐트를 쳤다. 그리고 며칠 동안의 발굴로 상당한 수확을 거두었다. 또 말라버린 숲과 황폐한 여

---

9 『만요슈(萬葉集)』, 권 1, 작품번호 15 : 渡津海乃, 豊旗雲尒, 伊理比〈紗〉之, 今夜乃月夜, 淸明己曾.

러 마을을 지나서, 마침내 놉노르 호수에서 가까운 아푸탈阿布達拉이라는 작은 마을에 도착했다. 다치바나는 이번이 세번째 내방이었다. 그 때문인지 안면이 있는 마을 장로가 환대의 표시로 냉동 생고기를 보내 주었다. 이것은 놉노르 호수나 강에서 잡은 것인데 깡통 통조림과 양고기에 질려 있던 다치바나에게는 더할 나위 없는 진미였다.

그는 마을을 출발한 이후 사막 속에서 기념해야 할 21살이 되는, 새로운 한 해가 시작된 줄도 몰랐다. 늦긴 했지만 네발 달린 짐승 같은 호수라고 일컬어지는 놉 호반에 우뚝 서서, 저 먼 동방을 향해 기도하고 신년을 맞이했다.

사막으로 인해 끊임없이 형태가 바뀐다고 하는 놉노르는 움직이는 호수라고도 하는데, 헤딘을 비롯한 많은 탐험가들도 동의했다. 이렇게 해서 그는 한 달 정도 걸려 투르판에서 출발해 놉 사막을 건너며, 많은 수확물을 건지고, 목표 지점인 남산산록 취락인 차클리크[10]에 들어왔다.

거기에서 다시 서쪽으로 향해 10일 정도 가면 체르체르에 당도하게 된다. 거기서 만반의 준비를 다해서 가장 빨리 북쪽 쿠차를 향해서 타클라마칸 대 사막을 건너면 홉스 소년과 만나게 된다. 이것이 다치바나의 거침없는 계획이었다.

원래 헤딘이나 스타인도 이 대 사막을 남북으로 횡단할 때는, 호

---

10 차클리크(察哈雷克) : Chakhlik의 음역으로 누란국의 영역에 속했으며 당나라 때에는 석성진(石城鎭)이라 했으며 현재 약강(若羌)이다.

탄에서 호탄강을, 아니면, 케리야강을 따라 북상했을 것이다. 그런데 다치바나는 강이 하나도 없는 이 지역을 택해서, 사막 한 중간을 계속 돌파해가며 오로지 자석만을 의지해 북쪽으로 돌진해 간다는, 어찌 보면 계획 그 자체만으로도 참으로 놀랄 만한 일이고, 전인미답적인 소위 목숨 건 모험이었다.

현장 삼장의 『대당서역기』등에서 곤륜산 남쪽의 히말라야 북쪽 티베트 중앙 부분 부근에, 주변이 800리나 달하는 무열뇌지無熱惱池라는 커다란 연못이 있다고 한다. 주변은 금은 유리로 장식되어 있고, 그 물은 거울처럼 청명하여 팔방의 보살들이 용의 모습을 하고 연못에 살고 있었다고도 한다. 연못 주변 동쪽에 있는 은으로 만든 소의 입에서는 갠지스강이 흘러 동남 벵갈만으로 흐르고, 남쪽에 면한 금으로 만든 코끼리의 입에서는 인더스강이 흘러 서남 아라비아해로 흐르며, 서쪽에 면한 유리로 만든 말의 입에서는 아무르강이 흘러 서북 아랄해로 들어가고, 북쪽에 면한 사자 입에서는 타림강이 흘러나와 동북 바다 놉노르, 즉 누란 바다로 들어와 다시 땅 아래로 흘러들어간다. 그리고 바위가 겹겹이 쌓인 산 아래로 흘러 황하 원천을 이룬다고 하는, 막연하기는 하지만 뭐라 할 수 없는 신비적인 모습[11]을 보고 다치바나는 무척 흥미로웠다. 그리고 난 이후 세계의 지붕과 이 타림분지라는 것이 그에게는 동경의 대상으로 꿈의 나라

11 이 이야기는 『대당서역기』 권 9에 유사한 내용이 보인다. 고대 인도인이 상상한 세계는 중앙에 수미산(須彌山)이 솟았고, 그 남쪽에 대양이 있으며, 바다에는 염부제(閻浮提) · 남첨부주(南瞻部州)라고 하는 섬이 떠 있다. 대륙이라고 해도 좋

가 되었다.

이미 한 번 탐험한 적도 있고, 그리고 지금 놉노르 지대를 어느 정도 편력해서 그의 숙원이 어느 정도는 이루어졌다. 그렇지만 다치바나는 비밀 중의 비밀 지대인 이 대 타클라마칸사막 종단과 베일에 가린 티베트 백지도에 불멸의 족적을 남기는 걸 올 한 해의 가장 큰 수확으로 하고 싶었다. 뿐만 아니라 타향에서 아무것도 의지할 것 없이 그저 혼자서 젊은 주인이 오기만을 기다리며 하루를 천추같이 지낼 충복 홉스를 생각하면, 날개 없는 것이 안타까울 정도였다. 그걸 생각하면 이러한 고난은 아무런 장애도 아니었다.

대략 25일 정도 걸릴 것으로 예상하고, 다치바나는 식량, 연료, 음료, 얼음 등을 충분히 준비했다. 낙타들도 튼튼한 것만을 모아서 출발 직전까지 충분히 물을 마시게 했다. 작은 낙타는 대여섯 양동이를 많게는 열 양동이 이상을 마시는데, 그들의 털가죽은 보고 있자니 피를 빨아먹는 거머리처럼 부풀어 오르고 당장이라도 출발하려는 경주마같이 뒷발질하며 늠름한 모습을 보이기도 했다. 하루가 다 지나갔다. 주위를 둘러보니 그저 막막한 모래 파도만이 깔려 있었다.

3일째까지는 높은 사구 위에 서서 뒤돌아보면 점점 멀어져 가는 알친타그의 하얀 은빛 능선이 보였는데, 4일째는 모래 평선 저 멀리로 사라지고 그저 눈에 들어오는 것은 단조로운 카라반의 발자국뿐

을 섬의 중앙에는 무열뇌지(無熱惱池)라고 부르는 호수가 있으며, 그 둘레에는 대설산(大雪山) 등의 산지가 서 있고, 호수로부터는 네 줄기 강이 흘러나온다. 이것들은 갠지스 · 인더스 · 아무다리야 · 타림의 각 강을 나타내는 것으로 여겨진다.

이었다. 그 단조로움을 한층 가중시키는 것은 낙타 목에 달린 공허한 종소리였다. 이렇게 해서 일주일이 열흘이 되고, 그리고 열흘이 15일이 되는데, 밤이 되면 텐트를 치고 잠자리에 들고, 아침이 되면 텐트를 낙타 등에 싣고, 또 묵묵히 북쪽을 향하여 사막 산을 올라갔다 내려갔다 반복할 뿐이다. 어디에도 이렇다 할 희망의 파편조차 보이지 않았다.

현지 사막 사람들은 태어났을 때부터 사막의 신비와 공포 이야기와 함께 자랐던 자들이다. 이들에게 재미있는 이야기가 있다. 빚 때문에 도저히 살 수 없었던 남자가 자살 장소로 선택한 곳이 사막 속에 몸을 던지는 것이었다고 한다. 이건 아마 육지에 사는 사람들이 보통 물에 뛰어드는 것과 마찬가지다. 그런데 그렇게 실의에 빠진 남자가 태풍이 불던 어느 깜깜한 밤 죽을 각오로 사막에 몸을 던졌다. 다음날 아침 모래에 묻혀 이제 숨이 끊어졌겠지 했는데, 오히려 그 태풍 때문에 눈앞에 고성 흔적이 홀연히 나타났던 것이다. 매몰되어 있던 금은 보물을 캐내어 그 사람은 벼락부자가 되었다는 이야기다. 또 한편으로는 도박에 지고 도둑질하러 내려온 일당이 매몰된 도시에서 보물을 훔쳐 가려고 하자, 악귀가 그들 일당을 모래 속에 매장시켜 버렸다는 이야기도 있다. 이러한 이야기를 어릴 적부터 듣고 자랐던 사막 사람들은 발굴단을 따라 나설 때 처음에는 뭔가 좋은 발굴품이라도 나오려니 하며 허무한 희망과 호기심을 품고 있다. 그런데 점점 사막 안으로 깊숙이 들어와 진퇴양난이 되면, 그들도 대양의 커다란 파도에 흔들리듯 뼛속까지 모래 파도에 취해 불안과 공포로 흔들흔들 비틀거리게 되는 것이다.

그렇다고 해서 이제 도망가려 해봐야 도망갈 곳도 없다. 그래서 어쩔 수 없이 선두에 서서 진행하는 부대장인 다치바나 뒤를 따라서 터벅터벅 정처 없이 걸어가고 있을 뿐이다. 그리고 경쟁하듯 높은 사구 능선에 올라가서는 뭔가를 발견하려고 안달하고, 그때마다 실망하고는 저 먼 서방 메카를 향해 계속 기도를 드릴 뿐이다. 그런데 운 나쁘게도 계절상 봄이 가까워서인지 목숨과도 같은 얼음덩어리가 녹아내리기 시작했고 예정한 25일은커녕 20일째는 완전히 다 녹아 버렸다.

마침내 낙타 한 마리가 쓰러졌다. 다른 낙타들도 눈에 띄게 쇠약해지는데, 이대로 강행하다간 낙타들이 쓰러지고 어쩌면 죽어 버릴지도 모른다. 그렇게 되면 아무리 돈이 있어도 소용이 없다. 이렇게 된 바에야 짐을 가볍게 하고 어쨌든 가던 길을 계속 가는 것 외에 다른 선택이 없다. 그래서 당장 불필요한 무거운 짐을 내리기로 했다. 빈 식량 상자를 나누어서 나무젓가락 같은 작은 막대를 수십 개 만들었다. 거기에 신문지를 동여매고 모래 언덕 여러 곳에 세워 두었다. 나중에 짐을 다시 찾으러 올 때 이정표로 쓰기 위해서다. 홉스와 헤어진 뒤에 발굴한 물품이나 사진 건판 등 무거운 측량 기구는 융단으로 잘 감쌌다. 그렇지만 깡통 통조림류나 은화 주머니, 총기류는 아무리 무거워도 끝까지 가져가기로 했다. 이렇게 한 것은 이 대사막 서북부에서 조난당해 구사일생으로 목숨을 건진 스벤 헤딘의 존중할 만한 체험기를 생각해 냈기 때문이다.

한 방울의 수분도 없는 빵이나 깡통 고기 통조림을 씹어 삼키는 고통은 이루 말할 수 없다. 그래도 처음 얼마 동안은 마르기는 했지만 눅눅한 타액이라도 나와서 그런대로 먹을 만했다. 그런데 점차 입술이 갈라지고 피부 전면이 나무껍질처럼 바삭바삭하게 말라 버리자, 넘기는 것마다 바늘처럼 목을 찔렀다. 물! 물! 물! 카라반 일행은 모두 주문이라도 하듯 터키어로 물 물 물이라고 반복했다.

그러나 천지는 오늘도 또 허무하게도 모래 구름뿐이었고, 카라반의 비장한 결의에는 무관심 일변도다. 다치바나는 문득 옛날 잠결에 어머니로부터 들은 비를 내리게 해 달라는 사이교[12]의 와카를 떠올렸다. 하지만 수백 년 동안 비라고는 몰랐던 이 사막 한가운데서 아무리 신비스러운 와카라고 해도 비를 내리게 할 힘이 있을 리 만무했다. 오로지 이 사막을 헤매지 않고 살아남을 수 있는 힘은! 그저 배짱뿐이다. 망상에 빠지지 않는 것이다. 그는 모든 상상이나 공상을 떨쳐버리고, 그저 자석만을 노려보면서 결연하게 선두에 나서서 북쪽으로 향했다. 모든 이들의 생명이 그의 손에 달려 있다.

다음날 다시 낙타 한 마리가 더 쓰러졌다. 그리고 일행 한 사람이 낙오했다. 그래도 일행은 비틀거리면서 강행할 수밖에 없었다.

---

12 사이교(西行) : 사이교 법사(西行法師, 1118~1190). 와카(和歌)의 명인으로 알려짐. '와카'란 우리나라 시조에 해당하는 시 양식. 9세기 말부터 가나문자의 발달과 국풍(國風) 문화 중시 풍조에 힘입어 부활하면서, 귀족층을 중심으로 크게 유행함. 특히 905년 천황의 명으로 편집된 『고킨와카슈(古今和歌集)』가 알려져 있다.

마침내 타마리스트 나무숲을 발견했다. 나무숲의 반이 모래에 매몰되어 있긴 해도 떨어진 낙엽을 살펴보니 줄기가 틀림없이 살아 있었다. 일행은 있는 힘을 다해 나무뿌리 둥지를 팠다. 하지만 물은 나오지 않았다. 그것을 지켜보고 있던 다치바나는 줄기를 뜯어 껍질을 벗겼다. 껍질에 남아 있던 비릿한 수분을 피부에 문질렀다. 피부가 건조해지는 것을 조금이라도 막기 위해서였다. 일행도 그를 따라했다. 정신을 차리고 다시 행진했다. 그리고 마침내는 점토로 변한 모래 언덕을 발견했다. 그것은 틀림없이 고갈된 강바닥이었고, 둘레를 살펴보았더니 과연 물웅덩이가 있었다. 일행은 환성을 지르며 달려가서 재빨리 입에 물을 적셨다.

그러나 물은 완전히 오염되어 있었고, 그 무신경한 낙타조차도 마시려 하지 않았다. 물을 마신 일행은 곧바로 토하고 설사도 했는데, 마시기 전보다 훨씬 더 괴로워했다. 그렇지만 강바닥이 있다는 것은 이 주변 어딘가에 반드시 마실 물이 있다는 흔적이라고 다치바나는 일행들을 격려했다. 구토나 설사소동으로 그 중 몇은 의식이 혼돈되고 몽롱했지만, 일행은 주변 여기저기를 살피며 열심히 물을 찾았다. 그러나 찾아낸 물웅덩이는 모두 좀전 것과 마찬가지로 오염되어 있었다. 마시면 틀림없이 목숨을 앗아갈 독물일 뿐이었다.

이렇게 되면 오히려 일행들이 더욱 불안해하며 의심할 거라고 생각한 다치바나는 여기까지 왔으니 이제 인가도 머지않아 나타날 것이라고 일행을 재촉하며 북상했다. 마침내 매몰되어는 있지만 푸른 잎들이 무성한 숲을 발견했는데, 한 마리 야생 양이 일행의 소리를 듣고 놀란 듯 숲속으로 뛰어 들어가 버렸다. 이런 산 동물이 있다는 것은 그 근처에 물이 있고 또한 인가도 가까이 있다는 표시다. 터키인들은 드디어 죽음을 면했다며 기뻐하고 서로 격려했다. 조금 더 가니, 이번에는 모래 위로 방금 지나간 인간 발자국이 선명하게 드러나 있었다. 마침내 얼음으로 뒤덮여 있는 갈대숲에 당도했다. 여기는 타림 유역 근처인데 일행은 양치기도 발견했다. 멋진 대 타클라마칸사막을 남쪽에서 북쪽으로 예정대로 통과해 온 것이다. 전인미답의 코스를 말이다.

곧바로 다치바나는 뒤에 처진 자들을 데리고 오기 위해 새로운 구조대를 파견하고, 사람도 낙타도 표시해 두었던 물건들도 모두 무사히 구출했다. 다치바나는 부처님의 가호를 마지막 순간까지 믿어 의심치 않았다. 하지만 다치바나는 한시라도 빨리 앞을 재촉해야 하는 몸이다. 잠깐 동안 휴식을 취할 여유도 없이 궤짝은 뒤에 가지고 오도록 명해 놓고, 쿠차로 안내해 줄 마을 사람들 몇 명만을 데리고 밤낮으로 말을 달렸다. 천산산맥 남쪽 기슭에 도착하니, 벌써 3개월째 신묘한 천산이 온통 하얀 눈으로 덮여 그 위엄스러운 자태를 뽐내고 있었는데, 다치바나는 그리운 듯이 천산을 바라보았다. 그리고 다시 말머리를 서쪽으로 돌려 쿠차행을 서둘렀다. 그리운 것은 또 충복 홉스 소년이 있었다. 충견처럼 때로는 애완 고양이처럼 따르던 그 모습, 가르쳐 준 몇몇 일본어, 그 애교스러운 홉스의 목소리가 들리는 듯했다. 혼자서 거대한 대사막을 횡단하는 동안 거친 자연에 여러 차례 농락당한 어린 주인 다치바나는 지금 당장 상냥한 홉스의 인정미를 느끼고 싶었다.

그런데 있는 힘을 다해 쿠차에 도착해 보니 슬프게도 홉스 소년이 얼마 전 천연두에 걸려 허무하게 이승과 이별했고, 시신은 카슈가르 영국 총영사관에 옮겨 놓았다는 것을 알았다. 다치바나의 실망과 낙담은 뭐라 말할 수 없었다. 하지만 이대로 슬퍼하고 있을 수만은 없었다. 곧바로 사후책에 들어가 홉스가 남긴 큰 궤짝을 검토한 후에, 그 길로 부랴부랴 영국 소년 영구를 따라 카슈가르로 말을 돌렸다. 그리고 그곳 교회당에서 영국 러시아 영사 입회하에 장례식에 참석한 두 세 사람의 외국인들과 함께 슬픈 장례를 마치고 유골을 영국인 묘지에 안치하고 묘를 만들어 주었다. 슬픈 이별은 오랫동안 그를 괴롭혔다. 게다가 법주인 오타니가 명령한 쿠차 부근 일대 탐험 발굴 계획을 이 슬픈 돌발사건 때문에 어쩔 수 없이 그만두지 않을 수 없었는데 그것도 그를 괴롭혔다. 게다가 이번에는 또 생각지도 못했던 전보가 왔는데 본국의 법주 사모님이 서거했다는 소식이다. 엎친 데 덮친 격이었다. 이어지는 흉보에 다치바나는 체면이고 뭐고 아무것도 생각지 않고 목을 놓아 울었다.

다치바나는 카슈가르 부근의 유적을 찾았지만 여기는 스타인도 펠리오도 수확을 많이 하지 못한 지역이었다. 예전의 불교 전성기를 생각나게 하는 유물은 거의 없다고 해도 좋을 곳이었다. 그런데 그와는 달리 당당한 회교 사원이나 교회당, 천주당이 여기저기서 탑의 높이를 자랑하며 종을 울리고 있었다. 그는 티베트를 탐험하기로 마음먹고 쿠차에 있는 큰 궤짝을 호탄에서 기다리기로 했다. 그리고 별도로 한 부대를 조직해서 여름 등산철 동안은 파미르산의 유적을 탐방하기로 했다. 4월 초순 자두나무 꽃이 여기저기 피기 시작할 무렵 마침내 야르칸드로 향했다.

계곡 여기저기 양치기들의 피리 부는 소리가 들렸다. 복숭아, 자두가 여기저기 붉고 하얀 꽃들이 경쟁하듯 피고 있는 계곡을 건너 폭포를 바라보았다. 새소리에 귀를 기울였다. 이런 자연의 소리를 들으며 불교의 동점 흔적을 찾는다는 것은 그 삭막한 모래 바다에 목숨을 걸고 항해한 것과는 차원이 달랐다. 끊임없이 흐르는 계곡 물소리와 넓게 펼쳐진 설산雪山에는 청정한 정취가 묻어 있다. 대자연 품속에 포근히 안겨 있는 것 같아 마치 자신이 난가 속 인물이라도 된 듯한 착각이 들었다.

그러는 사이에 그는 첫번째 탐험했던 여행지를 떠올렸다. 야르칸드에서 차클리크를 지나 그 6,000미터 가까운 카라코람의 빙하를 건너 인도 카슈미르를 횡단했을 당시를 생각했다. 이번에도 분발해서 알친타그와 곤륜산맥을 정복하리라 마음속으로 다지며 5월 타클라마칸 대사막의 가장 큰 오아시스 마을인 호탄으로 내려갔다. 여기는 매년 계절적으로 찾아오는 흑풍 세례를 때때로 받으면서 어두운 하늘 아래 숨을 죽이고 있었다. 멀리서 들리는 번개소리 울림이 그치기를 기다리는 계절이 되었던 것이다. 사막 여행의 금단 시기이다. 드디어 대륙적인 여름이 찾아왔다.

티베트 백지도

호탄에서 체류한 2개월 동안 다치바나는 인근 유적지를 가능한 많이 탐색했다. 이곳은 옛날의 우전국[1]으로, 인구 4, 5만 정도이고 사막 지대 마을로서는 가장 번화한, 기후도 다른 곳에 비해 온화해서 토지 전체가 윤택하다. 스타인이 두 차례에 걸쳐 여기에 여유롭게 머물면서 큰 획득물을 올린 곳인데, 그런만큼 다치바나는 결과적으로는 영국 탐험대가 먹다 만 빵 부스러기를 긁어모으는 셈이었다.

---

1 우전국(于闐國) : 실크로드 남쪽 길에 있는 왕국으로 쿠사타나(瞿薩亘那, Gostāna), 연옥(軟玉)의 산지로 알려져 있으며, 한나라 말기 흔들리는 틈을 타서 카슈가르까지 복속시켜 인구 8만의 대국을 이룩한다. 당태종 648년에 당나라에 예속된다. 그 뒤 7세기 중후반에 토번(吐蕃)에 점령되었다가 692년 안서(安西)의 사진(四鎭)에 흡수되어 다시 755년에는 토번에 함락되었다가 9세기 중엽에 우전국이 재탄생한다. 966년 천자를 칭하다가 1004년을 전후로 이슬람 군대에게 멸망됨. 기후가 온화하고 토양이 비옥하여 농산품이 풍부했던 것으로 알려져 있다. 특히 중국 회화(繪畫)에 있어 영향이 지대했던 대화가 위지을(慰遲乙)의 고국이기도 하다.

그렇기는 해도 카슈가르 부근과는 비교되지 않을 정도로 수확이 있었다. 그것은 여기가 이전 인도 및 티베트 지역의 대승불교가 전성을 누렸다고 하는 땅인만큼 그 정도는 충분히 남아 있었던 것이다. 원래 건국 당시는 쿠사타나瞿薩亘那국이라고 해서, 인도의 전륜轉輪대왕이라고 일컬어진 아육왕[2]의 어떤 왕자가 알 수 없는 연유로 이 땅에 버려졌다. 그런데 왕자가 버려지자마자 이 지역에서 유방乳房이 생겼는데, 그 유방을 먹고 왕자가 성장했다고 한다. 그래서 "땅 유방"이라는 뜻을 따서 쿠사타나라는 이름이 되었다는 전설이 있었다.

일설에는 그 어린 아기가 중국의 천자에게 발탁되어 훌륭한 사람이 되었다. 또는, 오랜 옛날 호수 아래에 있었던 그는 석가의 법력으로 국토가 된 쿠사타나에 보내졌다. 그때 인도에서 들어온 아육왕의 한 대신과 만나 유룽카슈白玉河(Yurungqash)와 카라카슈黑玉河(Qaraqash) 사이의 풍요한 땅인 쿠사타나를 건설했다고 하는 신화도 남아 있었다.

다치바나는 이런 독특한 건국 신화에 흥미를 가지고 돌아다녀보니, 다들 인도나 티베트 계통과 중국 계통을 합성한 것 같은 문화적 흔적이 보였다. 다른 사막에서 보이는 주로 터키풍인 것과는 달랐고, 토산물도 풍부하였으며 사람들도 비교적 근면한 편이었다. 특히

2 아육왕(阿育王, B.C. 321~?) : 아서가(阿恕伽), 아수가(阿輸伽), 무우(無憂)라고 번역하기도 한다. 인도 마우리아 왕조 제3대 왕(B.C. 268~B.C. 232 재위). 인도를 통일시키고 불교를 보호한 왕.

양잠이 성행했고, 생사나 견직물, 구슬이나 사향 등이 주산물이어서, 부인들은 주로 누에나 방직에 종사하고 있었다. 다치바나는 신기하게도 느긋한 기분이 되어 마을 각 방면의 유력자들과 교류했다.

불경 중에서도 특히 웅대함이 비할 바 없는 화엄경이 이 호탄에서 만들어진 것은 아닌가 하는 설이 있을 정도로, 예전에 이 땅은 대승불교와 인연이 깊은 곳이었다. 일본의 덴표 미술 시기 즈음에 보이는 사천왕의 무장 복식도, 아마 그 기원을 이 주변에서 찾을 수 있을 것도 같았다. 당초唐初에는 우전국에서 위지을尉遲乙이라고 하는 대화가가 나와 당화唐畵에 커다란 영향을 주었다고 하니까, 일본에도 그 문화적인 여파는 당연히 있었을 것이다. 그런데 슬프게도 현재 이 호탄에는 내놓을 만한 눈부신 유적이 발견되고 있지 않아서 마음이 씁쓸했다.

다치바나는 티베트 고원을 정복할 준비를 착실히 했다. 그리고 그 대체적인 준비가 마무리 되자, 수집품 등은 큰 궤짝을 만들어 돈황 관아로 발송시키고, 바로 케리야克里雅(Keriya)로 가서 티베트 고원 발굴 여행길에 올랐다. 체류중 교류했던 마을 학자나 부호들 30여 명이 백옥 산지로 명성이 자자한 유룽카슈강 부근까지 말을 타고 전송해 주었다. 이곳은 저녁 바람을 쐬러 강 언덕으로 나오는 일본인과 마찬가지로 이곳 사람들이 종종 밤바람을 쐬러 오는 강 언덕이다.

케리야에서 출발해서 타클라마칸 대사막 속으로 모습을 감춘 케리야강 상류를 따라, 그리고 케리야강 원천이 시작되는 알친타그의 준령을 넘어 곤륜산 북쪽 기슭을 더듬어갔다. 그 전인미답의 고원을, 즉 피서를 겸해서 세계의 지붕을 따라 동북쪽으로 가서, 8월에는 감숙으로 들어간다, 그리고 감숙을 통과해 돈황으로 들어간다는 전대미문의 계획인 것이다. 입국 절차가 까다로운 티베트도 역시 옛날부터 그 중앙부에서 호탄 국경까지는 1,500킬로미터나 되고, 여기 대 곤륜산 부근 일대는 사람이 살지 않는 불모의 고원이니까, 다치바나의 피서 여행에 방해가 되는 것은 아무것도 없었다.

다치바나는 케리야에 본거를 두고 대규모 탐험 준비를 시작했다. 많은 말과 낙타, 그리고 야크[3]를 수배해서 사람들을 고용하고, 우선 사람과 동물들의 한 달간 식량을 알친타그의 준엄한 곳을 넘어 티베트 고원으로 운반시켰다. 게으름 부리지 않고 열심히 일하는 6, 70명과 20여 마리나 되는 말을 끌고 가려는 것이니까 그 노력과 경비는 막대했다. 길이라고 해도 거의 단층 절벽을 기어가야 하니까 그 고생도 상상 이상이었다. 사막에서 낙타부대처럼 다리를 부러뜨리기도 하고, 때로는 계곡 아래로 떨어지기도 하는데, 목적지 세카즈[4] 호수에 도착하기 전에 대부분이 탈락할 것만 같았는데, 가장 도움이 되었던 것은 다리가 짧고 강건한 야크와 노새뿐이었다.

이렇게 케리야 본부에서 지휘를 하고 난 약 1개월쯤 걸려 겨우 릴레이로 식량 운반을 마쳤다. 다치바나는 쿠차에서 운반해 온 애마에 걸터앉아 케리야강 상류로 조금씩 진행한 이틀째 드디어 산 속

---

3 야크 : 북인도에서 티베트에 걸쳐 사는 솟과의 짐승. 소와 비슷하며 힘이 세고 큼.

4 세카즈 호수 : 이 호수는 지도를 확인 해봐도 찾을 수가 없다. 아마도 아토토 다완 근처에 있는 호수인 Achik Kul로 추정됨.

마지막 마을인 포루[5]에 당도했다. 여기까지는 어쨌든 사냥꾼이나 사금 채취를 한 흔적이 새 다리 같은 점선을 이루며 그 족적이 보였다. 알친타그는 그 이름이 의미하는 대로 여기저기에 금을 낳는 대산맥이다.

목적지는 맨 첫번째 고개인 아토 토비 다완[6] 능선이다. 한적한 이 포루 마을은 천고의 얼음 속에 갇혀 있는 형상이었다. 눈으로 만든 거인이 앉아 있는 형세로 거의 그 발목 부분에 해당하는 셈이었다. 거기에서 거인의 어깨에 해당하는 4,500미터 고지에 이르기까지는 암석 사이를 누비며 가슴을 찌르는 날카로운 절벽 사이를 기어 올라가지 않으면 안 된다. 위로 올라가면 올라갈수록 사람과 말소리에 놀란 독수리와 까마귀가 푸드득거리며 날아가 버렸다. 말이나 낙타가 계곡과 암석에 떨어져 무참하게 시체를 드러내고 있는 것이 마치 이정표처럼 계속해서 이어지고 있었다. 이들은 다치바나가 먼저 보낸 운송부대의 희생자들이었다.

이렇게 해서 때로는 동물들의 짐을 등에서 내려 번갈아 끌어주기도 하고, 식량 상자를 디딤돌로 만들기도 해서 겨우 암석에 기어 올랐다. 때로는 로프 하나에만 의지해야 하기도 했다. 도중에 텐트 칠 공간을 겨우 찾아내 야영을 한 이틀 후 드디어 그렇게 험악한 언

---

5 포루(波魯) : Pulu 또는 Polu, 케리야 남쪽 75킬로미터 지점의 2,560미터 고지에 있는 마을.

6 아토토비 다완 : 아마도 포루 남쪽에 위치한 5,114미터의 준령인 아토토 다완으로 보임.

덕 정상 부근 눈 계곡에 처음으로 얼음도끼를 꽂아 넣을 수 있었다. 일행이 정상을 향해서 빙하 같은 딱딱한 눈 계곡을 밟으며 앞으로 나아가는데, 바로 머리 위에서 막막한 회색파도 큰 구름이 바람과 함께 밀려오더니, 갑자기 폭포가 내리치는 것 같은 굉장한 비가 옆에서 몰아쳤다.

눈 계곡은 눈앞에서 말 그대로 은빛 강바닥이 되었다. 그것도 잠시 그 다음 순간에는 바람이 구름을 실고 가버렸다. 하늘은 흐릿한 거울 면을 닦아 낸 듯 드높이 맑고, 흘러간 구름은 그대로 계곡 속을 깊이 메워 밑으로 내려가는 길을 차단해 버렸다. 그러자 눈앞에는 순식간에 천상의 청정한 경치로 변했다. 아, 이 얼마나 아름다운 장관인가! 거의 7,000미터에 다다르는 수많은 얼음 봉우리가 마치 커다란 프리즘을 진열한 듯 산 정상을 반짝이고 있다. 하계의 모습이라고는 도저히 생각할 수 없을 정도의 깨끗함으로 둘러싸여 있는 것이 아닌가. 눈부신 촛불로 장식한 백은白銀으로 만든 원형극장이다. 다치바나는 옛날에 이야기로만 들었던 달나라가 이런 곳이 아닌가 하고 매료되어 잠시 넋을 잃고 있었다. 일행은 비가 내리지 않는 사막지대와 기상 현상이 180도로 다른 티베트 고산지대로 들어온 것이었다.

드디어 고개를 넘었다. 맑게 갠 티베트 고원 전면을 바라보니 저 멀리서 정오의 빛을 받아 손거울처럼 반짝이고 있는 것은 세카즈 호수다. 그리고 그 빛나는 거울에 꽂혀 있는 하얀 압정같이 여기저기 산재해 있는 것이 틀림없는 '우리들의 텐트'이다. 일행은 일제히 탄

성을 지르고 언덕을 내려가기 시작했다. 하지만 그 기쁨도 잠시 다치바나를 비롯한 전원 모두가 가슴 언저리가 아프기도 하고, 심장 박동이 갑자기 빨라지기도 하면서, 또 두통이 심해져 눈이 어두침침해져 왔다. 바로 눈 아래서 텐트가 기다리고 있지만 불과 1킬로미터도 되지 않는 호반으로 내려가는 내리막길을 도저히 제대로 걸을 수가 없었다. 고산병과 일사병에 걸린 것이다. 반사반생으로 넘어지기도 하고 기기도 해서 겨우 텐트에 도착했다. 도착하는 데 거의 반나절이나 걸렸는데 차가운 기운이 내리 깔린 저녁 무렵이 되어서였다.

죽은 자도 없고, 또 특별히 중병에 걸린 자도 없다는 것은 불행 중 다행이었지만, 고산 생활에 익숙지 않은 다치바나는 일주간이나 헛소리를 하면서 무의식 속에서 누워 있었다. 다치바나는 몸이 회복되기를 기다리면서, 전인미답 고원으로 떠날 모험 여행을 상상했다. 소위 후장[7] 백지도를 바라보면서 그 스벤 헤딘이 지나간 지점 부근을 피해 계속해서 스케줄을 백지도에 그려 넣으면서 몽상에 잠겨 있었다. 그런데 사막지대에 익숙한 터키 대원들이 무경험 지대인 고산에서는 왠지 모두 겁을 내며 도망칠 궁리를 하고 있는 것 같았다. 다치바나는 감시를 늦추지 않았다.

텐트 생활 9일째 되는 한밤중이었다. 다치바나는 문득 눈을 떴다. 머리가 묘하게 청명해 도저히 잠을 이룰 수가 없었다. 밖은 달밤

7 후장(後藏): 티베트의 전통문화를 나누는 용어로, 동북부를 안다(後藏: A-mdo), 동남부를 강(康, Khams). 중부를 전장(前藏, dBus)과 후장(後藏, gTsang)으로 나누어 부름.

이다. 다치바나는 텐트 밖으로 나갔다. 마침 만월인지라 사방에 투명한 둥근 얼음 같은 달이 하늘 가운데에 걸려 있고, 호수 표면에 푸른 흰 그림자를 비추고 있었다. 비춘 그림자도 움직이지 않지만 비친 호수 면에도 가는 파도 하나 일지 않았다. 낮에 잠깐 본 적이 있는 둔치의 이름 모를 새빨간 부평초가 어느 샌가 시들어 있었다. 흰 꽃들이 꽃 비녀처럼 수면에 그림자를 떨어뜨리고 있는 얼음 산, 곤륜 정상 부근을 장식하고 있었다. 그 침묵하고 있는 거울 위를 때때로 창백한 불꽃 꼬리를 끌며 커다란 유성이 스쳐 지나갔다.

다치바나는 오래 전에 읽은 옛날 인도 이야기를 떠올렸다. 킨나라 천녀들이 만월 밤에 노래하고 춤추는데, 그 만월의 바닥과 깊이는 알 수 없는 늪과 같다는 이야기를 생각해 내고는, 지상의 신비라고 하는 것도 아마 이런 것이리라고 여기며, 자신을 잊고 우두커니 황홀함에 빠져 있었다.

마침내 다치바나는 청정한 별세계에서 눈을 돌려 일행의 텐트를 바라보았다. 크고 작은 6개의 텐트가 적당한 간격을 두고, 고원의 달빛과 너무도 잘 어울리게 평화스러운 잠자리에 들어 있었다. 주변에는 야크나 말과 낙타 그리고 만일을 대비해서 여분으로 데리고 온 수십 마리의 양들이 서로를 신뢰하면서 누워 있는 녀석도, 얌전하게 서 있는 녀석도 있었다. 또 어슬렁거리며 움직이는 녀석들도 있었는데, 이들 모두가 자연스럽게 텐트를 지키는 형태로 무리지어 있었다.

무인경 속에 홀연히 나타난 늠름한 부락 같았다. 자신은 지금 이 부대를 통솔해서 전인미답의 고원을 건너려고 하는 것이다. 천지간

지금 이 시간에 자신을 지배하는 자도 없고, 또 명령하는 자도 없으니 문자 그대로 절대 자유다. 로빈슨 크루소의 애절한 그 모습과는 천양지차다. 듬직한 이 부대! 이 순간이야말로 세계의 탐험사상, 인류 지도 위에 자신의 족적이 영원한 도장을 찍으려고 한다.

티베트의 달도, 세카즈 호수도, 곤륜의 산도. 보라! 지금 여기 혼자서 일본 청년의 커다란 꿈과 야심이 실현될 그 전야인 것이다. 그는 가슴의 고동 소리를 듣고 큰 소리로 시를 음미하고 싶었다. 이 얼마나 비할 데 없는 맑고 높은 흥분이란 말인가.

이 기쁨을 맘껏 나누고 싶어서 다치바나는 큰 걸음으로 한 텐트 쪽으로 다가가 살펴보았다. 그러나 거기는 완전히 텅 비어 있었다. 놀라서 다음 텐트를 살펴보았는데 거기도 인기척이 없었다. 다음도 그 다음도 커다란 텐트는 모두 비어 있었다. 단지 그의 텐트에서 가장 가까운 곳에 있는 작은 텐트 속에 비교적 이야기가 잘 통하는 인텔리 같은 두 터키인들이 아무것도 모른 채, 코를 골며 깊은 잠에 빠져 있는 것이다.

말할 것도 없이 인부들은 전도를 비관하고 달빛을 이용해 도망가 버린 것이다. 다치바나의 즐거운 공상은 순식간에 맥없이 무너져 버렸다. 그의 애마가 주인의 심정을 알았는지 어땠는지 이 냉동된 것 같은 깊이를 알 수 없는 침묵을 깨고 창자 속까지 스며드는 큰 소리로 울었다.

"여기서 그렇게 큰 소리로 울면 안 돼!"

그는 양가죽 침낭 속으로 다시 들어가며 그 자신에게 재기를 굳게 맹세했다.

다음날 텐트와 가축을 그대로 놓아두고, 그들 세 명은 말에 걸터앉아 하산을 계획하고 다시 한 번 난행 끝에 겨우 보루 마을에 도착했지만, 마을 사람들 누구 하나 인부로 나서려고 하지 않았다. 그래서 곧바로 케리야로 갔는데 거기서도 한 발 앞서 도망 온 인부들의 선전 탓인지, 사람들이 모여들지 않았다. 어쩔 수 없이 호탄으로 급행해서 겨우 신예 부대를 조직할 수가 있었다.

이내 또다시 고생했던 이전의 고개를 넘어 세카즈 호수에 쳐둔 그리운 텐트로 돌아와 보니, 이미 말이 몇 마리나 쓰러져 있고, 그 나머지도 모두 쇠약해졌는지 비틀거리고 있었다. 가장 건장했던 야크도 어디로 가버렸는지 없었다. 만일을 대비해서 데리고 온 양떼도 대부분은 그림자도 형체도 없고, 그 중에는 피투성이가 된 채 애처롭게 쓰러져 있는 것도 있었다. 그 외에는 먹다 남은 머리나 사지 잔해가 널부러져 있었다.

다치바나는 그것을 보고 문득 양두구육이라는 말을 떠올리고 혼자서 쓴웃음을 지었다. 그들이 없는 사이에 이리떼가 습격한 것이리라. 이 모습을 보고 겁을 먹거나 게다가 신진 중에는 고산병을 앓기도 했는데 도착하자마자 도망친 자들도 있었다. 다치바나는 이렇게 된 바에는 한시라도 빨리 이동할 수밖에 없다고 생각하고 텐트를 걷고 동남쪽으로 출발했다.

계속 진행해 나간 이틀째 케리야강의 한 지류로 보이는 강물이 그들의 발걸음을 막았다. 그대로 거기를 따라 내려가면서 이전의 데이지 대위가 미답사하여 점선을 그어둔 지점을 탐험 목표로 삼고 그 쪽으로 이동했다. 급류와 절벽, 그리고 거대한 암석과 싸우면서 깊은 계곡을 건너갔다. 때로는 노새가 짐을 실은 채로 떠내려갔다. 때로는 말 발에 상처가 생기고 야크도 피곤한 기색을 보였다. 대원들의 불평도 계속해서 날카로워졌다. 다치바나는 3일간의 방황 끝에 케리야 상류 탐험을 단념하고, 오른쪽 언덕 한 계곡물을 따라 티베트 고원으로 돌아갈 결심을 했다. 반나절 진행했는데, 이번에는 절벽에 딱 맞닥뜨렸다.

이렇게 고생과 방황을 계속한 4일째 일행은 완전히 진퇴양난에 놓였다. 앞에는 커다란 울퉁불퉁한 암석이 족히 1,000미터나 되어 보이는 깎아지른 언덕 아래였다. 그 밑으로는 이 또한 그 깊이를 알 수 없는 계곡이었다. 어쩔 수 없이 지금은 목숨을 걸고 이 거암 사이를 누비며 올라가는 수밖에 다른 길이 없었다. 그날 다치바나는 폭포가 말라 있는 것 같은 지점에 텐트를 치고 새로운 기운을 축척하려고 계획했지만, 대원들은 이 절벽을 그저 올려다볼 뿐 한숨만 내쉰다. 다치바나는 동물들의 발굽을 바꾸도록 했다.

다음날 다치바나는 대원들을 하루 종일 쉬게 하고, 몸이 날렵한 한 청년만을 데리고 정찰하러 갔다. 그리고 어느 정도 용기를 얻고, 다음날 전원 필사적으로 동물들을 일일이 밧줄로 옮겼다. 안장에서 내린 짐은 개미들처럼 열심히 위로 운반하고 또 운반했다. 그날 밤은 바위 그림자에 의지해, 얼어 버릴 것 같은 몸을 겨우 쉴 수 있었다. 다음날 저녁에 이르러서는 드디어 알친타그의 이름도 없는 해발

6,000미터급 봉우리 정상에 설 수 있었다.

필설로 다 할 수 없는 난행 속에서 말도 노새도 야크도 절반 이상이나 죽었다. 정상에 있던 빙하가 얼음폭포가 되어 흘러내리고 있는 곳에 접어들었을 때는 더 이상 로프가 없어서 터키인들의 터번 몇 개를 빌려 단단하게 연결했다. 그것을 각자의 목숨 줄로 여기고 번갈아 가면서 얼음도끼를 휘둘러 발 디딜 틈을 만들어 겨우 안전을 확보할 수 있었다. 천신만고 끝에 전원이 어떻게든 정상에 겨우 도달해 한숨 돌리려고 하는 순간이었다. 얼음에 발굽이 미끄러진 말 한 마리가 이미 자신을 지탱할 힘도 남아 있지 않았는지, 앗! 하는 순간에 빙하 틈 속으로 떨어져 버렸다.

춥디추운 그 깊이를 알 수 없는 어두운 지옥에서 일행들은 이 말을 어떻게 구해줄 수가 없었다. 밤에는 그 부근 바위 그림자 밑에서 얼 것 같은 몸으로 쭈그리고 앉아 선잠을 잤다. 빙하 바닥 밑에서 울려 퍼지는 말의 쉰 목소리는 슬픈 비명이 되어 들려왔다. 다치바나는 자신 때문에 얼음 속에 생매장된 말을 향하여 염불을 했다.

높은 산에는 아침이 빠르다. 아직 날이 새지도 않은 것 같은데, 눈을 떠보니 희미한 달빛 아래 구름은 고산에 걸려 있고, 그 이외에는 흰색으로 펴진 그야말로 망망대해였다. 서쪽으로는 파미르가, 동쪽으로는 감숙에서 이어지는 알친타그 대산맥의 구름을 넘는 봉우리들이 즐비했다. 동쪽에서는 푸르스름함으로 서쪽에서는 엷은 꼭두서니 빛으로 물들면서, 마치 거대한 석순石筍처럼 뾰족한 봉우리들이 경쟁하고 있었다.

남쪽 곤륜산맥으로는 고원을 사이에 두고 뾰족한 능선이 공중에 우뚝 솟아 있다. 마치 성벽 같은 건장함 속에 최고의 신비로운 세계를 지키고 있는 것 같았다. 정말 암시적이다. 그 또 높은 성벽 건너편 위에 꿈속에서나 나올 법한 하얀 산들이, 그리고 또 그 위에 산들이 첩첩이 연결되어 있었다. 다치바나는 커다랗게 끊임없이 펼쳐지는 광경을 보고, 화엄경의 그 번성한 장면을 생각해 냈다. 그런데 졸음에서 깬 것 같은 이 고원에는 안개가 없다. 있는 것은 밤과 낮을 반반씩 섞어 놓은 것 같은 반투명한 신비로운 빛을 품은 청명한 기운뿐이었다.

타클라마칸 대사막은 오늘도 또 구름 아래에 있다. 저 멀리 그리운 천산天山이 보이지 않을까 하고 망원경으로 바라보았지만, 운해 넘어 저 멀리 북두칠성이 낮게 기울어지고 있을 뿐이었다. 그제서야 다치바나도 자신의 무모함과 대담함에 소름 끼쳤다. 그러면서도 사람의 마음에서 생기는 그 두려운 힘이란 것이 비록 자신이라고 해도 놀랍다.

여기에는 나무 한 그루도 풀 한 포기도 없다. 보이는 시계는 바위 그리고 돌뿐이다. 저 멀리 구름에 묻혀 있어 계곡 아래에는 아무것도 보이지 않는다. 사람도 동물도 일행 중에서 부상당한 자가 없다는 것은 정말 다행이다. 부처님의 가호라고 할밖에 다른 말이 없었다. 다치바나는 저 먼 동방을 향해서 합장하고, 국가에 대한 감사의 마음이 저절로 우러나와서 입속으로 만세 삼창을 외쳤다.

마침내 아침 해가 높이 오른 봉우리에 붉은 것이 비치기 시작하고 장엄하고 웅장한 세계가 눈앞에서 드러나기 시작했다. 다치바나는 7, 8일 전에 케리야 상류에서 쓰러진 말고기를 쪼아 먹으러 왔다가 잡힌 독수리를 텐트에서 데리고 나왔다. 새는 그의 장갑 위에서 늠름한 날갯짓을 하고는 아래쪽을 내려다보았다. 그 웅장한 모습이 다치바나의 마음을 끌어당겼다. 그는 품속에서 일장기日章旗를 끄집어내어 계속 흔들었다. 얼마나 감격스러운가!

이 부대를 이끌고 세번째로 티베트 고원에 내려섰을 때에 다치바나의 기개와는 달리 대원들도 동물도 극도로 지쳐 있었다. 그 뿐만이 아니다. 대원의 반 이상은 도망가 버렸고, 동물들도 많이 줄어 있었다. 그들이 한결같이 바란 것은 행진이 아니라 휴식이었다. 그러나 불행하게도 휴식하려는데 연료가 될 만한 풀도 없고 짐승 분뇨도 없었다. 식량상자나 지팡이 외에는 다른 아무것도 땔감이 될 만한 것이 없었다. 이렇게 되면 앞길이 캄캄했다.

그날 밤 갑자기 뭔가가 텐트를 뒤흔들었다. 다치바나는 큰 폭풍우가 덮쳤다고 생각하고 얼른 일어났다. 그런데 그의 텐트 바로 옆에 묶어 두었던 애마가 굶주림에 참지 못해 텐트를 갉아 먹고 있는 것이 아닌가? 그래도 그는 쓰러진 동물을 잡아먹지 않고 버렸다. 그리고 도망간 대원을 쫓아가지도 않고 남아 있는 부대원들만을 모아서, 곤륜 기슭을 목표로 정하고 동남쪽으로 계속 나갔다.

그러나 그것도 단지 이틀뿐이었다. 3일째는 살아 남았던 두 마리 말이 마침내는 미쳐 버린 듯 텐트 기둥과 식량 상자를 갉아먹었는데, 심지어는 양 머리까지 갉아먹는 형편이니 편안하게 잘 수가 없었다. 언제 어떤 위험이 닥칠지 알 수 없기 때문이었다. 다치바나는 각자 소량의 식량만을 휴대하고 다른 모든 짐은 버리고 한시라도 빨리 내려가기 쉬운 고개를 찾을 수밖에 없었다.

이렇게 결심하자 다치바나는 자신이 길들인 마스코트 독수리의 발에 '대 일본 구법 승려 다치바나 운운'이라고 쓴 일장기를 묶고 날려 보냈다. 그때 거기에 남아 있었던 대원이라고는 불과 젊은이 두 사람 밖에 없었다. 독수리는 일단 공중으로 날아올라 그의 텐트 위에서 커다란 원을 한 바퀴 그리고서는 힘없이 쓰러진 양을 겨냥하여 하강했다. 한참 고기를 쪼아 먹더니 처음의 둥지였던 아토 토비 다완 쪽으로 사라졌다. 다치바나는 독수리를 우두커니 전송하면서 저 날개가 내 것이라면 하는 생각이 문득 들었다.

남은 3명은 먹을 수 있는 만큼의 양을 충분히 먹고, 2, 3일 분량의 식량을 각자 등에 메고 북쪽을 향해 퇴거하기 시작했다. 북으로 내려가다 보면 반드시 대사막 어딘가 오아시스가 나올 것이다. 이런 식으로 해서 험악한 산과 계곡을 내려오며 헤매기 시작한 나흘째, 배고픔과 추위에 피곤해서 여차하면 쓰러질 것 같았지만 서로 격려했다. 그리고 마침내 관목이 무성하게 자라고 있는 맞은편 산에서 총을 멘 터키 사냥꾼의 모습을 확인하고, 겨우 그 오두막에 도착해 도움을 받았다. 3, 4일 후 케리야로 돌아와 50명이 넘는 대부대를 조직해서, 고원에 버려 두었던 금궤와 그 외 다른 필요한 짐을 가져올 수가 있었던 것은 약 1개월이 지나고 나서였다.

사막 마을 유지가 하루는 송별의 표시로 명물인 독수리로 사냥

대회를 개최하고, 거기서 잡은 작은 오리로 향연을 베풀어 주었다. 그 석별의 향연은 비싼 값을 치른 소위 그의 피서여행이었던 티베트 고원 모험으로 얻은 실패라는 깊은 상처를 싹 잊게 해주었다. 다치바나는 새롭게 조직한 14, 5명의 카라반을 인솔해서 동쪽 돈황을 목표로 이전과 같이 탐험 발굴 순례에 나섰다.

그 즈음 돈황에서 두 명의 남자가 그의 도착을 학수고대하며 기다리고 있었다. 한 명은 교토 혼간지에서 파견된 요시카와吉川이고, 또 한 명은 요시카와로부터 머지않아 이 땅에 취경하러 일본 삼장이 올 것이라는 것을 들은 주지 왕원록 바로 그 왕도사였다.

요시카와는 다치바나가 호탄을 떠나 티베트 고원으로 갔다면, 8월에는 돈황으로 들어와야 할 것인데 아직 다치바나의 소식이 묘연하고 정확하지도 않아 걱정하고 있었다. 엎친 데 덮친 격으로 중국 본토는 손일선[8]과 황흥[9]이 일으킨 거병에 호응해서, 각지에서는 청조전복의 혁명이 봉기할 정세였다. 그래서 법주로부터 다치바나가 있는 곳을 알아내어 일본으로 데리고 돌아오라는 명령을 받고 있었던 터였다. 롯코산[10]의 니라쿠소[11]에 있던 중국인 코크 리李를 따라,

---

8 손일선(孫逸仙, 1866~1925): 일선은 손문(孫文)의 자(字), 중국 국민당의 창시자. 여기서는 1911년 10월 10일 신해혁명(辛亥革命) 바로 직전을 말하는 것으로 보임.

9 황흥(黃興, 1874~1916): 원래 이름은 진(軫), 자는 근오(廑午)인데 후에 흥(興)으로 개명하였음. 20세기초 중국의 혁명가. 여기서는 1911년 4월 23일 조성(趙聲)과 같이 광주(廣州)에서 일으킨 황화강(黃花崗) 봉기를 말하는 것으로 보임. 이로써 다치바나의 탐험 시기는 1911년 초여름 즈음으로 보인다.

10 롯코산(六甲山) : 고베(神戶) 시민들에게는 서울의 남산 같은 곳. 개항 초기 영국

10월에 돈황에 도착해서 사방팔방으로 다치바나의 소식을 수소문하고 있었는데 어느 하나 실마리가 되는 것은 없었다.

이러한 일이 일어나고 있다는 것을 다치바나는 꿈에도 몰랐다. 계속해서 현장 삼장의 뒤를 좇는 한편 스타인의 뒤는 피해 가면서 체르첸에서 22살의 새해 첫날을 맞이했다. 그리고 놉노르 호반의 차클리크에서 처음으로 중국 본토 혁명에 대한 풍문을 들었던 것이다. 말할 것도 없이 신해혁명이었다.

무역상이 별장을 만들며 개발됐다.

11 니라쿠소(中二樂莊) : 고즈이의 별장으로 2차 탐험 이래의 서역 물품을 보관했던 곳. 이곳에 보관된 서역 유물들은 대체로 1914년 이후 도쿄와 여순(旅順)으로 반출되었고, 특히 1916년 이곳에 소장되어 있던 일부의 유물이 고즈이의 정적(政敵)이었던 후사노스케(久原房之助)에게 니라쿠소 건물과 더불어 양도되었다가 서울의 조선총독부 박물관에 기증된 것으로 알려져 있음. 아마도 여기의 별장으로 보임.

돈황으로

다치바나는 터키식의 모자를 덮어쓰고, 고산용 색안경을 끼고, 방한을 겸해 가능한 수염을 길게 기르고, 터키식 양가죽 외투를 한 벌 길게 만들어 입고 있었다. 터키 상인으로 변장해서, 궤짝을 운송하는 카라반을 3일 먼저 보내고, 몇 명의 종자를 따라 슬며시 돈황 성으로 말을 타고 들어갔다. 거기에는 까닭이 있었다.

사막에 퍼져 있는 혁명에 관한 소문에 의하면, 돈황 수비대와 혁명군 사이에 전투가 빈번히 일어나고 있고, 마을에는 방화, 살인, 약탈, 강간 등이 횡행하고, 말하자면 완전히 무방비의 혼란 상태라고 했다. 그러니까 만약 외국인용 큰 궤짝이라도 보이면 너나 할 것 없이 모두 살해하고 약탈해갈 것이 분명하니까, 체르첸 현지인 일행이 떨고 있는 것도 무리는 아니었다.

그래서 다치바나는 그들을 달래기도 하고 어르기도 해서, 어쨌든 터키 상인으로 변장하여 그들과 헤어져 혼자 먼저 잠행하기로 한

돈황 1-40호 석굴의 외관
펠리오, 『Les Grottes de Touen-houang』, vol. 1, V.

것이다. 만약 그 소문이 사실이라면 3년간 고생하며 발굴해 돈황 아문으로 보냈던 50개 남짓한 귀중한 큰 궤짝들이 약탈되었을지도 모르고 아니면 소각되어 버렸는지 알 수 없었기 때문이다. 놉 사막을 무사히 건너고 옥문관 유적에 가까워질 무렵 호탄으로 돌아가는 터키인으로 구성된 작은 카라반들과 만났다. 그들로부터 돈황에는 혁명과 관련된 어떤 파급도 없었다는 것을 확인했는데, 그제서야 불안한 마음을 누그러뜨릴 수가 있었다.

그리고 그 상인의 입에서 한 일본인이 이미 4개월 전부터 호탄 방면에서 도착할 한 동포를 기다리고 있다는 이야기도 들었다. 그들은 휴대하고 있던 차클리크 중국 관청 앞으로 보낸 의뢰장을 보여 주었다. 거기서 다치바나는 비로소 요시카와가 와 있다는 것을 알고, 마지막 힘을 다해 쉴 새 없이 주야로 말을 달렸다.

돈황으로 들어오기 이틀 전날 밤, 계속 내리는 눈 속을 말 위에서 꾸벅꾸벅 졸고 있는데, 아무래도 멀리서 사람 말소리 같은 것이 들렸다. 문득 정신을 차리고 귀를 기울여 보니 그 소리들이 이쪽으로 다가오고 있었다. 그때 한 일행이 터키어로 "이리다!" 하고 외쳤다. 정말 이리떼였다. 다치바나와 일행들은 각자 휴대하고 있던 랜턴을 적을 향해 세차게 흔들고 또 흔들었다. 그리고 마른 풀에 불을 지르고 소리가 나는 쪽을 향해서 총을 난사했다. 다행히 습격은 막을 수 있었고 적들은 도주했다. 그날 밤은 밤새도록 거기에 머물며 불을 피웠다. 다음날 아침이 되어 보니 무수한 이리 발자국이 남쪽 산기슭을 향하여 눈 위로 이어지고 있었다.

돈황 마을로 들어간 다음날 다치바나는 곧바로 요시카와 숙소를 찾았다. 요시카와는 체류 100일 즈음이 되자 백방으로 손을 써보았지만 어쩔 도리가 없으니 이제는 스스로 사막 지방을 탐색할 결심을 하고 있었다. 그리고 그 뜻을 교토의 법주에게 보고하고 지령을 받고자, 방금 코크 리李를 안서 전보국으로 보내었다. 곧 그를 다시 불러들이려고 파발군을 보내어 흉보 대신 다치바나 무사귀환이라는 길보를 치도록 했다.

요시카와는 다치바나 양친이 보낸 편지와 과자를 건넸다. 또 법주가 보낸 위문품 양갱도 건넸다. 자신 같은 일개 젊은이의 안부를 신경 쓰고 특별한 환송을 위해 일부러 파견해 준 법주의 은혜가 다시 한 번 온몸으로 전해져서, 다치바나는 눈물 없이 그것을 삼가 받을 수가 없었다.

카슈가르에서 사모님의 서거 소식을 듣고, 또 충복인 홉스의 장례식에서 눈물을 흘린 이래, 참으로 1년간 잊고 있었던 눈물이다. 그것도 그때와는 다른 기쁨의 눈물이다. 오랫동안 마음에 눌러 붙었던 사막의 모래 먼지를 깨끗이 씻어주는 눈물이었다. 젊은 열정이 폭발했다. 최근 5년간 일어났던 일을 어디에서 어떻게 말하면 좋을지 다치바나는 몰랐다. 주방장이 정성을 다해 만들어 준 일본 요리를 먹고, 아무런 경계심 없이 이렇게 일본어로 계속 말할 수 있다니 이런 행복과 기쁨이 또 어디 있을까. 그런데 끝없이 이어지는 다치바나의 이야기 속에서 간혹 터키어가 자연스럽게 섞여 나오는 것 또한 어쩔 수 없는 것 같았다.

요시카와는 그 이야기에 귀를 기울이면서 첫번째 탐험에 오를 때 어린 아이와 같았던 이 미소년 다치바나가 5년 사이에 보기에도 믿음직스러울 정도로 늠름한 청년으로 성장해 있었다는 것을 느꼈다. 검게 탄 얼굴에 수염을 길러서인지 이전에 어려 보였던 때보다 훨씬 유약한 가축같이 보였지만, 상냥하고 맑은 쌍꺼풀이 없는 눈이 지금은 이상한 빛을 띠며 사람을 감복시키는 날카로운 무언가가 있었다. 요시카와는 감탄했다. 그리고 무엇보다도 눈에 띄는 것은 그 호리호리한 여자 같았던 어깨가 지금은 딱 벌어져 있는 것이다. 요시카와는 중앙아시아의 엄준한 대자연으로 단련되어, 새로 태어난 청년 탐험가의 모습을 다시 한 번 매료된 듯 쳐다보고 있는 것이었다.

"다치바나 씨, 이렇게 말하면 실례일지 모르겠지만, 5년 동안에 멋진 남자가 되었습니다. 얼마나 고생했는지 다 알 수 있을 것 같군요."

그 말은 또 다른 말로 세계적인 탐험가가 되었다고 하는 감탄의 뜻도 포함되어 있는 것이다.

"요시카와 씨, 이 모두가 법주님의 덕분입니다. 법주님 같은 불세출의 세계적 위대한 인물을 종주로 모시고 있는 우리들은 특별한 은총을 입고 있는 것이 아닙니까? 정말 과분한 은총이지만 신명을 다해 사명을 끝까지 완수해 내겠습니다. 저는 여기서 잠시 휴양을 하고 돌아가는 길에 고비사막으로 가서, 외몽골에서 베이징으로 가는 코스를 택해 궤짝을 좀더 무겁게 만들어서 선물로 가지고 돌아갈 생각입니다. 그런데 기쁘게 맞이해 주실 소중한 분이 돌아가셨다니 정말 쓸쓸합니다. 요시카와 씨, 사모님이 돌아가셨을 때의 모습을 이야기해 주세요. 단지 이것 하나만이 정말 유감……."

다치바나는 눈물을 글썽였다. 짧게 설명한 임종 때의 슬픈 이야기는 이야기하는 이도 듣는 이도 모두 눈물을 흘렸다. 그리고 요시카와가 가지고 온 법주 친필의 작은 명호를 향해 둘은 마음으로나마 짧은 경문을 읊었다. 또 돌아가신 사모님에 대한 추억을 이야기하고, 끝날 것 같지 않은 탐험 이야기로 꽃을 피웠다. 각지에서 들은 기문奇聞, 진담, 전설, 습관 등을 이야기했다. 흥미 깊은 중앙아시아 체험담을 이야기하는 중에 다치바나는 어느 샌가 열을 띠며 비분강

개했다.

"요시카와 씨, 작년 법주님과 함께 인도로 갔을 그때와, 그리고 이번에 중국 투르키스탄 일대를 걸어 보았습니다. 지금으로부터 천 몇백 년 전에 건초 지대에 구법을 세우기 위해 목숨을 걸고 서쪽으로 향해 건너가신 법현 현장과 같은 많은 삼장님들의 고생을 체험을 통해 알았습니다. 특히 서역의 고승들 그 중에 나습과 축법호와 담무참이라는 분들이 전도와 경전을 번역하기 위해 동쪽으로 가신 그 노력에 저절로 머리가 숙여졌습니다. 실로 가는 곳곳마다 유적들이 있었으니까요. 그러나 어떻습니까? 그것이 하루아침에 회교도에 뿌리 뽑힌 지 거의 천 년이 되어 가지 않습니까? 지금 중앙아시아 어디를 걸어 보아도 만족할 만한 절 하나는커녕 아마 완전히 남아 있는 불상 하나조차 그 옛날 그대로 보존되어 있지 않고, 제사도 지내고 있지 않고, 염불하는 소리 하나 들을 수 없었지요. 그와는 반대로 회교는 어떻습니까? 거의 전 중앙아시아에는 '코란 아니면 검'에 정복되어 여기저기서 알라 신이 만연하고 있지요. 그리고 그 종교 전쟁으로 순직한 성자들의 영령이 각지에 산재해 있고, 지금도 향을 헌화할 자리가 모자랄 정도로 번창하고 있습니다. 정말 불교도의 기개 없음을 생각하고 비분강개했지만, 여기서 하나 생각해 봐야 할 것은 왜 회교가 이들 토착민의 신앙심을 얻고 있는가 하는 것입니다. 카슈가르에서 영국, 러시아 양국의 세력 다툼이 시작되었습니다. 한편에서는 복음당을, 한편에서는 천수당天守堂(성당)을 만들었습니다. 각각 종교라는 가면 아래 거기를 침략 기지로 삼아 제국주의의 마수를 뻗치려 했는데, 우루무치 부근에 와서는 참으로 러시아 세력이 얼마나 널리 퍼져 있는지를 분명히 보았습니다. 그럼에도 불구하고 신교도 구교도들이 대국의 배경을 가지고서도 이 확고한 회교 세력을 어떻게 해볼 수 없었다는 것 아닙니까! 이번 탐험 여행 중 법주님으로부터 회교 세력의 실태를 조사하라는 명령도 받았습니다. 이것은 앞으로 동아시아 장래에 해당하는 근본 문제 중의 하나로 바로 이 회교 문제가 떠오를 것입니다. 법주님의 선견지명에 정말 황송할 뿐이지만 요시카와 씨, 이것이 카슈가르에서 법주님께서 주신 코란경입니다."

다치바나는 외투 주머니에서 수진본인 터키어 경전을 내어 보였다. 요시카와가 받아 들고 펼쳐보니 여기저기 연필과 만년필로 밑줄이 그어져 있었다. 다치바나의 말에 의하면 여행하면서 터키 학자에게 배우면서 계속 읽어 왔다고 했다. 그리고 회교에 관한 권위 있는 많은 경전들은 법주의 명령으로 카슈가르에서 사 모을 수 있는 만큼 사 모았고 궤짝 중 몇 개는 그러한 것들로 가득 차 있었다.

다치바나의 눈동자는 빛나고 볼에는 홍조가 드리워져 있었다.

"저는 이번 여행에서 절실히 느꼈지만 일본의 불도들은 너무 기개가 없습니다. 옆 나라 중국에서조차도 지금 포교권 하나 없고 또 가지려고도 하지 않습니다. 어찌된 셈인지 세계의 보물인 이 대승불교의 가르침을 예전의 은인인 나라에 수출해서 이전에 받은 은혜에 보답하려고도 하지 않는 것입니다. 이미 법주님의 광대하신 머릿속에는 이러한 계획이 다 들어 있고 티베트의 달라이 라마와 비견될 수 있을 정도입니다. 이번 아시아 오지를 둘러보고 절실히 깨달은 것은 1905년(러 · 일 전쟁)의 승리 이후 일본이 아시아의 젊은 태양으로 빛나기 시작한 것은 분명하고 모두 그렇게 믿고 있다는 것입니다. 이 기회를 잡아서 우리 청년 불도들은 몸을 아끼지 말고, 아시아 사람의 아시아 부흥을 위해 일어나야 할 것입니다. 저는 이번 탐험 여행에서 다수의 중국인, 터키인을 비롯해 러시아인, 영국인까지 부하로 써보았고, 또 각지 상류층과도 대등하게 또는 그 이상으로 교제도 해보았지만 기죽지 않았습니다. 물론 이것은 법주님이라는 커다란 배경이 보이지 않는 가운데 힘을 발휘해 주셨기 때문이지만, 그래도 저 같은 애송이일지라도 그들을 잘 지도할 수 있겠다는 확신은 확실히 얻고 그것을 실증해 온 셈입니다. 신시대에게 속하는 광대무변한 부모 마음인 불심으로 아시아를 하나로 하자는 지도 원리에 이 이상 될 만한 것은 없을 것입니다."

"저는 당신과 달리 승적이 없는 한 속인이지만, 그렇지만 동시에 고혼잔[1]의 녹을 먹고 사는 자로서 당신 생각에 전적으로 찬성합니다. 부족하지만 선봉부대로서 지원하고자 합니다. 이번에 당신을 마중하러 중국 내지를 여행해 보니, 이 늙은 대국이 소위 "잠자는 사자"였던 것은 옛날 이야기이고, 지금은 빈사의 상태로 보였습니다. 혁명당이 봉기하는 것도 당연하고 여기서 뭔가 자신의 힘으로 눈떠

---

1 고혼잔(御本山) : 다치바나가 속한 정토진종 오타니파(大谷派) 니시혼간지(西本願寺: 현재 교토시에 있음)를 말함.

서 일어나는 것이 아니라, 앞뒤에 이리들이 발톱을 세우고 각자 사자의 분할권을 차지하려고 기다리고 있으니까 곧 굉장한 것이 시작될지도 모르죠."

"말씀하신 대롭니다. 위험하다면 위험하지요! 속단인지 모르지만 이 중앙아시아 탐험 발굴에서 결국 당신의 말씀대로 사자가 잠들고 있는 사이에 부처님의 가르침과 인연이 없는, 뼈대도 없고 게다가 은혜도 추호도 느끼지 못하는 녀석들이 조금씩 아무런 방해도 받지 않고 계속 가지고 가고 있지요. 가치를 매길 수도 없는 귀중한 보물을 가지고 가버렸으니 정말 빈 둥지를 겨냥하는 꼴이지요. 그리고 하는 짓도 악랄합니다. 모래 속에 묻혀 있는 것을 주워 가는 것은 그렇다 치지만, 예를 들면 투르판에서도 쿠차에서도 벽화를 잘라 가지고 가버렸습니다. 그 뒤에 오는 사람들이 볼 수도 없게 엉망으로 만들어 버렸으니까 이것은 회교도의 파괴보다 한층 더 악질입니다. 회교도는 종교 전쟁에서 이교도를 퇴치한다는 것이지만 이들은 완전히 도둑이지요. 그리고 그 물건들을 마치 공을 세운 것 같은 얼굴로 가지고 가서, 학문연구라는 미명 아래 내놓을 것이 눈에 훤합니다. 그 기세로 미루어 보면 여기저기 남아 있는 천불동 벽화나 소상들이 뜯겨져나가 그들의 나라로 가져가는 것은 단지 시간문제입니다. 학문이 수단을 가리지 않는다는 것은 위험천만입니다. 우리가 불교 동점 흔적을 찾으며 애석해하고 그 희생자 유골을 모아 공양하려고 하는 것과는 전혀 성격이 다른 것이니까 죄가 깊죠. 그러나 그러한 괘씸한 녀석들이 가는 곳곳마다 각국이 경쟁적으로 돈을 아끼지 않고

대규모 사업을 하고 있으니까 정말 화가 납니다. 그런데 가장 좋은 장소에 있고 가장 인연이 많은 일본은 어떤가 하면 법주님의 오타니 미션이 있었으니 그나마 다행이기는 하지만, 그 다음은 단순한 조사 여행이라고 해도 히노日野 소령의 『이리(伊犁, Ili) 기행』 하나뿐이니까 말입니다. 이것을 러시아, 영국, 독일, 프랑스, 이탈리아를 비롯해 유럽 각국의 수십 개나 되는 탐험 여행에 비한다면 너무 적지 않습니까? 그리고 그들은 학문이라는 이름을 걸고 멋진 기록이나 정밀한 지도를 만들어 기실 첩보 역할도 겸하고 있으니, 막상 어떤 일이 생길 때를 대비하고 있는 것이니까요. 그렇게 되면 이쪽도 가만히 앉아 있을 수는 없다는 적개심이 생깁니다. 어쨌든 이 아시아의 심장부에 해당하는 건조지대는 지금은 볼품없이 황폐해져 있는데, 머잖아 틀림없이 민족들끼리 패권 다툼의 도가니로 전락해 버릴 것 같다는 생각이 듭니다. 알친타그의 금이나, 천산의 석회를 비롯해, 석유, 철과 천연 자원이 무척이나 풍부하니 동서를 연결하는 꿈같은 이야기로만 치부할 수 없습니다. 그렇게 되면, 요시카와 씨, 여름에는 티베트 고원에서 피서 여행으로 멋지게 보내고 히말라야나 파미르, 그리고 곤륜으로 등산한다면, 일본의 알프스[2]에 비할 바 아닙니다. 돈황 주변의 멜론이나 씨 없는 포도 등으로 식탁을 풍성하게 하는 등 유쾌하지 않습니까. 그런데 놉노르 호수의 바라크 고기는 태

2 일본 중부에 있는 히다산맥(飛驒山脈), 기소산맥(木曾山脈), 아카이시산맥(赤石山脈) 따위를 통틀어 이르는 이름.

곳적에 이 주변이 바다로 이어져 있었던 때 육지로 봉해진 연어류의 퇴화한 녀석이라고 하는데, 아무리 서역 정취라 해도 이런 맛없는 것에는 두 손 듭니다."

"이번에 티베트 고원으로 간 피서여행은 어땠습니까?"

"그것은 일생일대의 대실패로 패군한 장수와 같았습니다. 결국 젊은 혈기에 실수했다고 해야겠지요. 지금 생각해 보니 공명을 너무 서두른 것입니다. 이번에는 리히트호펜이다, 이번에는 영허즈번드[3]다, 이번에는 스벤 헤딘이다, 이번에는 캡틴 데이지[4]다, 라고 서로 경쟁하듯 7,000미터급의 어느 산을 넘어 정복했다고 하는 식이니까요. 그렇죠. 스타인 씨까지 카라코람에서 심각한 동상을 입기도 했다며 공헌한 것 같은 얼굴을 하고 있었으니까, 저도 그만 뭉게뭉게 끓어오르는 야심에, 우선은 피서 겸, 그들의 뒤통수를 칠 겸해서, 티베트 백지도에 이 발로 붉은 선을 그어 보이겠다고 생각했지요. 지난해 카라코람을 건넜던 적이 있으니까 그만 그 기분에 취해 조금

3 영허즈번드(Francis Edward Younghusband, 1863~1942) : 영국군 장교겸 탐험가. 그는 파키스탄(당시 인도령)에서 태어나 장교 교육을 받았다. 1886년 그는 만주에서 고비사막을 거쳐 카슈가르와 인도에 이르는 대탐험을 수행하여 황실지리학회의 주목을 받는다. 그 후 1906년부터는 카슈미르에 정착하게 되고, 러시아와 영국의 경쟁에 있어서 중앙아시아에 대한 과학적이고 체계적인 발굴 필요성을 일깨운 사람이기도 하다. 그리고 1919년에는 황실지리학회의 회장을 역임하면서 중앙아시아 탐사 경쟁에 있어서 그의 역할은 더욱 커졌다. 특히 그는 직접 탐험에 참여하지는 못했지만 샤퍼(Ernst Schäfer)의 티베트 탐사에 결정적인 지원을 해준 것으로 알려져 있다.

4 캡틴 데이지(Captain Deasy) : 영국의 탐험가로 1898년 티베트 북부에 위치한 총무스타그(Qong Mustag : 6,962미터)에 세계 최초로 탐사한 것으로 알려져 있음.

경솔했습니다. 아니, 정말 위험한 곳이었지요. 지금 이 목숨이 붙어 있는 것만도 행운입니다. 알친타그산 속, 케리야 계곡을 헤매고 있을 때, 얼음 위를 건너는 순간에 얼음이 갈라져 그 속으로 떨어지고, 급류에 발을 헛디뎠을 때 마침 피켈이 딱딱한 얼음 속에 튼튼하게 고정되어 있어서 살기는 했지만요. 이틀째 먹은 것이 없어 심신 모두 지칠 대로 지쳐 있었던 적도 있었으니까, 정말 지옥문까지 갔다 온 셈이지요. 다행히 도움이 되었던 것은 제가 병사 출신으로 몸이 가벼웠다는 것이지요."

이야기를 하고 또 해도 끝이 나지 않는다. 다치바나는 이야기를 하는 가운데 겨우 일본어를 되찾은 듯 계속해서 일장 연설하는 것이었다. 새벽 즈음이 되어서야 겨우 잠자리에 들었는데 눕자마자 다치바나는 깊은 잠속으로 빠져들었다. 피곤한 탓도 있었겠지만 고생했던 탐험으로 단련된 일종의 선물이었다. 요시카와는 자신에게 없는 다치바나의 그 배짱이 부러웠다.

다음날 두 사람을 데리고 아문으로 보냈던 큰 궤짝을 조사하러 가자, 놀랍게도 호탄과 케리야서 십장을 했던 두 사람이, 불쌍하게도 4개월간 감금되어 있었다. 중국 관헌의 말에 의하면, 만일 다치바나가 물건을 가지러 왔을 때 물품 수가 부족할 경우를 대비해 해명하려고 증인으로 잡아두었다고 했다. 이 말도 안 되는 놀라운 논리에 그 대단한 다치바나도 질려버리고 결국 죄도 없는 두 카라반에게 충분한 수당을 주고 곧 석방책을 마련했다.

요시카와가 천불동에서 사온 옛 사경을 보이며 이제 얼마 남아 있지 않은 것 같다고 한 것은 그날 밤이다. 다치바나는 생각지도 못한 좋은 소식을 듣고 신이 났다. 런던에서 스타인을 만났을 때, 그가 사고 남은 것을 펠리오가 사왔다고 했는데 아직 잔여분이 남아 있을 거라는 말을 들었다. 그래서 그것을 입수해 가려고 마음먹었는데, 중앙 정부가 모두 몰수해가 버려서 이제 더 이상 없을 것이라고 우루무치에서 듣고 지레 포기하고 있었던 것이다.

"아직 있다고 하는 것이 이상한데요. 경전은 말할 것도 없고 그 주지까지 베이징으로 끌려갔다는 소문이 자자했습니다. 우루무치에서는요."

"제가 여기 작년 4월 10일에 도착했는데 며칠 후에 천불동으로 갔었지요. 이제 이 사회에서 묘한 명사로 알려진 그 이상한 주지에게 실제로 한 다발 40권 정도를 사왔지요. 거짓말도 과장도 아닙니다."

"오! 주지 스님도 있다고요. 그 유령이, 발이 움직이지 않는군요. 발이 움직이지 않는 다는 것은 이것은 중국식 괴담이지요? 내일이라도 바로 가보죠. 사경이 있으면 법주님께 최고의 선물이 될 수가 있을 테니까요."

그러나 주지는 이미 다치바나가 도착했다는 것을 어떻게 들었는지, 그날 밤 다른 사람들의 눈을 피해 먼저 숙소를 방문해 왔던 것이다. 즉 행상으로 가장하고 왔던 것이다. 나중에 안 것이지만 숙소 주인과 공모하고 있었던 터라 주인이 살며시 정보를 빼주었던 것이라고 했다.

희한한 거래

주지는 숙소 주인 터키인에게 안내를 받아 방으로 들어왔다. 요시카와도 주방장도 이미 서로 안면이 있는 사이였다. 요시카와가 돈황에 도착해서 곧바로 천불동을 방문했는데 그때 주지에게 40권의 고사경을 샀기 때문이다. 그때 주지가 내민 이상한 형태의 두루마리가 있었는데 그 문자가 어떤 것인지 잘 몰랐기 때문에, 자신의 친구인 일본 삼장이 호탄 방면에서 이쪽으로 찾아오기로 되어 있다, 자신은 그를 맞이하기 위해 저 멀리 일본에서 온 것인데, 그 삼장이 오면 이것이 필요한지 아닌지를 알 수 있으니까, 그때까지 빌려 주지 않겠는가 하고 가지고 온 것이었다. 주지는 그 이후 삼장의 출현을 학수고대하고 있었다. 틀림없이 그 프랑스 삼장처럼 학문이 있는 당당한 대인일 것이라고 은근히 그 모습을 상상하며 그려 보기도 했었다.

그런데 요시카와에게 이 사람이 기다리고 기다리던 그 일본 삼장이라고 소개받았을 때, 햇볕에 그을린 얼굴에 숱이 적은 수염이

나 있는, 스무 살도 채 안 돼 보이는, 어딘가 도련님 티가 배어 나는 순진함이 남아 있는 흰 얼굴이었다. 게다가 자신들과도 많이 닮은 골격에 같은 피부색을 한 청년이라는 것에 깜짝 놀라 버렸다. 이 청년이 그렇게 오랫동안 기다리고 기다렸던, 요시카와 대인께서 그렇게 존경해 마지않는다던 그 당사자인 삼장이란 말인가?

조심스레 찾아온 주지는 그를 만난 순간에 이 자는 겁낼 것 없는 초심자라는 생각이 들었지만, 마제은에 정신이 팔려 방을 둘러보고 금궤 존재를 넌지시 살펴보았다. 장소가 좁아서 물건이 겹겹이 쌓여 있었는데 상당한 도구들이었다. 주지는 나이 많은 요시카와가 다치바나에게 왠지 함부로 하지 않는 것 같은 모습에 역시 이 자는 일본의 유서 있는 집안에 태어난 귀공자일지도 모른다고 생각해 보았다. 그렇게 된다면 점점 더 희망적이다. 주지로서는 얼마 남아 있지 않은 황금알을 적어도 높은 가격으로 팔 수밖에 없는 신분으로 전락해 있었던 것이다.

다치바나의 인품에 대한 평가가 끝나고 그 자리에는 주인과 주방장 리가 때때로 차나 과자를 들고 왔다갔다하는 것 외에 출입하는 사람이 없다는 것을 확인하고 나서, 주지는 겨우 안심한 듯 조심스레 장물이라도 다루듯 옛 사경을 한 권씩 다치바나의 눈앞에 진열하기 시작했다.

『법화』·『대반야』[1]·『대경』[2]·『유마維摩』·『금광명』[3] 등 옛날부

---

1 대반야(大般若) : 대반야바라밀다경(大般若波羅蜜多經)의 약칭. 반야를 설파한 여

터 일본에서도 익숙하여 평범하다면 평범해 보이는 흔히 있는 경전들이 계속해서 펼쳐지는 것이다. 그것도 1권에서 끝 권까지 모두 갖추어져 있는 것도 아니고 중간에 한두 권씩 빠져 있었다. 그것도 필사자의 연호가 들어가 있지 않고 게다가 발원 시주하는 원문願文, 지어識語나 사경한 스님의 이름도 없는 소위 자투리 같은데, 언뜻 보기에도 당당한 서체로 보아 틀림없는 당경唐經이었다. 그런데 놀랍게도 용지가 딱딱하고 두꺼운 황마지나 곡지에는, 벌레 먹은 흔적이 적었고, 황색 빛을 띤 종이의 표면에는 마치 건물처럼 탄탄한 구성으로 선명한 검은 문자들이 겹겹이 쌓여 웅혼한 풍채로 이어지고 있는 것이다. 다치바나는 마음을 빼앗겨 쳐다보고 있었다.

"역시 당나라 것이군요. 좋은 것 같은데요."

옆에서 요시카와가 다치바나의 감상을 재촉했다. 다치바나는 "음"이라고 신음 소리를 내면서 역시 잠시 병아리 승려였을 때부터 배워 온 대무량수경大無量壽經(불설무량수경)의 익숙한 한 구절을 입속으로 읊고 있었다. 어제 보여준 요시카와 것보다는 훨씬 좋은 물건들이었다.

러 경전을 집대성한 책으로 대승 불교의 근본 사상을 설명하고 있다. 당나라의 현장(玄奘)이 번역하였으며 모두 600권으로 되어 있음.

2 대경(大經) : 불설무량수경(佛說無量壽經)의 별칭. 부처님이 아난과 미륵을 대화의 대상으로 삼아 무량수불(無量壽佛)과 극락에 대해 이야기해 주는 형식. 관무량수경(觀無量壽經) 및 아미타경(阿彌陀經)과 함께 정토종의 소의경전(所依經典)으로 널리 읽혀짐.

3 금광명(金光明) : 금광명최승왕경(金光明最勝王經)의 약칭. 당나라 의정(義淨)이 번역하였다고 함.

"이건 법주님께서 틀림없이 기뻐하실 것입니다. 카슈가르에서 영국 총영사의 매카트니 씨에게 초대받았을 때 당경이라고 하는 것을 몇 개 보았는데 이쪽이 훨씬 잘 보존되어 있고, 확실히 글자도 남성적이고 아름답고 멋지군요. 단지 너무 깨끗해서 상처도 없는 새로운 것이 오히려 조금 기분 나쁠 정도입니다. 주지 스님, 어느 정도로 사례하면 될까요?"

마지막 말은 비교적 유창한 베이징 관어로 말했다. 주지는 젊은 삼장의 만족스런 모습에 기뻤지만 좀더 경계하고 살피는 것도 늦추지 않았다. 지금부터가 중요한 순간인 만큼 한층 긴장되는 것을 억지웃음을 지어 보이며 우두커니 손가락 네 개를 앞으로 내밀고 공손하게 머리를 조아려 보였다.

"4냥입니까?"

주지는 머리를 흔들어 보였다. 한 권에 4냥, 20권 전부 200냥, 그 정도라면 다치바나는 흔쾌히 지불할 생각이었다. 그런데 아니라고 한다. 다치바나는 요시카와 쪽을 쳐다보았다.

"요시카와씨는 이것을 얼마 주고 샀습니까?"

"한 권 1냥으로 해서 대충 커다란 마제은 하나를 주고 덤으로 관음상 같은 불상도 두 개 가로채 왔습니다. 저는 그냥 부르는 대로 주었으니까. 한 권 1냥이라면 양쪽 다 괜찮지 않습니까?"

주지는 불안하듯 두 사람이 나누는 일본어 대화를 바라보고 있었는데, 형세가 불리하다고 판단한 것인지 갑자기 웃음을 짓더니 이번에는 손가락 세 개를 세웠다. 처음 스타인에게 받은 네 개의 마제은을 잊을 수 없었고, 그것을 기준으로 계산한 것으로 물론 50권 한 다발로 계산한 것이었다.

"어떻습니까? 요시카와 씨, 저렇게 하고 있으니까 어쨌든 오늘은 부르는 대로 3개로 하고 좀더 가져오라고 하면 되지 않겠습니까? 이 경전들이 깨끗하기는 한데 하나도 제대로 된 완본이 아니니까, 저 중이 아마도 이 앞뒤 권을 모두 가지고 있을 겁니다."

"그것도 그렇지만 밀고 당기고 하는 데 멍하니 당하시면 안 됩니다. 상대의 약점을 틈타 오히려 바보 취급하니까요. 두 개만 주어도 많이 주는 겁니다. 누가 이런 별난 옛날 사경에 일부러 여기까지 와서 살 사람이 어디 있겠습니까? 얼마든지 깎을 수 있습니다. 저 중놈이 우리가 찾아갈 때를 참고 기다리지 못해 여기까지 가지고 올 정도니까요."

돈황에 한동안 체류해서인지 현지인들의 심리도 풍습도 잘 알게 된 요시카와가 하는 말이었다.

거기에는 과연 일리가 있어 보여서 다치바나는 진지한 얼굴로 손가락 2개를 세워 보였다. 주지는 갑자기 울상을 하고 다치바나에게 굽실굽실 머리를 조아렸다. 주지는 숙소 주인이 정보를 제공해 주는 대신 이득은 절반으로 나누기로 되어 있었다. 모처럼 견본으로 보이려고 깨끗한 것들만 골라 온 것인데, 그것을 마제은 2개로 낙찰하게 되면 자신의 손에 들어오는 것은 1개라는 계산이 되고 요시카와의 경우보다도 이윤이 적었다. 그래서 필사적으로 머리를 조아리기도 하고, 합장하기도 하고, 그리고 했던 말을 또 하면서 우는 소리를 늘어놓는 것이었다.

다치바나는 불쌍하기도 하고, 적당한 데서 이야기를 결정지으려고 금궤 열쇠를 열려고 하자 문 밖에서 엿듣고 있던 주방장 리가 갑자기 달려 들어와 다치바나의 소매를 잡고 방 밖으로 끌고 나갔다.

"선생님, 조심하지 않으면 안 됩니다. 저 중놈이 숙소 영감과 한패가 되어 뭔가를 계획하고 있는 것이니까. 뭐, 이거 모두 합쳐서 하나만 줘도 아까울 정도입니다. 저에게 맡겨주세요. 야단을 쳐서 본때를 보여줄 테니까요."

주방장 리는 긴 소매를 걷어 올리고 완력으로 해보이겠다는 기개를 보였다. 다치바나는 의로운 얼굴로 분기하는 주방장을 타일렀다. 그날은 어쨌든 주지가 원하는 대로 마제은을 쥐어주고 가까운 시일 내에 좀더 많은 사경을 가지고 오겠다는 약속을 받고 기분 좋게 주지를 돌려보냈다. 주지는 의외로 기질 좋은 젊은 귀공자인 것 같은 새로운 일본 삼장에게 호의를 느끼며 돌아갔다. 다치바나는 다치바나대로 뜻하지 않은 수확이 생겨 기쁘기도 했다.

"없을 거라고 포기하고 있었는데, 뜻하지 않게 법주님께 최고의 선물을 드릴 것이 있어서 다행이군. 그런데 이 나라는 도량도 크군. 스님이 경전을 메고 행상하러 오다니. 나도 꽤 여러 곳을 다녀봤지만 이런 적은 또 처음이군. 이쪽에서 부탁하기만 하면 삽을 사용하지 않고도 국보급인 옛 불경이 손에 들어오니까 고맙기는 고마운데, 뭐랄까. 같은 스님으로서 조금 이상한 기분이 들지 않습니까?"

"그 중놈 재미 내어서 다시 가지고 올 겁니다. 그러나 이번에는 틀림없이 가짜도 섞어서 가지고 올 테니까 한 번 두고 보세요."

다치바나는 유적이 많은 돈황에서 여유 있게 지내며 천불동과 부근 고적지와 폐허를 발굴하기도 하고, 규모는 작았지만 그래도 아직 얼마간은 남아 있다고 하는 다른 불동을 찾기도 하며 명소나 유적지도 여러 곳을 탐방할 심산이었다. 그런데 중국 각지에서 불붙은 혁명운동이 중원에서 점점 이 변경 쪽으로 번지고 있다고 했다. 이미 양주, 숙주도 위험 지역이 되었고, 난주에도 이르렀다고 하는 소문이 매일 속속들이 퍼지고 있어서인지 모두들 제 정신이 아니었다.

그리고 그 기운을 생각해선지 돈황 아문에서도 만일 전화가 미치거나 폭도가 궐기할 경우 외국인에게도 피해가 가해질 우려가 있고, 위탁받은 귀중한 큰 궤짝의 보존도 기약하기 어려우니 하루라도 빨리 이 땅을 떠났으면 좋겠다고 하는 희망적인 말이 전해졌다. 정세를 보아하니, 틀림없이 무언가 대단한 것이 일어나고 있다는 것이 느껴지고 있었다. 농성 준비를 하는 것인지 식량, 무기들이 속속들이 성내로 옮겨지고 있었다. 어디서 데리고 온 자들인지 이상한 무장을 한 군부대가 눈에 띄게 늘어났다. 일단 사태가 벌어지면, 제일 먼저 이 병사 부대가 가장 위험 요소가 될 것이다. 외부로부터 계속해서 정보가 날아들고 있었다.

다치바나는 요시카와와 의논을 한 뒤 출발 준비를 하고, 1주간 정도 안서로 나가려고 했다. 궤짝을 우선 요시카와에게 맡겨 천산남로 안전지대에 숨겨두고 자신은 떨어져서 고비사막에서 외몽골 파오투(包頭, Baotou)를 거쳐 베이징으로 들어갈 예정으로 마지막 코스를 용감하게 활약할 스케줄을 세웠다. 그러고 있는데 교토 본산에서 급히 돈황을 떠나 중국 본토를 피해서 귀국하라는 전보가 도착했다. 혁명 소식을 이 변경보다 일본 본토에서 훨씬 더 손바닥을 보듯 훤히 알고 있었던 것이다. 신변이 갑자기 분주하게 되었다.

그러나 아무리 바빠도 천불동 탐방을 하지 않을 수는 없는 것이었다. 1월 말 두 사람은 1박 예정으로 천불동으로 말을 달렸다. 다치바나는 2, 3일로는 도저히 다 보고 다닐 수 있는 곳이 아니라는 것을 곧바로 알아채고 몇 개 정도 비중이 있는 석굴만을 급히 돌아보기로 했다. 그런만큼 그는 이전에 느껴보지 못했던 감격이 치솟아 마음속으로 다시 올 것을 기약했다. 그리고 이전의 북측 서고 석실이 지금은 완전히 텅 비어 있었고, 천 년이나 완벽히 숨겨져 있던 수하미인상 벽화의 한적함을 감개무량하게 가만히 바라다보며 런던에서 만난 스타인 얼굴을 떠올렸다.

밤에 절 한 곳에 머물렀는데 주지가 주위를 살피면서 고사경을 가지고 왔다. 얼마 전 숙소에 가지고 왔던 것보다는 훼손이 눈에 띄었다. 이번에는 잡다한 종류의 경률론經律論 같은 작은 것들뿐이었다.

"주지 스님, 아직도 있군요. 있으면 전부 다 살 테니까 모두 가져오십시오."

이 젊은 삼장도 이전의 붉은 머리칼의 두 삼장과 마찬가지로 또 모두들 전부라고 한다. 이 '전부'라는 말이 주지에게는 금기였다. 앞의 두 삼장과 마찬가지로 어떤 황금알을 낳을지도 모를 이 어미 닭을 두 눈뜨고 상자 밖으로 도망치게 하는 것은 아닐까 걱정이 되어서 우물쭈물 거리고 있었다. 그러자 젊은 삼장이 말하는 것이다.

"주지 스님, 런던에서 친했던 스타인 선생님을 만나 뵙고 들은 바에 의하면, 스님께서는 스타인 선생님에게도, 또 다음에 찾아온 프랑스 펠리오 선생에게도 상당히 기분 좋게 사경을 나누어 주셨다고 했습니다. 그런데, 영국 · 프랑스 두 나라의 두 박사들은 각각 훌륭한 분들임에는 틀림없지만, 그러나 모두 이 방면에서는 단순한 학자라고 하는 것입니다. 저처럼 불교자, 즉 불제자가 아닌 것입니다. 우리는 같은 불가의 인연이 있고, 게다가 피부색도 같고, 문자도 결국 이 경전 속의 문자를 보고 자라온 사이가 아닙니까? 그런데 이 정도로 갖고 싶어하고 그것도 이전의 두 사람에게 비할 수 없을 정도로 비싼 가격으로 사려고 하는 사람을 위해서 왜 좀더 가져오지 않으시는지요? 스님께서도 불제자의 한 사람으로서 저의 성업聖業에 일조를 하시면 좋을 것입니다. 제가 어제는 스님께서 말씀하시는 가격으로 예의를 보여 드리지 않았습니까?"

다치바나가 젊은 열정을 쏟아 설법해 보아도 아는지 모르는지, 마치 그것에 대해서는 무표정이고 주지는 계속 하품만 했다. 상대의 말이 끝나기를 기다렸다는 듯이 좀전에 박쥐처럼 들어온 기분 나쁜 모습으로 또 박쥐처럼 나가 버렸다. 그리고 그날 밤은 그렇게 지나갔다.

다음날 아침 이번에는 두 사람 쪽에서 암실을 덮쳤다. 그리고 허를 찔린 듯 허둥지둥하는 주지를 붙잡고 가지고 올지 말지 고민하는 그를 여러 가지로 교묘하게 얼러서 마침내 장롱 속에 있던 140여 권을 토해내게 하는 데 성공했다.

물론 장롱 속의 모습을 잘 알 수는 없지만 아무래도 아직 더 있는 것 같은 느낌이었다. 하지만 어쨌든 이번에는 이 정도로 하고 어젯밤 경권經卷과 합쳐 200권 조금 못되게 말 등에 실었다. 사례금은 다음날 숙소로 받으러 오도록 하고 더할 나위 없이 순조롭게 개선했던 것이었다.

약속한 대로 다음날 밤 주지는 200권 정도의 '그의 상품'을 휴대하고 나타났다. 요시카와가 주의해 준 대로 신경을 써서 보니 확실히 가짜가 꽤 섞여 있는 것을 다치바나도 잘 알 수 있었다. 이전에 카슈가르에서 영국 총영사 매카트니나 러시아 총영사 페트롭스키(Nicolai Petrovsky)를 비롯해 다양한 사람들이 출토품을 구매하면서 가격이 형성되고 나면 점점 더 위조품들이 시장에 나돌았던 적이 있었다는 이야기를 들은 적은 있지만, 정말 방심하면 안 될 것이었다. 왕 도사는 어느 샌가 그런 그럴듯한 소상인으로 전락해서 가짜 물건을 진품 속에 넣어 파는 법을 배웠던 것이다. 이러한 계통에 종사하는 장사치로 본다면 외국인에게는 특히 명성이 자자한 이 이상하고도 세계적인 돈황이라는 이름을 팔아먹는 것은 당연하다.

이 이름을 간판으로 천불동 것이라고 하며 팔고 다니기만 해도 어쨌든 세상은 그것으로 통한다. 결국 거래가 되는 것이다. 그렇다면 많지 않은 진짜를 미끼로 얼마든지 황금알을 증산시킬 수 있는 것은 당연한 것이다. 왕도사 또한 희한한 거래를 시작했던 것이지만 생각해 보면 이 방법 외에는 살아갈 길이 없었기에 그저 하나의 현명한 방책이었을지도 모른다.

진품, 위품을 구별할 만한 특별한 감식적인 눈은 필요 없었다. 종이 질에서, 먹의 색에서, 서체에서는 비슷비슷하지만 다 일목요연하다. 다치바나가 바로 도사 눈앞에서 진품은 진품, 위품은 위품이라고 두 분류로 나누고 있어도, 왕 도사는 특별히 속임수가 들통 났다고 생각하지 않는 모양이다. 변함없이 겉웃음을 지으면서 이전처럼 손가락을 세울 기회를 기다리고 있는 것이다.

다치바나는 불쾌하게 혀를 차며 모처럼 가시 섞인 말을 내뱉었다.

"주지 스님, 스님은 정말 이렇게 비천한 짓을 하는 사람입니까? 어제도 서로 불제자끼리라고 또 서로 형제와 마찬가지 같은 피부를 가진 인종으로 그 정도로 서로 돕자고 진심으로 말했는데, 이런 가짜를 섞는다는 것은 지나치지 않습니까? 그것도 한두 권이라면 애교로 봐주겠지만 이렇게 많다면 이것은 사람을 우롱해도 너무합니다. 그런 비뚤어진 정신이라면 이쪽도 이쪽 나름의 생각이 있습니다. 요시카와 씨, 나와 리가 이 스님을 잡고 있을 테니 수고스럽겠지만, 관아까지 한걸음에 달려가서 죄인인 천불동 도사가 금지된 국보를 외국인에게 팔고 있다고 고해주지 않겠습니까?"

지금까지 무슨 말을 들어도 목석 같은 표정으로 넉살 좋게 웃고 있던 주지가 관아라는 말을 듣자 갑자기 안색을 바꾸더니 손이 발이 되도록 빌며 열심히 변명했다.

"대인, 일본 삼장 대인. 관아에 고발하는 것만은 참아 주십시오. 나는 아무런 죄가 없소. 나라의 보배는 2년 전에 모두 나라에서 가지고 갔는데, 지금 제가 가지고 있는 것은 당연히 제 것이지요. 이것을 또 무법으로 빼앗으려 한다면 곤란합니다. 원래 저는 무학문맹으로 슬프게도 경전 문구를 읽을 수 없습니다. 오래된 것도 새로운 것도, 옛날 것도 지금 만들어진 것도, 이런 저런 것도 나는 구별할 수가 없습니다. 머리에서 모르니까요. 우선 나는 대인을 비롯해 각국의 삼장님들이 그렇게 허름한 휴지를 비싸게 사서 가지고 가는 그 까닭을 몰랐습니다. 낡고 허름한 것보다 새로운 것이 보기에도 깨끗하고 우선 지니기가 좋지 않습니까? 대인, 필요하면 이거 모두 여기에 두고 가지요. 그리고 좀더 필요하면 더 가지고 오겠습니다. 관아에 고발한다면 대인께서도 가지고 싶은 경을 손에 넣을 수 없을 겁니다. 어쨌든 제발 부탁입니다. 관아만은, 제발 참아 주십시오."

주지는 도망갈 자세를 취하지 않으면서 어쨌든 필사적으로 방 밖으로 나갔다가 10분도 채 지나지 않아 양 옆구리에 사경 꾸러미를 한 포씩 끼고 나타났다. 광에 숨겨두었던 것 같았다. 나중에 주방장리가 주먹을 쥐고 팔을 문지르며 격분해서 따라 왔다.

다치바나가 그 포장을 열어보니 하나는 질이 우수한 당경唐經 사본으로 대부분은 예전의 『법화경』 이후의 것이었다. 또 하나 무거운 쪽은 슈로[4] 낙엽에 쓰인 티베트 장경의 아름다운 협판夾板으로 무거운 것도 당연했다. 다치바나는 기분을 풀고 금궤 열쇠를 끄집어내면서,

---

4 슈로(シユロ) : Palmae(종려과), 즉 패다라(貝多羅)를 말함.

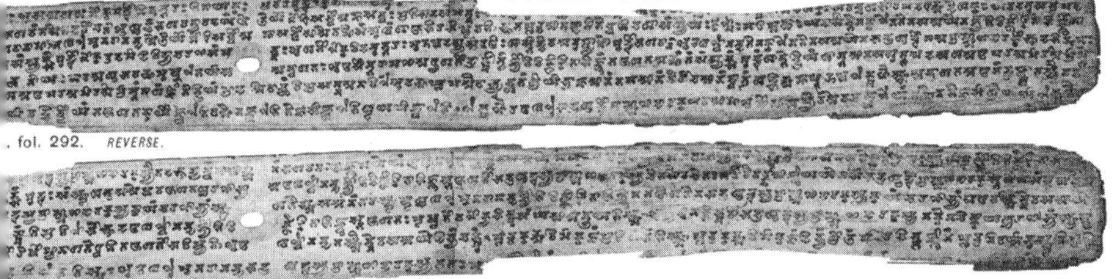

대승불교 경전인 반야경을 베껴 놓은 패엽경
돈황 천불동, 스타인, 『Serindia』, vol. 4, CXLII.

"주지 스님, 아직 더 있는 거지요? 스님도 언제까지 이런 것에 집착해서 계속 죄를 짓고 그 죄라는 녀석을 더 키우는 것보다 그냥 여기에 한꺼번에 모두 내어 놓고 후련해지세요. 섭섭하게는 하지 않을 테니까요."

어쨌든 관아행의 험악한 분위기가 진정되었던 것으로 간주한 주지가 다시 제 정신을 차린 듯 다치바나가 줄 마제은을 기다리고 있었다. 주방장 리가 '이 짐승'이라고 외치는 듯하더니 갑자기 주먹으로 주지의 옆얼굴을 내리쳤다. 주지는 마루에 넘어져 코피를 흘렸다. 리는 그런 주지를 확 차버리고 나서 팔짱을 끼고 으스대고 앉았다. 일순간에 일어난 일이었다.

다치바나는 무섭게 리를 노려보았다.

"이것 참, 이 얼마나 거친 짓을 하는가. 얼른 노인을 일으켜 세우게나. 무릎을 꿇고 사과하게. 상처 입으면 큰일이지 않는가? 난폭한 것에도 정도가 있지."

"다치바나 선생님, 이런 놈에게는 이것 외에 다른 방법이 없어요. 말해 봐도 들은 척하지도 않는 저 얼굴, 좋은 말로 하면 기어오르고 그리고 뒤에서는 함부로 말합니다. 이놈이 주인하고 한패 거리이고 마을의 못된 골동품가게 앞잡이로 선생님을 속이려고 했던 것을 제가 잘 알고 있으니까요. 언젠가 꼬리 잡히면 단번에 해치우려고 생각하고 있었는데, 드디어 오늘 밤에 걸렸습니다. 어찌 놓칠 수 있겠습니까! 선생님. 은 하나도 이놈에게 줄 필요 없습니다. 이 경권들을 어떻게 긁어모았는지 안 봐도 훤하지 않습니까?"

대장부다운 주방장 리는 아직도 쓰러져 있는 주지를 증오스럽게 노려보며, 일어서기만 하면 한 방 더 먹여주려고 준비하고 있었다.

"자네는 같은 나라 사람의 불제자를 내리치다니 너무 하지 않는가? 손을 잡아 일으켜 주게나."

"불제자는 무슨 불제자입니까. 가짜 중놈 주제에. 선생님, 이런 놈과 같은 나라 사람이라니 정말 울고 싶어집니다."

"그대가 사과하지 않으면 내가 사과하겠네. 그 대신 자네는 주인의 명령에 복종하지 않았으니까 미안하지만 지금부터 해고하겠네."

주방장 리는 갑자기 큰 소리를 내고 아이처럼 울기 시작했다. 우는 소리를 듣고 주인이 찾아와서 그 사이에 끼어들어 모든 것을 원만하게 수습했다. 주지도 바라는 대로 마제은을 받고, 거기에 특별 위로금으로 천불동 기부금도 얼마간 받고서, 기뻐 어쩔 줄 몰라 하며 귀공자 삼장 방을 나왔다.

그 은은 방을 나오자마자 반은 숙소 주인에게 반납하고, 주인은 주인대로 그 반 가까이를 주방장 리의 입막음으로 나눠 주지 않으면 안 되었던 것은 말할 필요도 없다.

다치바나의 일행이 돈황을 떠난 것은 그 후 3, 4일 뒤였다. 그렇게 호의를 베풀고 편의를 봐줬으니까 사경이 더 있으면 반드시 가지고 올 것이라고 은근히 기다리고 있었는데, 주먹에 질려서인지, 관아가 무서워서였는지, 오랜만에 손에 들어온 마제은에 만족해서인지, 아니면 상품이 없어서인지, 두 번 다시 주지는 그 모습을 드러내지 않았다.

일행이 서안에 도착해서 전보국에 들르자 두 개의 전보가 다치바나를 기다리고 있었다. 둘 다 교토 본산에서 왔는데 속히 시베리아를 통해서 귀국하라는 명령이었다. 하나는 페트로그라드를 돌아서, 하나는 카슈가르를 돌아서 도착한 것들이었다. 중국 내지에는 지금 전보 불통이라는 것을 증명하는 표시였다. 그리고 전보국 국장 테이블 위에 청조는 망하고 중화민국으로 되었으니, 인민은 그 생업에 애쓰고 신정부는 질서를 엄중히 할 것이며, 괴물 원세개[5] 이름으로 편안히 살면서 생업을 즐기라는 전문電文 포고가 놓여 있었다.

5 원세개(袁世凱, 1859~1916) : 현대 중국의 군인 겸 정치가로서 자는 위정(慰亭)이고, 호는 용암(容庵). 혁명파의 임시 대총통 손문(孫文)을 사임시키고 1912년 2월 임시 총통에 취임함으로써 중국을 정식 탄생시키고 수도를 베이징으로 옮김.

에필로그

"이것 참, 긴 이야기가 도를 넘어 버렸구려. 요즘 밤이 길어진 것도 어찌 미덥지 못했군요. 하루 동안 긴 이야기를 들어주시는 상대가 좋아 그만 이 노인이 얼떨결에 신명이 나서 당치도 않은 폐를 끼쳤습니다. 마침 이야기도 혁명까지 온 것이니까 이쯤에서 이야기를 마쳐도 되겠지요. 그러니까 선통 황제 이후의 만주 황제 부의[1] 씨, 그 분의 청조 즉위가 틀림없이 메이지 45년(1912) 2월 12일, 즉 원래의 일본 기원절紀元節(일본의 제1대 진무 천황이 즉위한 날) 다음날로 기억하고 있는데, 꽤 오래 전 이야기가 되어 버렸네요. 요즘은 오히려 젊

---

1 부의(溥儀, 1906~1967) : 도광 황제(道光皇帝)의 증손자이자, 순친왕(醇親王) 재풍(載灃)의 아들인 부의는 광서 황제(光緖皇帝)가 죽은 뒤에 황위를 계승(1912). 3년간 재위하였으며 신해혁명으로 황위를 내어주면서 중국 역사상 마지막 황제가 되었다. 1934년 3월 1일 일본이 만주국의 황제로 치켜세움에 따라 꼭두각시 노릇을 하게 되는 비운의 황제.

은이들이 신기해할지도 모르겠습니다. 그 즈음 일본의 변화도 상당한 것이었지만 중국 쪽도 굉장했지요."

"그러면 혁명 때, 베이징 도서관에 있던 돈황경은……."

"자세히는 모르겠지만, 아무래도 그 어지러운 틈을 타서, 꽤 그럴다 할 만한 것들이 행방불명되었다는 소문이 한때 전해졌었지요. 그 전의 고위 관리들이 시끄러운 틈을 타서 어떻게 했다는 그 부도덕한 소문들도 그 전후에 생긴 이야기인지도 모르지요. 단지 그 즈음의 청조 정부인 중국에서는 도저히 옛 사경에 푹 빠져들 수 없었던 난세였다는 말이지요. 교토 대학의 훌륭한 선생들 중 몇 사람이 함께 모여서 조사하러 갔을 때, 아마 혁명이 일어나기 한 해 전쯤 이야기이니까 여전히 전부 조사는 되어 있지 않았던 것 같습니다. 어찌된 셈인지 여기 나에게도 이런 것이 섞여 들어 왔으니까요."

"그것이 또 재미있는 것입니다. 1914년이라고 하니 제1차 세계대전이 시작되던 해지요. 그때 또 이전의 스타인 선생이 세번째 중앙아시아 탐험에 나서서 옛날 그리운 천불동에 갔던 것이지요.[2] 그러자 주지인 왕도사가 8년 만의 재회를 매우 기뻐하고 마치 첫 주인을 맞이하듯 반겼다고 합니다. 그 동안 쌓인 여러 가지 많은 이야기를 들려주고 마침내는 엉엉 울면서 맨 처음 스타인이 전부 팔라고 했을 때 큰 맘 먹고 한 번에 넘겼으면 좋았을 것을 구두쇠 마음으로

2 스타인은 1913~1915년에 걸친 3차 탐험에서 1914년에 돈황의 왕도사를 다시 찾아 사권(寫卷)을 사갔음.

거절한 것이 처음부터 잘못이었다, 결국에는 청룡도의 위협 아래 약탈이나 마찬가지로 빼앗기고 겨우 목숨만을 건졌다며, 하염없이 하소연했다고 합니다. 왕도사도 나이가 꽤 들었으니 기가 약해졌을지도 모르지만, 심지는 대단한 자로 남은 사경 다섯 상자를 모두 건넸다고 하는 것이니까, 어지간히도 그 긴 세월을 그렇게 인내심 있게 가지고 있었다는 것이지요. 참으로 그 초인적인 강인함은 누구도 따라가지 못할 겁니다. 아마 가짜를 섞어 넣었을지도 모르겠지만 어쨌든 그 대단한 스타인도 스쳐 지나가는 인연이면서 정에 약해 그렇게 매달리면 부처님 마음이 곧 생기는 것이겠지요. 아마 기요미즈 무대[3]를 뛰어내릴 만큼 마제은을 주었다고 하는 후문이 있지요. 특히 스타인 쪽에서 보면 이 주지 덕분에 그는 작위를 받은 것입니다. 그러니까 아무리 마제은을 많이 준다고 해도 아주 싼 보시지요. 아마 왕도사, 그것을 거머쥔 순간 이번에야말로 산서성 태어난 고향으로 돌아가 밭이라도 사서 노후를 보내겠다고 꿈꾸었을지도 모르지만, 내가 알고 있는 돈황 이야기는 이 정도로 우선은 끝을 내야 할 것 같군요. 왕도사가 그 영국인에게 홀딱 반해 버린 것이 재미있지 않습니까? 세상에서 말하는 악연이라는 거지요."

잠시 말이 끊기자 내가 그 뒤를 재촉이나 하듯이 그의 입 주변을 응시했던 모양이다. 거기에 즉각 반응하듯 입가 깊은 주름에 가득

---

3 기요미즈(淸水) 무대 : 교토 기요미즈테라(淸水寺)의 본당을 지지하고 있는 나무기둥으로 만든 무대. 139개의 나무기둥에 못을 사용하지 않고 지었다고 함.

미소를 띄우며, 또 계속 말을 잇는 것이었다.

올덴부르크

"악연이라니까 생각나는데, 스타인이 갔던 그해인지 그 다음해인지, 러시아의 올덴부르크[4]도 돈황에 갔었죠. 이 사람은 다치바나가 갔었던 전후에도 한 번 갔다고 하는데, 어쨌든 천불동 벽화 사진을 모두 찍은 후에, 옛 사경을 2, 3백 권 정도 손에 넣어 돌아갔다고 합니다. 스타인 경이 모두 다 내어 갔을 터인데, 아직 어딘가에 숨겨 두었던 것인지, 아니면 다른 석굴에서 발굴이라도 한 것인지, 아니면 따로 구입처가 있었던 것인지, 실로 기괴한 그 수법과 솜씨는 놀랄 만하지 않습니까? 괴물이지요."

"예측 불허이군요."

"대충 그렇게 된 것인데 그리고 10년 후, 미국의 어느 대학에서 무슨 박사라고 하는 사람이 돈황에 갔다고 합니다. 천불동이 당장에라도 붕괴할 것같이 황폐해진 것을 보고 참다못해 그대로 거기서 괴

4 올덴부르크(Sergey Fyodorovich Oldenburg, 1863~1934) : 러시아의 인도학자로서 불교에 조예가 깊었다. 1909~10년과 1914~15년 동안 중앙아시아를 여행하면서 지금까지 알려지지 않은 산스크리트어 문서를 직접 발굴하였고, 수차례 티베트와 준가얼의 과학적 탐험을 이끌어내어 많은 불교서적들을 밝혀낸 학자로 알려져 있다.

멸을 기다리기보다는 벽화를 몇 군데 잘라내고 불상도 몇 갠가 슬쩍 가지고 갔다고 하지요. 대학인지 박물관인지를 위해 가져갔다고 하는데 아마 그때는 이미 천불동에 아무도 없었던 게지요. 그러니까 그리고 4, 5년 후에 스타인 경이 다시 한 번, 즉 마지막 탐험으로 신강성에 들어갔을 때는, 그 유명한 명물 남자도 마침내 정토행을 한 것인지 어쨌는지 소문도 들리지 않았다고 하는군요."

"선생님, 그 미국인이 워너[5] 박사 아닙니까? 이번 전쟁에서 나라와 교토를 폭격에서 구해주었다고 해서, 한때 일본에서는 신과 같은 대접을 받았던 그 워너 박사지요. 그런데 신중국에서는 그 벽화 사건 이후, 미국의 대도적이라고 한다고 합니다."

"귀가 멀어져서 그런 신선한 뉴스는 전혀 모르겠지만 그러한 것은 이번에는 젊은이 쪽에서 말해 주어야겠지요. 그래도 똑같은 한 사람이 일본에서는 신적인 존재이고, 중국에서는 대도적이니까, 그것 참 대단히 재미있군요. 그런 식으로 보다 보면 스타인도 펠리오도 큰 협잡꾼 아닙니까. 예? 다치바나의 오타니 미션도 넣어서 삼대 협잡꾼이라구요. 그건 조금 과장된 것 같지만 아마 그러한 대 명인

---

5 워너(Langdon Warner, 1881~1955) : 예술사가, 하버드 대학 교수. 그는 일본의 교토, 나라, 다른 고대의 도시에 원자폭탄 사용을 반대하였기 때문에 교토와 가마쿠라에 기념비가 세워져 있다. 미국의 중앙아시아 탐험은 늦게 시작되는데 바로 1923년 가을 워너의 하서주랑 탐사가 바로 그것이다. 그도 역시 돈황의 왕도사를 만났고, 그는 벽화와 조각상에 관심을 가진 덕분인지 손쉽게 왕도사의 허락을 얻어 가져갈 수 있었다고 한다. 상식적으로 생각해 보아도 왕도사의 허락을 놓고 미심쩍은 부분이 있다. 과연 왕도사의 허락만으로 그렇게 드러나게 훼손을 자행했다는 것은 쉽사리 납득되는 부분이 아니다.

들 속에 나란히 선다면, 다치바나 대인은 미안해할 것입니다. 또 어떻게 생각해 보면 명예로 받아들일 수도 있겠군요. 그러면 러시아의 올덴부르크 교수는 그 추세로 간다면 간판 격인가. 하하하……."

주인이 쾌할 하게 웃어서 나도 같이 소리를 내어 웃었다.

"지금의 이 젊은 중국 심정으로라면 너무나도 천만당연한 말이지만, 숨이 막 끊어지려는 당시의 노대국에서는 거기까지 손이 미치지 못했으니까 없던 일로 포기했다고 하지요. 벽화나 소상 불보살들이 조금씩 도난당했다고 해도 불과 구우일모였겠지요. 어쨌든 그 막대한 유산이 그대로 통째 남아 있는 것이니까, 그거야말로 세계적인 가장 큰 유산 아닙니까. 나의 돈황 이야기는 여기서 끝을 맺습니다. 그런데 이 이야기는 이제 시작에 불과한 것인데, 결국 나의 돈황 이야기는 고서를 중심으로 한 것이지요. 앞으로 제2부는 벽화와 소상을 주인공으로 하면 되겠지요. 그것 또한 정말 대단한 이야기인 것 같습니다."

"그렇게 말씀하시면……."

"어쨌든 벽화 화면만 진열해도 26킬로그램이나 되고, 소상도 2,400개나 있다는 말이지요. 수량만 해도 그 수준이 틀리지요. 너무나 엄청나 압도되고 맙니다."

"저도 선생님의 이야기를 듣고 있는 사이에 돈황에 가보고 싶어져 몸이 근질근질합니다."

"그러실 테지요. 나같이 이 나이가 된 늙은이들도 즐겁게 그런 꿈을 꾼다오. 돈황 500석굴이 기다리고 있어요. 꼭 한 번 다녀오세요. 비행기라면 한 번에 날아가지 않습니까. 나의 꿈을 실현시켜 주실 분이 당신들의 임무이고 또 그것이 가능한 시대가 되고 있지요. 단 각국의 선배가 한 것처럼 문화라는 이름을 빌려서 야만적인 침략 행위만은 부디 반복하지 않겠다는 엄중한 조건이 붙습니다. 나는 그저 상인이 가지고 온 것을 마제은이 아닌, 신분에 맞지 않게 돈을 때때로 뿌려 손에 넣은 것들이지만, 서역 문화를 위해 훌륭한 박물관이라도 생긴다면, 일본에서든지, 경우에 따라서는 중국에서든지 어디든 괜찮죠. 가난한 자의 등불 하나 격이긴 하겠지만, 기꺼이 이 돈황경 컬렉션을 헌납할 정도의 생각은 있습니다. 아니, 이것 참! 돈황 이야기가 아니라 노인의 꿈 이야기가 되어버린 것 같군요."

주인은 은색 표면이 축축해진 샴페인 쿨러 안에서 백포도주 병을 끄집어내더니 내 잔에 가득 찰랑거릴 정도로 따르고 병 바닥에 한 방울도 남기지 않고 자신의 잔에 따랐다. 그리고 "노인의 꿈을 위하여!"라며 나를 재촉하고 건배했다. 나는 새끼 새처럼 귀엽게 입맛을 다시고는 주인의 입가를 무심히 바라보았다.

"그렇지. 포도주 때문에 생각난 것인데, 당 태종이었던가 서역 정벌을 했을 때 멋진 포도 종자를 얻어 돌아와 대궐 정원에 심었지요. 황제 스스로 여덟 종류의 술을 만들어 군신들에게 하사했다고 하는데 어쨌든 서역 양조법도 알고 있었던 게지요. 계속해서 그런 하이칼라적인 것이 유행하고, 게다가 여자들도 계속해서 장안으로 들어와서는 주루酒樓, 즉 오늘날의 카페나 카바레 같은 곳에서 호희胡姬라고 불리는 푸른 눈의 외국 여자가 서비스를 했던 것으로 보입

니다. 그래서 그 유명한 이백(701~762)의

오릉의 젊은이들 금시의 동쪽으로	五陵少年金市東,[6] 오 릉 소 년 금 시 동
은 안장 백마 타고 춘풍을 뚫고 가네.	銀鞍白馬度春風. 은 안 백 마 도 춘 풍
낙화를 밟으며 어딜 가나 했더니,	落花踏盡遊何處, 낙 화 답 진 유 하 처
웃으며 들어가네. 호희가 있는 술집으로.	笑入胡姬酒肆中.[7] 소 입 호 희 주 사 중

라고 하는 시가 나온 셈이지요. 상당히 이국적이고 그리고 멋을 낸, 조금 비틀어 보자면 세련된 상송이 될 것 같지 않소? 그런데 그 호희 대신 이런 나한 같은 노인의 서비스라니 좀 딱하게 되었구려! 그래도 조금 억지를 부려 보자면 이런 사막 지대의 긴 이야기도 더위를 식힐 겸, 뭐 정취가 전혀 없지는 않았겠지요? 어쨌든 하루 종일 들어 주셨는데, 이 한 잔의 백포도주로 쫓아내어 버리는 격이 되어서 이쪽이 과분할 정도로 고맙소. 그렇다고 해서 그 보답으로 돈황경 한 권이라도 드리면 좋으련만, 아무래도 이 녀석들, 폐물이 아니어서 그래도 아직은 미련이 남아 있어서. 괜찮다면 가나쿠류[8] 책이라도 어떻습니까? 이 좋은 밤을 기억하는 뜻에서 서역 향기 나는 시

---

[6] 오릉(五陵) : 원래는 한(漢)나라의 다섯 황제의 무덤을 말하는데, 당대(唐代)에는 이 지역에 귀족 자제들이 모여 놀며 연회를 베푼 번화가를 지칭하고 있음. 금시(金市) : 옛 낙양 시내거리.

[7] 이 시의 제목은 「소년의 노래(少年行)」로 2수(首) 중에서 둘째 시이다.

[8] 가나쿠류(金釘流) : 쇠못을 늘어놓은 것처럼 아무렇게나 갈겨쓴 책이나 문서를 말함.

라도 한 편 읊어 볼까요? 『당시선』 중에,

그대 들리지 않는가? 너무나 슬픈 저 호가소리, 君不聞胡笳聲最悲,[9]
군 불 문 호 가 성 최 비

자줏빛 수염 푸른 눈 서역인이 불고 있네. 紫髥綠眼胡人吹.[10]
자 염 록 안 호 인 취

한 곡을 불었으나 아직도 끝나지 않으니, 吹之一曲猶未了,
취 지 일 곡 유 미 료

누란의 수자리 병사들을 괴롭히네. 愁殺樓蘭征戍兒.[11]
수 살 누 란 정 수 아

싸늘한 가을 팔월 숙관의 길에는 涼秋八月蕭關道,[12]
량 추 팔 월 소 관 도

북풍이 불고 천산의 풀도 자라지 않네. 北風吹斷天山草.[13]
북 풍 취 단 천 산 초

곤륜산 남쪽으로 달은 기울려 하는데, 崑崙山南月欲斜,
곤 륜 산 남 월 욕 사

서역인 달을 향해 호가를 불고 있네. 胡人向月吹胡笳.
호 인 향 월 취 호 가

호가의 한스러움 그대에게 보내려고, 胡笳怨兮將送君,
호 가 원 혜 장 송 군

진산에서 멀리 농산 구름 바라보네. 秦山遙望隴山雲.[14]
진 산 요 망 농 산 운

변성에선 밤마다 서글픈 꿈 많아지니, 邊城夜夜多秋夢,
변 성 야 야 다 추 몽

달을 향한 호가 누군들 듣기 좋으랴! 向月胡笳誰喜聞.[15]
향 월 호 가 수 희 문

---

[9] 호가(胡笳): 고대 서북방 민족의 관악기로 피리의 일종. 한나라 때 장건(張騫)이 서역에서 들여왔다고 함.

[10] 호인(胡人): 당대(唐代)의 '호인'은 대체로 당시 중앙아시아 실크로드의 실제 상권을 장악한 속드인이나 아라비아 상인을 지칭하는 것으로 보임.

[11] 정수아(征戍兒): 변방을 지키는 병사.

[12] 숙관(蕭關): 영하(寧夏) 회족 자치구 고원현(固原縣) 동남쪽에 위치.

[13] 천산(天山): 여기에서의 천산은 감숙성 장액(張掖) 서남쪽에 있는 기련산(祁連山)을 가리킴. 농산(隴山): 산 이름으로 육반산(六盤山) 남쪽을 특별히 지칭함. 고대에는 농판(隴坂) 또는 농저(隴坻)라고 불렀음. 부풍(扶風) 무공현(武功縣)에 있음.

라고 노래한 것은 어떻소?"

주인은 눈을 감고 낭랑하게 시를 음미하며 천천히 책상 위에 있는 당묵을 들었다. 나는 그 음미하는 소리를 들으며 좀전에 그만 이야기 속으로 빨려들어, 보다 만 채로 두었던 무우[16] 2년 연호가 있는 황마지 『범망경』[17]을 천천히 덮고 마지막으로 작은 상아 고리를 걸었다.

---

14 진산(秦山) : 진령(秦嶺), 종남산(終南山)이라고도 부름. 현재 섬서성에 경내에 위치.

15 이 시는 잠삼(岑參, 715~770)의 「호가의 노래, 하농으로 부임해 가는 안진경을 전송하며(胡笳歌送顔盡卿使赴河隴)」이다.

16 무우(武友) : 연호(年號)로 보이지만 어느 나라 왕의 연호인지 확인할 수 없음.

17 범망경(梵網經, Brahmajālasutta) : 팔리어로 씌어진 남방 상좌부의 장경(經藏)인 장부(長部)의 첫째 경전으로 장아함(長阿含) 제21경본과 구마라십(鳩摩羅什)이 한역한 두 종류가 있으며, 우리나라에서는 구라마습의 역본이 전통적으로 중시되어 왔으나, 유송(劉宋) 시대(5세기)에 중국에서 만들어진 위경(僞經)임이 정설(定說)로 되어 있음.

저자 후기

『돈황 이야기』는 중국사변이 시작된 쇼와* 12년(1937) 가을에 집필하기 시작해, 같은 해 『가이조改造』 10월호에 발표한 것이지만, 어떤 사정이 있어 갑작스럽게 쓴 것이어서 집필 당시에는 그다지 의욕이 충만하지 않았다. 다른 기회가 있으면 초고로 삼아 개작하리라고 마음먹고 있었는데, 다행히 이번에 그런 기회가 찾아와 여름 내내 이 일에 몰두해서 그 내용을 쇄신할 수가 있었다.

분량은 약 3배 가량 늘어났는데, 이것으로 당초의 계획을 그대로 성취할 수 있어서 최근 수년간 돈황에 대해 찜찜했던 마음이 개운해진 것 같아 그것만으로도 나에게는 무척 만족할 만한 일이다.

작품 자체에 대해서 말하자면, 초고에서는 영국 탐험가의 이야기를 다소 상세하게 전개시켰지만 그 후의 일본과 프랑스 양국 탐험

* 쇼와(昭和) : 일본의 시대 구분의 하나로 쇼와 천황의 재위 기간인 1926년 12월 25일부터 1989년 1월 7일까지를 가리킨다.

가를 둘러싼 이야기는 조잡함이 많았다. 특히 일본의 오타니 미션은 단지 이름만 거론하고 언급했던 것에 지나지 않아서 아무리 너그럽게 보아도 너무 조악해서 부끄러운 마음이 들었었는데, 이번의 개작으로 돈황 이야기가 한 권의 책이 될 수 있어서 다행이다.

서역에 대한 나의 흥미는 호리 겐토쿠堀謙德의 역작인 『해설 대당서역기解說大唐西域記』를 접하고 눈을 떴다. 누구라도 동양사를 배우면 경험하는 것이겠지만 서역 36국이 이후 50여 국으로 된 중앙아시아, 투르키스탄 지역의 흥망성쇠는 시대에 따라 여러 개의 호칭으로 변해서 그 변화만으로도 정신이 없고, 또 그에 따른 한자를 읽는 것도 쉽지 않았다. 너무 애를 먹어서 정신없는 나날이었지만 나는 이 대승 삼장법사의 기록에 대한 박학하고 정밀한 연구 고증의 지침서로 인해 많은 꿈과 지식, 흥미를 불러일으켰던 것에 깊이 감사하고 싶다(그 후 새로운 자료가 나오기도 하고 그 연구의 결과가 이 책의 개정이 필요한 이유이기도 하다). 하타니 류데이羽溪了諦의 『서역의 불교西域の佛教』나 와타나베 가이교쿠渡邊海旭의 『서구의 불교歐米の佛教』 같은 명저를 보고서 그때까지 나의 흥미가 대부분 불교 동양사의 한 방면뿐이었고 서역에 한정되어 있었다는 것을 깨달았다.

특히 그 당시 『대당서역기大唐西域記』에 입문한 덕분에 손오공이 등장하는 『서유기西遊記』나 마르코 폴로의 『동방견문록東方見聞錄』 등에 상당한 흥미를 갖고 접했던 것을 지금도 잊을 수 없다. 그리고 쇼와 초기에 나는 처음으로 쇼쇼인을 방문하고 이상한 감흥과 경이로움을 느꼈다. 나는 이전에 품고 있었던 좁은 일본을 대신해서 세계적인 동양 문화의 찬연함을 보고 일본의 역사를 세계적인 시점에서 보아야 된다는 것을 알았다. 그리고 나의 생각은 먼 반도半島의 문화를 넘어서 장안으로 날아가고, 천산의 남북로인 소위 '실크로드'를 통해서 저 먼 인도는 물론 근동, 서구까지 뻗치게 되었다.

옛날 일본으로 근대 서구문화를 가져온 가톨릭 신부들의 유적지인 나가사키長崎와 같은 역할을 한, 또는 거의 그러한 역할, 아니면 그 이상의 커다란 역할을 담당한 지역으로서 서역의 관문인 돈황이 나의 시야에 크게 클로즈 업 되는 것 같았다. 여기에 호류지가 있고 쇼쇼인이 있다면……. 나는 그런 꿈도 꾸었는데 그때는 그것이 현실로 되리라고는 전혀 생각 못했지만 어쨌든 가슴속에 품게 되었다.

이렇게 해서 나는 야부키 게이키矢吹慶輝의 인도引導로 비로소 스타인의 저서를 접하게 되었다. 이즈음 이미 일본에서는 첫번째 돈황의 붐이 지나고, 야부키의 『삼계교의 연구三階教の研究』나 『다이쇼 일체경大正一切經』에서 돈황 출토의 경험을 이야기할 그 바로 직전이라 꽤 신경이 둔해져 있었다.

그 후에 내가 스타인이나 펠리오의 저서를 통해 이 동아시아 남북 관문에 위치한 호류지나 쇼쇼인의 천불동 기록이나 사진에 정신없이 매달린 것은 말할 것도 없다. 이것들을 거의 한 번 훑고 나서 그륀베델(Grünwedel)이나 르코크(Le Coq) 것도 엿보게 되고, 그리고 하네다 데이羽田亭의 『서역문명사개론西域文明史概論』 등에도 입문했다.

그렇게 되고 보니 옛날에 그냥 읽어두었던 『당시선唐詩選』 등의 많은 부분이 서역과 관련된 이국적인 시로 가득했던 것에 새삼스럽게 깜짝 놀라기도 하고, 또 나라奈良 부근 오래된 사원의 유품에 우연히 이 지방의 유품과 비슷한 것을 발견하고 당황하고 감탄하기도 한 적이 종종 있었다. 마침내 나의 흥미는 세번째로 스벤 헤딘이나 영허즈번드를 비롯해 서역지방의 다양한 고금의 서적으로 여행하게 되었다.

이런 작업을 하는 동안에 '중국사변'이 발발했다. 이미 그 한 해 전에 장개석의 서안西安사변이 일어났을 때, 그곳이 옛날 장안의 수도였고, 소위 적색루트, 또는 서북루트의 기점으로 친숙한 땅이었던 만큼 나의 관심도 적지 않았는데, 이번의 사변으로 난주蘭州의 군사시설이 대거 폭격당해서 이러지도 저러지도 못하고 있었다. 내가 직접 종군작가가 되지는 못해도 여기에 남아서 그에 해당할 만한 문화활동을 하고, 지식인들의 관심을 다른 곳으로 돌리는 것 또한 중요한 일이 아닐까라는 생각에 갑작스럽게 붓을 들었던 것이 좀전에 말한 이 책의 초고였던 것이다. 그런 까닭으로 상당 부분 한가한 글자놀음을 하고 있는 것 같지만, 말하자면 사변事變에 관한 나의 저작이기도 하다. 적어도 나 자신은 그렇게 믿고 또 그렇게 생각하고 있다.

내가 계속 소설을 써왔기 때문에 이 작품도 소설적인 스타일이 되었는데, 이것이 과연 소설이 되어야 하는 것인지, 아니면 소설이 되어 있는 것인지 어떤지에 관한 것은 독자의 판단에 맡길 수밖에 없다. 단지 나 자신은 이것도 일종의 소설이고, 그러한 분류의 명칭이 있는지 어떤지는 모르겠지만, 만약 있다면 '문화사적 소설'이라는 한 장르에 넣어 두고 싶다는 생각은 든다. 그리고 이러한 종류도 앞으로의 소설 문단에 필요한 것이 아닐까 싶은데 이 자리를 빌어서 한마디 덧붙여 두고 싶다. 그러한 원칙에서 나는 아오야마 다미키치 靑山民吉의 생각에 따라 이 책에 사진 도판을 넣게 되었던 것이다. 본문에서 아무리 언어를 총동원해서 불경 두루마리나 불동佛洞에 대한 설명을 아무리 해봐도 백문이 불여일견이라, 보는 것이 훨씬 낫기 때문이고, 동시에 이들을 통하여 돈황예술 그 자체의 입문도 가능하게 할 또 다른 목적도 있는 것이다.

이들 사진의 선정은 우선 마쓰모토 에이이치松本榮一의 호쾌한 도움으로 행해진 것인데 나는 그저 4, 5개 정도로 고른 것에 불과하다. 마쓰모토 박사는 잘 알려진 대로 『돈황화 연구敦煌畵の硏究』를 쓴 학자로 최고의 명예인 학사원상을 받은 학계의 권위자이다. 그는 돈황예술을 위해서라며 다망한데도 귀중한 시간을 일부러 내어주었다. 스타인의 『세린디아(*Serindia*)』, 『천 개의 붓다』, 펠리오의 『돈황석굴사진첩(*Les Grottes de Touen-houang*)』, 야부키 박사의 『사명여운沙鳴餘韻』 등 무수한 자료 속에서 본문에도 적잖게 실려 있는 조상彫像, 벽화, 그림, 사경 등의 각 작품에 걸쳐, 일일이 선정 및 감수에 힘을 실어주었는데 나의 감사한 마음 다할 바 없다.

본문은 그 성질상 영국 탐험대를 주로 해서 스타인의 두번째의 탐험 여행기 『캐세이 사막의 폐허(*Ruins of Desert Cathay*)』와 그 연구보고의 대작인 『세린디아』에서, 프랑스 탐험대의 부분은 펠리오의 사진첩에서, 하네다 박사의 소개문, 이시하마 준타로石浜純太郎의

『돈황석실의 유서敦煌石室の遺書』 등에 의해서, 일본의 탐험대는 인도, 중앙아시아, 중국에 걸친 오타니 미션의 전후 3차례에 걸친 각 부분의 탐험기를 집대성한 『신서역기新西域記』, 특히 그 중에서 다치바나 즈이초의 『중아시아 탐험中亞探險』에 의거한 바가 크다.

다치바나는 오타니 미션의 제2, 3차의 주역으로 돈황길은 제3차 때인데 어쨌든 18살에서 22살까지 5년여의 대부분을 사막 탐험여행에 바쳤던 것이니까, 당시로서는 경이로웠을 뿐만 아니라, 지금도 참으로 위대한 업적을 남기고 있다. 안타까운 것은 수년 전 화염 때문에 당시의 기록인 근본자료가 모두 소실되어, 남은 것은 『신서역기』에 실려 있는 세 개의 문건밖에 없다. 그 두 개는 강연을 필기한 것이고, 하나는 편지들을 정리한 것인데, 그 속에서 와타나베 뎃신渡邊哲信, 요시카와 고이치로吉川小一郎의 여행일기와 사진을 잃어 버렸다는 것 또한 아무리 생각해도 안타까운 일이다.

오래 전 기억에 의하면 메이지 45년이며 다이쇼 원년(1912)인, 내가 아직 고등학교 1학년이었는데 나와는 한두 살밖에 차이 나지 않는 청년 스님이 세계적인 탐험을 이루고, 도쿄에서 그 여행담을 강연했다고 하는 신문기사를 읽고 가슴이 뛰었는데, 왜 들으러 가지 못했나 후회한 적이 있었다.

그리고 그 당시는 러 · 일전쟁 직후의 국가 발흥시기로 구미 각국의 탐험 열기에 자극받기 시작한 것인데, 일본 내에서도 이들 오타니 미션 등에 촉발되어 대규모로 아니 그 이상의 학술적 기초를 가진 조직적인 탐험대의 파견이 지식인들 사이에서 입에 오르내려

재계에서도 후원하려고 했다. 그런데 때마침 중국혁명이 일어나서 소문만으로 그치고 말았지만 한때는 그런 새로운 기운이 넘쳤던 적도 있었다. 나는 그러한 신흥 일본의 상징으로 다치바나立花 씨를 빌려서 새로운 챔피언을 만들어 낸 것이어서 일부러 본명을 피했다.

서역지방의 지명은 너무 번거로운데 예를 들면 오노목제烏魯木齊를 우루무치라고 읽는 것은 그다지 곤란하지 않지만, 우루무치를 한자로 써보라고 한다면 정말 난처하다. 적화迪化라고도 쓰고 일반적으로 홍간자紅簡子라고도 쓰는데 로마자도 필요하다. 또 옛날의 어디에서 나온 글자냐고 묻는다면 큰일이다. 비슷한 예로 투르판에서도 쿠차庫車에서도, 카슈가르에서도, 화전和闐에서도 마찬가지인데 그 변천의 근거와 그 존재를 파악하는 것만으로도 쉬운 일이 아니다. 우려하는 마음에 이 계통의 권위자인 이시다 미키노스케石田幹之助 씨에게 부탁하니 한자가 병기된 서역 동구 지명 일람표를 작성하여 주었다. 이시다 씨도 또 돈황을 위해서라며 귀중한 시간을 할애해 이 책에 특별한 애정을 베풀어 주었다.

돈황을 燉煌으로 또 敦煌으로도 쓰고 있는 것은 중국의 지리서地理書에서도 이미 서방에서도 사용하고 있고, 이들 모든 책들은 양자를 병용해 쓰고 있는 것이 작금의 현상이다. 燉 쪽이 서역냄새가 난다고 할까 아니면 이국적이라고 해야 할지 그런 느낌이 들지 않는 것도 아니지만, 글자는 우리들에게 익숙한 쪽이 좋을 것 같아서 의식적으로 敦을 사용하기로 한다.

모든 저서의 경우에 스승이나 친구의 은혜를 입지 않는 것은 없겠지만, 이번의 이 책은 특히 여러 분들의 도움을 받았다. 마쓰모토 에이이치 박사와 아오야마 다미키치에 대해서는 이미 언급했지만, 내가 정말 아마추어로 이 방면의 일에 손을 대어 상당히 곤란했는데 필요한 다양한 문헌을 가르쳐 준 은인으로는 이시다 미키노스케 교수가 있었다는 것을 우선 밝혀 둔다. 이시다와는 고등학교 동창인데 그 때문만이 아니고도 참으로 정성을 다해 지도해 주었다. 이시다의 저서에서 많은 힌트를 얻은 것은 말할 것도 없다. 내가 힘을 다해 묵묵히 문헌을 찾았지만 짓궂게도 고생은 많고 공은 적다는 것을 새삼 말하지 않을 수 없다.

내가 비교적 단시간에 아마추어로서 한 차례 문헌을 섭렵할 수 있었던 것은 모두 이시다에게 빚진 바가 크다. 초심자의 비애는 가지고 있는 책이 한정되어 있다는 것이다. 또 그 즈음에 서둘러서 모을 만큼의 책을 다 모은 것도 아니었다. 그래서 이것저것 닥치는 대로 읽었는데 귀중한 책 또는 희귀서에 속하는 것이 좀처럼 없어서 힘든 작업이었다. 이것을 동정해 주며 원조를 아끼지 않았던 친구인 게이오 대학 교수인 소노 간지園乾治와 제국도서관 사서 오카다 나라우岡田溫 이 두 사람에게 특별한 호의를 표한다. 그 외에 제실帝室 박물관 감사관인 아키야마 미쓰오秋山光夫, 도요문고東洋文庫 주임인 이와이 히로사토岩井大慧에게도 특별한 배려를 받았다. 또 나카무라 후세쓰中村不折가 스스로 고문서 창고의 빗장을 열어 진귀한 돈황경 10권을 보여주어 고대의 이미지를 생생하게 볼 수 있었던 것은 이 모두 이 작품을 살리기 위해 무엇보다도 감사한 원조가 되었던 것도 덧붙여 말해두어야 할 것이다.

1943년

마쓰오카 유즈루 씀

추천의 말

오하시 가쓰아키*

오랜만에 마쓰오카 유즈루의 『돈황 이야기』를 펼쳤다. 읽어가다 보니 이야기 줄거리를 떠올리기 전에 문장이나 용어가 계속해서 뇌리를 스쳐가는 것에 상당히 놀라며 쓴웃음을 짓지 않을 수 없었다. 벌써 40년 전인 학창시절에 읽은 책의 용어와 우회적인 말들을 기억하고 있는 것인데 그 당시 내가 『돈황 이야기』에 어지간히 감동받아 반복하고 또 반복해서 읽었던 것을 떠올렸기 때문이다.

『돈황 이야기』와의 만남은 정말 우연이었다. 이시다 미키노스케의 『장안의 봄長安の春』을 찾기 위해 서점에 갔었는데 거기 서가에 꽂힌 헤이본사平凡社의 『세계교양전집』 제18권을 발견했다. 그 속에

* 오하시 가쓰아키(大橋一章) : 중국 칭따오(青島)에서 태어나 와세다 대학 문학부를 졸업하고, 동대학원 문학연구과에서 예술학 미술사 전공으로 박사과정을 마쳤다. 현재 와세다 대학 문학부 교수로 재직중이다. 저서로 『나라미술의 쟁점寧樂美術の争点』(1984), 『일본의 고사찰 미술日本の古寺美術4-야쿠시지藥師寺』(1986), 『아스카의 문명개화飛鳥の文明開化』(1997), 『도설 돈황-불교미술의 보고 막고굴(圖說敦煌—佛教美術の寶庫 莫高窟)』(2000) 등이 있다.

『장안의 봄』과 함께 『돈황 이야기』가 수록되어 있었던 것이다. 난해한 『장안의 봄』을 읽으면서 나는 비록 내가 중국사에 관한 지식이 없기는 했었지만 정말 무지에 가까웠던 것을 깨닫고 비참한 기분이 들었었다. 그러나 『돈황 이야기』는 책 뒤에 있었던 저자 약력에 마쓰오카 유즈루는 소세키 문하의 소설가라고 되어 있었는데, 이것은 나에게 반사적으로 읽기 쉬울 것이라는 생각을 들게 했다. 그래서 고등학교 때부터 알고 있었던 돈황이라고 하는 명칭이 묘하게 그리워져서 읽기 시작했는데 멈출 수가 없었다. 이렇게 재미있는 책이 또 있을까 하는 것이 독후의 솔직한 감상이었다. 지금도 지적 호기심을 자극하면서 계속해서 책장을 넘기고 있는 그때의 나를 생각해 낸다.

이야기는 19세기 최후의 중국 청조의 광서 26년(1900) 5월에, 돈황 천불동의 작은 석굴에서 우연히 발견된 수많은 불경 두루마리, 즉 돈황문서를 20세기 초 열강의 중앙아시아 탐험대가 강탈해 갔던 것을, 저자 마쓰오카 유즈루의 말을 빌리면 '문화침탈의 옛 전쟁터라고 해야 할 돈황 이야기'이다. 그렇게 말하면 중앙아시아의 건조한 사막지대인 돈황을 무대로 귀중한 문화재를 빼앗아 간 탐험가의 이야기로 생각할지도 모르겠다. 그러나 그것은 대체로 100년 전에 돈황에서 일어난 일로 소세키 문하의 소설가의 손으로 다시 한 번 당시의 모습을, 흡사 비디오를 보고 있는 것처럼 생생하게 마치 자연의 바람과 소리와 모래를 밟는, 군중이나 낙타가 내는 소리까지 들리게 하는 것이다. 학창시절에 내가 단숨에 다 읽어 내려갔던 까닭이 거기에 있었다. 당연한 것이겠지만 실례를 무릅쓰고 말하자면 마쓰오카 유즈루의 문장은 정말 뛰어나다고 하지 않을 수 없다.

『돈황 이야기』는 이미 서술한 것처럼 사막의 돈황이 주요 무대이지만, 이야기는 서양화가 나카무라 후세쓰中村不折가 쇼와 11년(1936)에 도쿄 네기시根岸의 저택에 창설한 작은 서도書道 박물관을 무대로 시작된다.

"이것이 그 자랑할 만한 누란경樓蘭經이란 말이지요. 그 세계적인 탐험가 스벤 헤딘이나 오렐 스타인의 발굴로 유명하게 된 중앙아시아 모래에 묻혀서 사라져 버렸던 그 고대의 누란이지요. 지금은 너덜너덜한 모습으로 10줄 정도 밖에 남아 있지 않지만 연호가 있는 사경寫經으로서는 세계에서 가장 오래된 것이랍니다. 감로甘露 원년 삼국 위나라에서부터 시작되었다고 보면 대략 지금부터 1700년 전이겠지요."

중국 책 수집가인 후세쓰로 보이는 박물관의 늙은 주인이 주인공인 '나'에게 누란경을 자랑스럽게 보여주고 있는 앞부분의 한 구절이다. 그 주인은 '나'에게 돈황의 천불동에서 영국의 스타인이나 프랑스의 펠리오 등이 불과 얼마 되지 않는 돈으로 막대한 수량의 사경과 불화를 건져 올렸다고 한다. "혹시 이 이야기를 알고 계신지요. 아, 자세히는 모르신다고. 그러면 마침 날씨가 좋은데 책을 햇볕에 쪼여두기만 하면 미안하니까, 지금부터 보고 싶은 돈황 사경을 서고에서 끄집어내어 보면서 문화 침략의 옛 전쟁터였던 돈황 이야기라도 좀 해볼까요"로 이어진다. 방문하는 사람도 거의 없지만 중국의 지적 유산이 가득한 후세쓰의 작은 박물관에서 이야기가 시작된다고 하는 것은 너무나도 정취가 있다.

게다가 다다미를 쌓아가는 것 같은 이야기 구조에 압도되어 가면서 계속 책장을 넘겨가는 동안에 이것이 소설인가 논픽션인가, 아니면 다큐멘터리인가, 의심하고 있는 내 자신을 발견했다. 그러나 스타인이나 펠리오가 돈황 천불동의 주지 왕원록에게 돈황 문서를 낚아채는 경위는 저자가 그 장소에 있었던 것이 아니니까 역시 이것은 소설이라고 나 자신을 납득시키면서 계속 읽어내려 갔던 적이 있었다. 드디어 스타인과 펠리오에 이어서 일본의 오타니 탐험대도 돈황에 도착하여 세계 탐험사상의 최연소 기록인 다치바나立花와 요시카와吉川가 등장하고, 스타인과 펠리오와 똑같은 행동을 한다. 다치바나는 오타니 탐험대의 다치바나 즈이초橘瑞超이고, 요시카와는 요시카와 고이치로吉川小一郎이다.

학창시절의 나는, '뭐야, 일본도 제국주의의 문화침략을 했던 것인가' 하고 실망했지만, 마쓰오카 유즈루가 그린 일본의 탐험대는 오타니 미션이라고 적혀 있지 결코 탐험가라고는 말하고 있지 않았다. "그건 소위 서양인들이 탐험이라고 일종의 스포츠로 여기는 그들의 원리와는 다른 것이지요. 실제로 고고학적인 수확은 그다지 없었지만, 등에 곧게 흐르는 구법순례의 정신적 신념이야말로 참으로 멋진 것이 아니겠소. 이 점에서 나 같은 사람은 100퍼센트 이 오타니 미션을 뼛속까지도 감사와 감격을 올리는 바지요. 만약 오타니가 없었다면 깊은 인연이 있는 이 중앙아시아 땅에도 붉은 머리카락에 푸른 눈들이 탄 낙타 발굽에 계속 짓밟혔을지도 모를 일이니까 말이오. 그러니까 이 어린 도령 같은 한 청년의 등장은 신시대 일본인의 기세를 세계에 내뿜은 것으로 정말 십 년 묵은 체증이 확 내려가는 것 같지 않소?"

이전에 이 부분을 읽었을 때 마쓰오카 유즈루도 역시 일본인을 편들어 주고 있다는 생각을 했는데 또 이내 이것은 소설로 사실事實이 아니라고 생각했다. 그러고 보면 작가는 소설의 모델이 되었던 실제의 인물의 이름을 바꾸어 사용한 것은 아니었지만 다치바나橘 즈이초를 다치바나立花로 바꾸었으니까 『돈황 이야기』는 틀림없이 소설이라며 학창시절 뿌듯한 얼굴을 한 적이 있었다.

『돈황 이야기』는 19세기 말에 시작된 열강들이 중앙아시아 탐험을 그리고 있는 것이지만, 어디까지나 소설적 구성이기 때문에 탐험에 관한 날짜가 다소 변경되어 있고, 등장인물의 말이나 심리 등에 관한 묘사는 창작의욕을 불러일으킨 결과라고 보아도 될 것이다. 그 중에 다치바나가 유럽 탐험가에 대해서 요시카와에게 "모래 속에 묻혀 있는 것을 주워 가는 것은 그렇다 치지만, 예를 들면 투르판에서도 쿠차에서도 벽화를 잘라 가지고 가버렸습니다. 그 뒤에 오는 사람들이 볼 수도 없게 엉망으로 만들어 버렸으니까 이것은 회교도의 파괴보다 한층 더 악질입니다"라고 꽤 날카롭게 비난한다. 그러나 다치바나 즈이초는 미란에서 벽화를 잘라내어 가려는 것에 실패하고 벽화를 파괴해서 스타인을 화나게 했다고 한다. 스타인의 『중앙아시아 답사기*Innermost Asia*』(사와자키 준노스케澤崎順之助 역, 白水社,

1966)에는 "전문적 기술도 경험도 없는 젊은 일본의 여행자가 와서 졸렬한 방법으로 프레스코 그림을 떼어내려고 했다. 그러한 시도가 그 그림들을 파괴할 것이라는 것은 불 보듯 뻔했다. 남쪽의 반원 부분에 있는 마루의 벽화가 산산조각으로 파괴되어 있는 것은 유감스럽지만 그 역력한 흔적이었다"라고 기록되어 있다. 아무래도 작품과 현실은 역행되어 있는 것 같다. 또 이러한 종류의 것은 다른 곳에도 있는데 본문 중의 요시카와와 다치바나가 옛 사경을 사들인 이야기는 욕심 많은 무지한 왕원록의 이미지가 그럴듯하게 그려져 있지만, 요시카와 고이치로의 『중국 기행支那紀行』에 의하면 왕원록과 한패인 숙소의 주인을 돈으로 농락하고 '고립무원孤立無援'으로 만든 뒤에, '관아의 힘을 빙자하여' 위협했다. 이것은 상당히 악랄한 수법으로 일본도 자신들이 하고 싶은 대로 했던 것이었다. 그리고 작품으로 들어가면 다치바나는 "우리 청년 불도들은 몸을 아끼지 말고, 아시아 사람의 아시아 부흥을 위해 일어나야 할 것입니다"라고 말하며 "부처님의 가르침과 인연이 없는, 뼈대도 없고 게다가 은혜도 추호도 느끼지 못하는 녀석들이 조금씩 아무런 방해도 받지 않고 계속 가지고 가고 있지요. 가치를 매길 수도 없는 귀중한 보물을 가지고 가버렸으니 정말 빈 둥지를 겨냥하는 꼴이지요"라고 한다. 다치바나立花가 그렇게 말한다면 다치바나橘 자신 또한 공갈하는 사람이 되어 버리지 않는가? 그러나 『돈황 이야기』는 어디까지나 픽션인 것이다.

앞서 인용한 부분에서도 다치바나立花의 등장은 "신시대의 일본인의 의기를 내뱉는 것"이라고 했는데 초판본의 후기에도 "나는 그러한 신흥 일본의 상징으로서 한 젊은 일본인 챔피언을 만들어 낸 것으로 여기서 다치바나橘 씨를 빌려 온 것이어서 고의로 본명을 피해 둔 것임을 말해 둔다"고 언급해 두고 있다. 저자 마쓰오카는 작중의 다치바나를 어디까지나 중앙아시아의 탐험의 아름다운 승자勝者로 하지 않으면 안 되었다.

그런데 『돈황 이야기』는 100년 전의 중앙아시아 탐험이라고 하는 사실을 따른 것만이 아니라 중국 서역의 역사나 지리, 또 불교의 동점東漸이나 경전, 또 당시唐詩나 불교예술에 대한 학식 위에서 구축되어 있는 것이다. 저자 후기에 의하면 마쓰오카가 서역에 대한 흥미를 공부하면 할수록 더 깊어지게 되었던 쇼와 초기에 쇼쇼인을 방문하고 이상한 감격과 경이로움을 느꼈다고 했다. 쇼쇼인의 미술에서 세계적인 동양문화의 찬란한 축소판을 보고, 그 생각은 반도의 문화를 넘어, 장안으로 날아가고, 나아가서는 서역의 실크로드로, 그리고 서역 관문인 돈황이 클로즈업되고 돈황에 호류지나 쇼쇼인이 있다고…….

돈황에도 틀림없이 호류지나 쇼쇼인이 있었다. 그러나 일본과 중국에서는 문화재의 전래방법이 다른, 즉 일본은 전세고傳世古(세대를 이어 전해지는 옛 유물), 중국은 토중고土中古(땅속에서 발굴된 옛 유물)의 나라이니까, 중국에 호류지나 쇼쇼인과 같은 문화재는 없다. 문화재를 만들고 또 파괴하는 것도 인간이다. 한 시대의 문화재는 전란으로 파괴되는데 아프가니스탄의 바미얀의 석굴이 탈레반의 미사

일 공격으로 파괴되었던 것이 새삼 기억에 새롭다. 이러한 전란만이 아니라 중국에서는 불교 미술품만을 겨냥해 공격한 대 파괴가 네 차례나 있었다. 호류지나 쇼소인은 남아 있지 않다. 그나마 다행스럽게도 파괴되지 않았던 것은 석굴사원이었다. 돌은 딱딱해서 파괴되기 어려운 것인데 석질이 부드러운 석상이나 풍화된 암석으로 만들어진 돈황 막고굴의 파괴는 있었지만, 지금처럼 여전히 남아 있는 것은 중원에서 너무 멀기도 하고 그것도 사막 한 가운데 만들어져 있었기 때문에 보존될 수 있었다. 욕심과 권력이 소용돌이치는 이 세상으로부터 멀리 떨어져 있었기 때문에 남아 있었던 것이다.

마쓰오카 유즈루는 중일전쟁이 일어나 공군이 계속 대승을 거두며 난주蘭州의 군사시설을 폭격하는 동안에 그 자신이 직접 전쟁에 참가하지는 못하더라도 무언가 문화 활동을 하려고 한다며 독자의 관심을 먼저 난주 앞의 돈황으로 향하게 하려고 썼던 것이 이 책의 초고(1937년 『가이조』 10월호)로, 1943년 여름을 거치면서 3배 분량으로 개작해 단행본(日下部書店, 1943. 1)으로 출간했다고 한다.

그 후 나는 이 책을 고향의 하쿠린사柏林社에서 입수해서 '저자 후기'를 읽고 놀랐다. 원래 『돈황 이야기』를 만나게 된 계기를 만들어 준 『장안의 봄』의 작자인 이시다 미키노스케와 마쓰오카 유즈루는 제일고등학교의 동창으로 『돈황 이야기』를 위해 이시다에게 정성스런 지도를 받았다고 하는 것이었다. 정말 읽기 어려웠던 『장안의 봄』을 다 읽어 낸 포상으로 읽기 쉬운 『돈황 이야기』를 소개하겠다고 생각한 나는, 이 두 저자가 옛날 제일고등학교 시절부터 친구였다는 것을 알고는 『세계교양전집』의 엮은이를 다시 한 번 우러러보게 되었다.

전후戰後 헤이본샤의 『세계교양전집』판(1963. 2)에서는 세밀한 과정을 거쳐 개정되었는데, 고단사講談社의 학술문고판(1967. 7)에서는 헤이본샤 판을 저본으로 해서 일부 한자를 가나로 또 가나를 한자로 바꾸는 개정도 시행했다. 지금은 전후에 나온 그 2종의 『돈황 이야기』도 쉽게 구할 수 없게 되었는데, 이번에 헤이본샤에서 40년 만에 재판을 내게 되어 『돈황 이야기』 팬인 나로서는 무척 기쁜 일이다. 마쓰오카 유즈루는 인류의 문화유산이 무엇인지를 일본에서 가장 먼저 생각한 사람이었다.

해설

『돈황 이야기』의 한국적 의미

박세욱

지난해 겨울 방학부터 마쓰오카 유즈루의 『돈황 이야기』는 어디를 가나 나의 입담을 따라 오르내렸다. 고작해야 돈황석굴에서 발견된 케케묵은 유물들을 놓고 벌이는 서구와 일본 탐험대의 이야기거늘, 너무나 오랫동안 감춰져 내려온 유물들에 관한 이야기라서 신비한 마력을 가진 때문인지 아니면 저자의 세심한 필력 때문인지 읽을 때마다 또 다른 호기심을 자극하고 있으니, 실크로드와 돈황을 향한 작자의 노력과 열정에 찬사를 보내지 않을 수 없다.

동서문물의 교류를 공부하는 데 있어서 보아야 할 서적들은 너무나도 많지만 입문하는 사람이라면 맨 먼저 이 책을 읽도록 권하고 싶다. 마쓰오카 유즈루는 다이쇼 문학 시기의 소설가로서 실크로드의 관문인 돈황의 막고굴에서 펼쳐지는 유물약탈 사건을 누구보다도 앞서 소설이란 형식을 빌려 묘사하고 있기 때문에 그 접근이 매우 쉬울 뿐만 아니라, 작자 자신이 불교도로서 서역의 역사와 문화에 대한 관심을 키워나가는 과정에서 정리된 작품이라서 일반 독자들의 입장을 잘 표현해 주고 있기 때문이다.

마쓰오카 유즈루의 『돈황 이야기』는 에필로그까지 14장으로 구성되어 있는데, 내용상 크게 3부분으로 나뉘어져 있다. 스타인의 탐험대(3장~6장), 펠리오 탐험대(7장~9장), 그리고 오타니 미션(10장~13장), 바로 바치바나의 탐험 이야기를 묘사하고 있다. 겉으로 보기에도 우선 저자는 의도적으로 스타인과 펠리오에게는 '탐험'이란 단어를 쓰고 있는 반면에 일본의 다치바나의 탐험에 대해서는 '미션'이라고 구분하여 사용하였다. 여기에서 우리는 작자의 의도된 서술관점을 짐작할 수 있다.

1937년 10월 처음으로 발표된 이 소설 아닌 소설을 쓴 동기를 저자는 후기에서 "내가 직접 종군기자가 되지는 못해도 여기에 남아서 그에 해당할 만한 문화 활동을 하고 지식인들의 관심을 다른 곳으로 돌리는 것 또한 중요한 일이 아닐까?"라고 밝히고 있다. 여기서 말하는 중일전쟁은 1937년 7월 7일(노구교 사건). 이후의 개전을 말하는 것으로, 작자는 이 작품을 그해 7월부터 10월까지 3개월 동안 집필한 셈이다. 물론 이 이야기 속에 나타나는 정확한 학술적 정보들은 3개월 만의 노력으로 가능한 것은 아니다.

마쓰오카 유즈루는 불교 집안 출신으로 나카오카長岡의 정토진종 사찰인 혼가쿠지本覺寺에서 태어났고, 그가 문단에 이름을 알린 것은 『불법을 지키는 사람들法城を護る人々』인데, 이 장편 소설에 나오는 주인공은 작자와 마찬가지로 설국雪國의 정토진종 사찰에 태어나 너무나도 타락한 사원 생활을 참지 못하여 주지인 아버지와 심하

게 말다툼을 하고, 허위로 가득 찬 법성法城의 모습에 결연히 반기를 드는 자서전풍의 소설이다. 하지만 작자의 불교에 대한 순수한 열정마저 사라진 것은 아니었다. 그는 호리 겐토쿠堀謙德의 『해설 대당서역기解說大唐西域記』를 읽고 서역에 대한 눈을 떴다고 자신의 후기에서 썼으며, 나아가 하타니 류데이羽溪了諦의 『서역의 불교西域の佛敎』나 와타나베 가이교쿠渡邊海旭의 『서구의 불교歐米の佛敎』 등의 전문 서적을 읽었다고 한다.

그 후에 내가 스타인이나 펠리오의 저서를 통해 이 동아시아 남북 관문에 위치한 호류지나 쇼쇼인의 천불동 기록이나 사진에 정신없이 매달린 것은 말할 것도 없다. 이것들을 거의 한 번 훑고 나서 그륀베델(Grünwedel)이나 르코크(Le Coq) 것도 엿보게 되고, 그리고 하네다 데이羽田亨의 『서역문명사개론西域文明史槪論』 등에도 입문했다.

이러한 서술들은 작자의 관심이 일본의 제국주의적 팽창과 더불어 불교의 동점과정과 서역불교로 옮겨지고 있었음을 알 수 있다. 또한 스타인이 가져간 문서 중에 정시正始 원년(504)년의 『승만의기勝鬘義記』에 대한 언급이 『돈황 이야기』에 보이는데, 1981년 판에 실린 우에하라 가즈上原和의 해설에 따르면, 마쓰오카는 자신의 셋째 딸 이름을 마리末利라고 지어 불렀다고 한다. 이 이름은 『승만경勝鬘經』에 나타나는 승만勝鬘 부인의 어머니 이름(말리카)에서 따왔다고 한다. 이는 마쓰오카 유즈루의 불교에 대한 동경과 연민을 잘 보여주는 부분이며, 3개월 만에 집필을 마칠 수 있었던 밑거름을 짐작케 해주는 부분이다. 이러한 열정과 더불어 그의 고등학교 동창이며 일본 동양사학의 석학으로 우리에게 『장안의 봄』으로 알려진 이시다 미키노스케와 작품 속에서의 노인, 즉 프랑스에 유학한 서양화가 나카무라 후세쓰가 학술적이고 실증적 조언에 힘입어 탄생한 작품이 바로 『돈황 이야기』이다.

> 마쓰오카 유즈루는 중일전쟁이 발발하고 공군이 계속해서 대승을 하고 난주蘭州의 군사시설을 폭격하는 그러한 전쟁 뒤에서 무언가 문화 활동을 하려고 한다며 독자의 관심을 먼저 난주 앞의 돈황으로 향하게 하려고 썼다.

이는 와세다 대학의 교수인 오하시 가쓰아키大橋一章가 마쓰오카의 창작 동기를 설명한 것인데, 왜 마쓰오카는 독자들의 관심을 돈황으로 돌리고 싶었는가? 그것은 비록 자신이 직접 전쟁에 참여할 수 없더라도 적어도 이를 찬양하거나 또 다른 찬양할 것을 찾아내어 대일본제국주의의 위대함을 보여주는 것이야말로 출정하지 못한 본토의 지식인으로서 자신에게 주어진 최소한의 역할이자 의무라고 생각하기 때문이었던 것으로 보인다.

먼저 저자는 스타인과 펠리오에 대하여 이중적 평가를 하고 있는데, 겉으로는 그들의 문화적 침탈을 비판하고 있지만 속으로는 그들의 학술적 탐험뿐만 아니라 그들이 왕도사에게서 헐값에 유물들을 가져간 비도덕적 행위에 대해서도 동경과 찬사를 보내고 있다. 말하자면 일본에서도 이러한 사람들이 있다면 대일본국의 위상을 만방에 알릴 수 있을 것이라는 부러움이 전반적으로 드러나고 있음을 볼 수 있다. 이러한 저자의 표리부동은 일본 탐험대를 영웅적 미션으로 포장하기 위해서 불가피했던 것이지만, 이것이 스타인과 펠리오는 철저하게 고증된 다큐멘터리로 그려내고, 다치바나에 대해서는 극히 자의적이며 가공적인 드라마를 연상시키게 한 것이다. 마쓰오카는 일본 역시도 '문화적 침탈 전쟁'에 동참한 것인가라는 문제를 피해가기 위해 에둘러 자신의 후기에서 소설임을 밝혔던 것은 아닐까.

내가 계속 소설을 써왔기 때문에 이 작품도 소설적인 스타일이 되었는데, 이것이 과연 소설이 되어야 하는 것인지, 아니면 소설이 되어 있는 것인지 어떤지에 관한 것은 독자의 판단에 맡길 수밖에 없다. 단지 나 자신은 이것도 일종의 소설이고, 그러한 분류의 명칭이 있는지 어떤지는 모르겠지만, 만약 있다면 '문화사적 소설'이라는 한 장르에 넣어 두고 싶다는 생각은 든다.

실제로 이 작품은 처음부터 끝까지 실명을 그대로 쓰고 있으며 사소한 일까지도 고증해보면 세밀하기 그지없다. 하지만 일본의 탐험대, 다치바나 즈이초를 동음의 다치바나立花라고 가명을 쓰고 있는 것 외에는 지명 하나도 가공된 것이 없으며 골라 넣은 도판 역시 하나도 우연한 것이 없거늘 애써 소설이라고 하며 "문화사적 소설"이라고까지 하는 구차함은 "여기에 남아서 그에 해당할 만한 문화 활동"이라는 지식인의 시대적 의무감과 대동아 공영론의 발로로 생각된다.

그건 소위 서양인들이 탐험이라고 일종의 스포츠로 여기는 그들의 원리와는 다른 것이지요. 실제로 고고학적인 수확은 그다지 없었지만, 등에 곧게 흐르는 구법순례의 정신적 신념이야말로 참으로 멋진 것이 아니겠소. 이 점에서 나 같은 사람은 100퍼센트 이 오타니 미션에 뼛속까지 감사와 감격을 올리는 바지요. 만약 오타니가 없었다면 깊은 인연이 있는 이 중앙아시아 땅도 붉은 머리카락에 푸른 눈들이 탄 낙타 발굽에 계속 짓밟혔을지도 모를 일이니까 말이오. 그러니까 이 어린 도령 같은 한 청년의 등장은 신시대 일본인의 기세를 세계에 내뿜은 것으로 정말 십 년 묵은 체증이 확 내려가는 것 같지 않소?

…… (티베트 북쪽 이름 모를 6,000미터 산 위에 오른 다치바나는)

그 웅장한 모습이 다치바나의 마음을 끌어당겼다. 그는 품속에서 작은 일장기를 끄집어내어, 너무 기뻐서 계속 흔들었다. 얼마나 감격스러운가!

…… (돈황에서 요시카와를 만난 다치바나의 입을 통하여)

이 기회를 잡아서 우리 청년 불도들은 몸을 아끼지 말고 아시아 사람의 아시아 부흥을 위해 일어나야 할 것입니다.

마쓰오카는 지식인으로서 할 수 있는 애국적 노력의 일환으로 찬양할 만한 영웅적 사건과 인물을 찾아 독자들의 눈을 돌리고 싶었기에 작가 자신이 자나 깨나 열망하였던 서역의 사막과 설산에 우뚝 선 다치바나 즈이초, 즉 작품 속의 영웅 다치바나를 만들어 내었던 것이다. 작품 속에 나타나는 다치바나의 '나'는 바로 마쓰오카 자신으로, 전쟁으로 이루지 못한 영웅적 구법여행에 대한 동경과 꿈이 그대로 표출되는 것은 지극히 당연한 일이었을 것이다. 그래서 요시카와 고이치로가 『중국 기행』에서 기록한 것처럼 밤늦게 왕도사가 몰래 가지고 온 경권 200권의 값으로 제시한 300냥을 관청의 위엄을 빙자하여, 즉 관청에 고발하겠다고 위협해서 50냥으로 깎은 치졸함을 언급하지 않고, 자신의 열정이 투사된 불제자로서 다치바나를 꾸몄던 것이리라.

『돈황 이야기』의 백미라고 할 수 있는 것은 분명 서양의 학비學匪들과 돈황 석굴을 지키고 있었던 왕도사 사이에서 돈황의 보물들을 놓고 펼쳐지는 심리전, 즉 지향하는 바가 서로 다른 양측의 협상을 묘사하고 있는 대목일 것이다. 그 속에서 왕도사란 인물은 우리에게 반사되는 생각이 야기하는 과거의 상처를 그 모습 그대로 보여주고 있다. 현대 중국의 주목받고 있는 작가 중의 한 사람인 위치우위余秋雨는 「도사의 탑道士塔」이란 글에서 이렇게 쓰고 있다.

> 그에게 분노의 불길을 아무리 퍼부어도 무방할 것이다. 그는 너무나 비참한 인물이자, 너무나 하찮은 존재이며, 너무나 우매한 작자였다. 아무리 퍼부어도 우이독경일 것이다. 목석 같은 모습일 테니까. 이런 무지한 자에게 이 같은 문화적 책임을 추궁하는 것은 우리 스스로도 무의미하다고 느끼게 될 것이다.

과연 왕도사 왕원록은 이렇게 무지하여 나라의 보물을 팔아먹은 탐욕스럽고 매국적인 사람인가? 왕도사의 사적은 수수께끼이다. 다만 그의 묘비명에 따르면 법명은 법진法眞이며 속명俗名은 원록圓籙인데 출가해서는 동음자를 써서 원록元祿이라 고쳐 썼고, 호북성湖北省 마성현麻城縣 사람으로 1850년에 출생했다고 하며, 1857년 마성현에 한발이 닥쳐 고향을 떠나 숙주肅州의 순방군巡防軍 사병으로 복무하다 출가하여 도사가 되어 돈황현으로 들어와 도관인 태청궁太淸宮을 세우고 정착한 인물임을 알 수 있다.

앞서 보았듯이 왕도사에 대한 평가는 대부분 부정적이다. 하지만 이러한 평가에는 석연치 않은 점이 더러 있다. 여러 돈황학자들의 연구 자료를 검토해 보면 대체로 왕도사는 돈황석굴에 도착하여 매우 성실한 도사로서 활동하였다는 것을 알 수 있다. 이미 스타인이 도착하기 전에 왕도사는 막고굴의 한 폐사원을 개보수하여 도관을 세우고 있었으니, 그 비용을 생각해볼 때 도사로서 근검하고 성실하지 않으면 불가능했을 일이다. 또한 그가 돈황석굴에 정착하여 개보수하여 도관을 세우는 과정에서 16호 동굴의 비밀창고를 발견하게 되는데 이를 알고 치밀한 계획을 짜서 중국인 조수까지 거느리고 나타난 스타인은 왕도사에게 많은 돈을 제시하며 전체의 유물을 요구하지만, 왕도사는 석실의 유물들이 자신이 알지도 못하는 언어로 되어 있으며 도사로서 도관에 별달리 필요도 없고 중요해 보이지도 않는 불교 경전 문서들임에도 불구하고 스타인의 요구를 거절하고 일부만 넘겨주게 된다. 이는 펠리오의 경우에도 마찬가지인데, 이는 과연 왕도사가 소심해서 그런 것이겠는가 아니면 값을 올리려고 한 것이겠는가?

한편 왕도사가 생전에 사용했던 궤짝 속에서, 비록 작성 연월일도 없고 보내지도 않은 것이기는 하지만, 서태후에게 보내는 상소문이 발견되었는데 그 문건에 따르면 "33년과 34년에 프랑스에서 온 학자 패貝 대인 휘諱 백화伯和와 또 영국 교육 대신 사司 대인 휘諱 대낙代諾 두 공이 돈황에 이르러 친히 천불동에 들어가 불경 만 권을 청하여 갔습니다"라고 한 기록이 보이고, 이어서 일찍이 약속한 1만 냥을 기부해줄 것을 간곡히 독촉하고 있다. 왕도사가 돈황의 유물을 몰래 유출시켜 사리사욕을 채웠다면 이 문건의 내용은 자신이 몰래 팔아먹은 것을 스스로 고발하면서 기부금을 청하는 것이 되므로 앞뒤가 맞지 않는다. 또한 왕도사는 글도 읽을 줄 모르는 사람으로 알려져 있지만 그렇다면 이 상소문은 대필인가? 왕도사를 처음 만난 스타인은 분명 그가 장부에다 뭔가를 기록했다고 했으며, 뿐만 아니라 한자를 읽거나 쓰질 못했다면 도사로서의 종교 활동 역시 불가능했을 것이다. 왕도사를 문맹으로 몰아붙이는 것은 약탈자들의 행위를 합리화하려는 저의를 가진 일방적인 평가가 낳은 결과라고도 읽을 수 있다.

이러한 의문을 알고나 있었다는 듯이 마쓰오카 유즈루는 서양의 탐험과는 달리 일본의 미션을 서술한 태도 그대로 이중적이고 모순적인 묘사로 나타낸다. 스타인, 펠리오와 접촉 속에서 왕도사는 세속에 물들지 않고 성실하며 순수한 사람으로 묘사되어 있지만, 정반대로 다치바나와의 "희한한 거래"를 서술하는 대목에서 왕도사는 너무나도 저급한 장사치나 나쁜 협잡꾼 정도로 치부되고 있다. 하지만 이러한 직설적인 평가는 다치바나라는 영웅적 인물을 성스러운 미션의 수행자로서, 불제자로서, 귀공자로서 부각시켜야만 그들의 미션이 서양의 학비學匪와 같은 비도덕적 행위라는 비난에서 벗어날 수 있기 때문에 가공된 것일 것이다. 이 작은 부분을 제외하면 전반적으로 작품에 나타나는 왕도사는 부정적인 모습보다는 비록 일관적이지는 않다고 할지라도 도사로서, 종교인으로서의 성실함과 순수함을 지닌 것으로 묘사되어 있다. 저자의 칼날은 오히려 스타인의 비서인 장효완을 향하고 있다.

장효완과 같이 외국어에 능통하면서 반쯤은 외국인 같은 국적불명의 인텔리형이 그 하나인데, 조수로 쓰기에는 훌륭하지만, 그

> 대신 분명한 자기라는 것이 없다. 항상 등허리가 연골형이다. 그리고 때와 경우에 따라서는 유들유들하고 자기 혼자만 잘되면 나라에는 불이익이 되더라도 상관없다는 논리를 내세워 오히려 외국인들의 충견忠犬이 되고 자신들의 이득을 챙긴다. 이에 비해서 시골 냄새 나는 주지 같은 무학문맹이면서 한편으로는 기분 나쁠 정도의 저력을 가지고 있는, 즉 무지無知하기 때문에 결국 선량한 사람으로 남을 수 있는 유형이 있는데, 이러한 유형의 사람은 그 나라 자체와 함께 수수께끼 같은 존재이다. 그리고 결국 그 영원한 수수께끼는 풀리지 않을 것이다.

마쓰오카는 명답을 제시했다. 실제로 돈황 석실의 유물을 유출시킨 장본인들은 장효완 같은 인물들이며 소위 지식인인 척하며 거드름을 피운 청나라 관리들이었다. 왕도사는 석실의 유물을 발견하고 기부금을 얻기 위해 주위의 유력인사들에게 소개하며 기부금을 모으려 했으나 그들 역시 그 문물의 가치를 알지 못했다. 1902년에 난주에서 감숙성의 교육을 담당하고 있었던 섭창치葉昌熾가 그 가치를 알고 성정부에 요청했으나 미온적이고 형식적인 조치로 일관하였는데, 이러한 몰상식한 대처가 바로 왕도사가 서양의 삼장법사로 자신에게 비춰진 스타인과 펠리오에게 유물들을 넘겨줄 수밖에 없었던 근본적인 이유였을 것이다. 왕도사에게 그들의 명분은 너무나도 뚜렷했고 물론 자국의 정부나 청 정부의 위세를 빙자하기도 했겠지만, 아무도 알아주지 않는 그 문물들의 가치를 알고 간절히 청해왔기 때문일 것이다.

소 잃고 외양간 고치는 격으로 펠리오가 다녀간 뒤로 이를 안 베이징의 학계에서는 남은 8,000여 권을 6,000냥으로 보상하고 베이징으로 옮길 것을 결정했지만, 그 돈의 대부분은 공자묘를 개수하는 명목으로 사라져 버렸고, 나머지는 돈황 성곽을 보수하는 데 쓰였으며 실제로 왕도사에 돌아온 보상금은 향 값 명목으로 300냥에 불과했다. 베이징으로의 운반하는 과정에 수많은 문건들이 관리들의 손으로 사라져 버렸듯이 왕도사 역시 운반될 보물들을 빼돌렸다는 것은 쉽게 짐작할 수 있다. 왜냐하면 위에서 본 상소문을 따져보면 펠리오가 다녀간 뒤 1908년 5월에서 서태후가 죽은 1911년 11월 사이에 지어진 것으로 보이는데, 그때 왕도사는 서태후가 자신에게 이전에 약속한 1만 냥의 기부를 기대하고 있었지만 실제로 자신에게 돌아온 것은 너무나도 작은 돈이었고, 그 돈이 중간에 사라져 버렸다는 것을 알고 억울해하고 있었을 것이기 때문이다. 이러한 베이징으로의 이송 사실을 알고 돈황의 왕도사를 만난 요시카와와 다치바나는 이를 장물이라 협박하여 왕도사의 보물을 털어 내었다.

스타인부터 펠리오, 마지막으로 다치바나에 이르기까지 왕도사가 그들에게 국보를 내어준 동상이몽의 행위 뒤에는 청 정부의 무지와 무능이 자리하고 있음을 들어야 할 것이다. 이에 대하여 위치우위는 같은 글에서 이렇게 말한다.

위대한 중국이라면서 경전 몇 권조차 지키지 못하다니! 어떨

때 나는 독하게 내뱉고 싶다. 관리들에게 짓밟히는 모습에 비하자면 차라리 런던 박물관에 보관되는 것이 낫겠다고. 하지만 결국 이 말도 그다지 후련하지 않다. 도대체 우리가 막아선 수레의 행렬은 어디로 가야 한단 말인가? 이곳도 아니요, 저곳도 아니니, 나는 그저 사막 한 가운데 멈춰 놓고는 한바탕 통곡할 수밖에 없다. 아! 나는 너무나 원통하다.

오타니 미션의 유물들은 모두 5,000여 점이 되는데, 그 중에서 1,500여 점이 우리나라 국립박물관에 보관되어 있어 우리나라 역시 돈황의 문물에 있어서 뜻밖의 당사국이 되어 있다. 이미 마쓰오카 유즈루의 『돈황 이야기』는 저들만의 이야기가 아닌 것이다. 수년 사이에 우리는 뜻하지 않게 많은 문화유산을 화재로 잃었고, 오늘날까지도 우리의 문화유산들은 해외로 유출되고 있다. 이는 바로 왕도사나 장효완 나아가 신해혁명의 혼란한 정국 속에서 애국자를 자처하면서 보물을 빼돌린 이성탁, 유연침과 같은 정부 관리들의 욕심과 무지가 빚어낸 것과 같은 어리석고 참혹한 결과가 아니겠는가? 마쓰오카 유즈루의 『돈황 이야기』는 이에 대한 우리의 자성을 요구하고 있다.

옮긴이

박세욱(朴世旭)
경북대학교 중어중문학과를 졸업하고, 영남대학교 대학원에서 석사학위를, 프랑스 고등역사문헌 학술원(E.P.H.E.IV)에서 문학예술사 박사학위를 취득하였다. 현재 경북대, 안동대, 영남대, 인제대 강사로 있다. 주요 저서로 『돈황부 연구*Les fu dans les manuscrits de Dunhuang*』(2001), 『중국, 한국과 세계』(공저, 2003)가 있고, 역서로는 『고문진보 후집』(공역), 『양파실기』 등이 있다.

조경숙(曺慶淑)
경북대학교 일어일문학과를 졸업하고 같은 대학교 대학원에서 석사학위를, 일본 페리스여자대학교 대학원에서 일본문학으로 박사학위를 취득하였다. 페리스여자대학교 연구원을 거쳐 현재는 경북대학교 강사로 있다. 주요 논문으로 「아쿠타가와 류노스케의 조선인식」이 있다.

돈황 이야기

2008년 7월 10일 1판 1쇄 발행
2008년 7월 15일 1판 2쇄 발행

지은이 | 마쓰오카 유즈루
옮긴이 | 박세욱 · 조경숙

펴낸이 | 전명희
펴낸곳 | 연암서가
등록 | 2007년 10월 8일 제 396-2007-00107호
주소 | 경기도 고양시 일산동구 장항동 591-15 2층
전화 | 031-907-3010
팩스 | 031-932-8785
전자우편 | yeonamseoga@naver.com

ISBN 978-89-960434-2-3 03910

값 13,000원